臺灣史與海洋史 12

臺灣日治時代的
租佃制度

葉淑貞◆著

財團法人曹永和文教基金會◆策劃
遠流出版公司◆出版

【臺灣史與海洋史】系列叢書緣起

財團法人曹永和文教基金會

　　財團法人曹永和文教基金會成立於 1999 年 7 月，其宗旨主要在與相關學術機關或文教單位合作，提倡並促進臺灣史與海洋史相關之學術研究，並且將研究成果推廣、普及。因此，有關臺灣史或海洋史之學術著作、國外優秀著作的譯述及史料編纂等相關書籍的出版，皆是本基金會的重要業務。

　　曹永和文教基金會成立以來，本於前述宗旨，多次補助出版與臺灣史或海洋史相關的學術著作、史料的編纂或外文學術著作的翻譯。諸如《東臺灣叢刊》、《臺灣重層近代化論文集》與其續集《跨界的臺灣史研究——與東亞史的交錯》、《曹永和先生八十壽慶論文集》、荷蘭萊登大學與中國廈門大學合作編輯之海外華人檔案資料《公案簿》第一輯、第二輯與第四輯、荷蘭萊登大學包樂史教授（Leonard Blussé）主編之《Around and about Formosa》、韓家寶先生（Pol Heyns）與鄭維中先生之《荷蘭時代臺灣相關史料——告令集、婚姻與洗禮登錄簿》。接受補助出版或由基金會出版的書籍，有不少作品已廣為學術界引用。本會也贊助相關的學會活動、邀請外國著名學者作系列演講，提供研究者交流的場域。諸如，1999 年 11 月與中央研究院合辦「東亞海洋史與臺灣島史座談會」，2000 年 3 月於臺灣大學舉辦日本東京大學東洋文化研究所濱下武志教授演講「談論從海洋與陸地看亞

洲」，2000 年 10 月與中央研究院及行政院文建會合辦「近代早期東亞史與臺灣島史國際學術研討會」。此外，爲了培養臺灣史及海洋史研究的人才，本會與中央研究院臺灣史研究所合辦「臺灣總督府公文類纂研讀班」之推廣活動。

　　爲了使相關學術論述能更爲普及，以便與更多讀者分享臺灣史和海洋史的研究成果，本基金會決定借重遠流出版公司專業的編輯、發行能力，雙方共同合作，出版【臺灣史與海洋史】系列書籍。每年度暫訂出版符合基金會宗旨之著作二至三冊，除了國內的學術研究成果之外，也支持翻譯出版外文學術著作或相關史料。本系列書籍於 2005 年以許佩賢副教授之《殖民地臺灣的近代學校》，與陳國棟教授之《臺灣的山海經驗》、《東亞海域一千年》爲首；2007 年翻譯出版歐陽泰教授（Tonio Andrade）所著的《福爾摩沙如何變成臺灣府？》。同年又出版林玉茹研究員所著《殖民地的邊區：東臺灣的政治經濟發展》。2008 年出版陳翠蓮教授《臺灣人的抵抗與認同：1920-1950》及林正慧博士《六堆客家與清代屏東平原》。2010 年出版黃紹恆教授《臺灣經濟史中的臺灣總督府》。2011 年出版洪紹洋博士《近代臺灣造船業的技術轉移與學習》及曹永和院士手稿重編復刻本《近世臺灣鹿皮貿易考——青年曹永和的學術啓航》。2012 年翻譯出版《利邦上尉東印度航海歷險記——一位傭兵的日誌（1617-1627）》及出版葉淑貞教授《臺灣日治時代的租佃制度》，出版成果可謂豐碩。

　　冀盼【臺灣史與海洋史】系列書籍之出版，得以促使臺灣史與海洋史的研究更加蓬勃發展，並能借重遠流出版公司將此類研究成果推廣普及，豐富大眾的歷史認識。

【序】向經濟學者學經濟史

殖民地經濟，一向都是殖民地歷史研究重要的一環。但是以我來看，對於 1895-1945 年的 50 年間日本殖民地臺灣的經濟史之研究，卻相對貧乏。我本人雖研究日本殖民地時代的臺灣史，但主要研究主題是政治史，即使後來在講壇上講授該當 50 年的通史，但是在經濟史的方面也只能綜合殖民地時期臺北帝大的一些專家，例如奧田彧（農業經濟學）、根岸勉治（農業經濟學）、北山富久二郎（財政學）、楠井隆三（經濟政策學）等人的文章，再配合矢內原忠雄（東京大學，殖民政策學）、川野重任（東京大學，農業經濟學）、高橋龜吉（經濟評論家）的文章與書籍，做些「二房東式」的講解。這些日本殖民地時代的文章，主要是在講述、分析日本的殖民經濟政策，但是對於在日本的殖民統治之下臺灣的經濟發展和臺灣人民的經濟生活，卻較少著墨。因此，我的講課也就偏重於殖民政府的經濟政策，但是我也一直期待有朝一日可以真正出現臺灣經濟史的研究。

大學時代我也旁聽過類似「中國經濟史」這樣的課，但是文學院歷史系的經濟史卻大多是古代文獻上一些「經世濟民」言論之解釋、正史〈食貨志〉的註解，或者賦役制度的說明，難得可以用上一些量化的數據來說明經濟發展與經濟現象。一直到我於 1980 年代中期出國留學，才真正體會到經濟史學者是多麼辛苦地透過對量化資料的收

集、整理、分析來從事經濟史研究。我的指導教授濱下武志先生是研究中國近代經濟史的專家，在他的課堂上我們被要求從海關資料找出經濟史研究所需要的數據資料，甚至有一些同學還必須從類似《北華捷報》（North China Herald）刊登的船班資料、貨物進出資料中收集數據加以運算。日本近代史的同學也逐日地翻檢報紙上的物價資料，來進行經濟史研究。對於研究經濟史的人來說，收集、計算、分析、解讀數據，成為極為重要的研究手續。留學期間，有一個令我印象深刻的經驗，深深地衝擊了我，逼使我真正理解如何才可以稱得上是經濟史研究。一位碩士班同學報告自己的研究之後，一位「先輩」（高年級同學）開口問了一句話：「你提示的三個統計表，是你自己算出來的嗎？」報告的同學回答：「不是。那是從某研究者的書裡引用的。」結果，那個報告的同學被「先輩」大罵了一番，甚至直接了當地說：「這不是研究！」

　　濱下教授曾經在一橋大學任教過短時期，所以他曾向我介紹了一橋大學經濟研究所的一項長期持續性工作：收集日本近代以來的統計資料進行調整、計算，以便對日本近代的長期經濟發展與經濟現象進行理解。這項基礎而且龐大的工作成果，就是大川一司、條原三代平、梅村又次編集的《長期經濟統計：推計與分析》（全14卷）。一橋大學經濟研究所除了推計日本國內（1945年以前稱為「內地」）的經濟數據之外，也積極收集「外地」的統計資料（其成果是：高橋益代《日本帝國領有期台灣關係統計資料目錄》〔一橋大學經濟研究所，1985〕），並做出了臺灣、朝鮮、滿州等「外地」的經濟數據推估計算（溝口敏行、梅村又次編《舊日本殖民地經濟統計：推計與分析》〔東京：東洋經濟新報社，1988〕）。

　　相較於日本以一個國立研究所之人力，投注大量的研究經費，花費數十年的時間進行長期經濟統計數據的計算，臺灣自從日本殖民地

時代以來號稱擁有豐富的統計資料，但卻鮮少有人體系性地利用這些統計資料，進行臺灣的近代經濟史研究。一直到 1995 年臺大經濟系的專家才做出了日本殖民地時代經濟統計文獻的總體目錄（吳聰敏、葉淑貞、劉鶯釧《日本時代台灣經濟統計文獻目錄》。 2004 年第二版：吳聰敏、葉淑貞、古慧雯《日本時代台灣經濟統計文獻目錄》）。當我看到這本文獻目錄的出版，我對我自己也對我的學生說：「臺灣近代經濟史研究開始了。」當然，我這樣說，並不是說在此之前臺灣沒有人從事經濟史研究（其實，張漢裕、李登輝、張宗漢、林鐘雄等人對於日本時代臺灣經濟史也已經有所論及），但是這本統計文獻目錄的出版，無疑為往後的臺灣近代經濟史研究築造出了一個全新的地平線。的確，以後臺大經濟系的幾位專家就在掌握龐大的經濟統計文獻之後，不斷地推出臺灣經濟史的各種研究。葉淑貞教授就是臺大經濟系這個臺灣經濟史研究群裡的一位重要人物。

　　葉教授本書的題旨及其論證方法，完全不是我一個傳統文學院訓練的保守歷史學者得以置喙的。但是我期待普遍缺乏社會科學訓練的臺灣之歷史研究者，可以從中學習到：如何問問題、如何明確地定義詞彙、如何使用有效的資料、如何進行論證推理。

　　承蒙葉教授的好意要我在她的大作出版時寫幾句話，我就用以上的短文應命。是為序。

吳密察

臺大歷史系兼任教授

自序

　　本書是根據我近二十年來研究臺灣日治時代租佃制度的成果改寫而成的。我開始關心日治時代的租佃制度，是在二十多年前當我在美國匹茲堡大學攻讀博士學位，撰寫博士論文之際。當時，我發現日治時代的佃耕農場與自耕農場的技術效率並無顯著的差異，我的指導教授 Dr. Thomas G. Rawski 看到這個結論時，就說了：「這樣的話，一般人認為戰後初期的土地改革提升了農業的生產效率，這個看法可能有問題。」這樣一句話。聽到這句話之後，當下我就立志要繼續研究此一問題。因此，在 1991 年當我拿到博士學位回國之後，就開始研讀學者的相關研究，並收集日治時代租佃制度的相關資料，進行繼續研究這個問題的準備。我發現戰後初期一般學者對於臺灣租佃制度的結論，大致上可以歸納為以下的論述：

　　第一、王益滔提到，日治時代耕地的租約多以口頭約定，且約定租期過短，或根本不約定租期，以致於租期不定，地主可以隨時任意撤佃，造成佃權的不安定；而地租又過高，以致於佃農無能力進行再投資。

　　第二、陳誠則提到，戰後初期除高額地租剝削佃農權益之外，加之以租期不定，口頭契約等陋俗，地主可任意加以撤佃，為所欲為，遂使佃農生活不唯異常痛苦，而且毫無保障。

我把上述討論臺灣租佃制度的觀點，歸納爲以下三點：

（1）租約形式以口頭租約爲主：容易引發糾紛。

（2）地租過高：降低了佃農投資的能力。

（3）租期太短：使佃農無法安心耕作，且不願意進行適當的投資。

此外，我發現臺大社科院圖書館就收藏有相當豐富之日治時代租佃制度相關的資料，這些資料足以對當時的租佃制度進行相當完整的分析。

準備工作到一定階段之後，我開始於 1992 年陸續申請了以下幾個國科會的研究計畫：

（1）〈台灣日據時代農場經濟效率之分析──租佃制度與其他因素交互作用之分析〉，編號爲 NSC 81-0301-H-002-514。

（2）〈日治時代臺灣佃租決定因素之分析〉，編號爲 NSC 82-0301-H-002-082 及 NSC 83-0301-H-002-082。

（3）〈收穫量、地目及區域因素與臺灣日治時代佃耕地地租之高低〉，編號爲 NSC 97-2410-H-002-011。

（4）〈戰後初期臺灣土地改革的重新評估〉，編號爲 NSC 98-2410-H-002-046。

利用第一個計畫的研究成果，完成了〈日治時代租佃制度的運行〉（1995）、〈日治時代台灣租佃契約的選擇行爲〉（1996）、〈日治時代臺灣的租佃制度與農場的經營效率：戰後初期土地改革的省思之一〉（1997）及〈日治時代臺灣佃耕地租期長短之訂定〉（2007）等四文。接著，利用第二個研究計畫，完成了〈日治時代臺灣的地租水準〉（2001）一文；之後，則利用第三個研究計畫完成了〈日治時代地租高低的決定因素〉（2011）一文；最後，又利用第四個計畫完成了〈三七五減租對農場經營效率的影響〉（2012）一文。

因此，本書之所以能夠完成，首先要感謝我博士論文的指導教授

Dr. Thomas G. Rawski；更要感謝他的太太，匹茲堡大學歷史系教授 Dr. Evelyn Rawski。若不是 Evelyn Rawski 教授的鼓勵，我不會走入臺灣經濟史，尤其是日治時代的研究，也就不太可能接觸到這麼多的史料，更不會有此書的出現。在 1985 年出國讀博士學位之前，我在臺大經濟系是教授中國經濟史這門課，當時幾乎無人研究臺灣經濟史，而臺大經濟系當時雖然有開「中國經濟史」及「西洋經濟史」這兩門課，卻沒有「臺灣經濟史」這門課。因此，出國之初，我一直想要研究中國經濟史。而在開始寫博士論文時，我仍然朝著這個既定的目標前進著。直到有一天 Evelyn Rawski 教授說：「您有這麼多日治時代臺灣經濟史的資料，可以用來進行深入分析（comprehensive analysis），為什麼不改變研究方向呢？」我才猛然覺醒，決定要研究臺灣經濟史，因此博士論文的題目就是〈Economic Growth and the Farm Economy in Colonial Taiwan，1895-1945〉。可見，本書的完成確實要歸功於這兩位老師的教誨。

其次，要感謝國科會給予我的幾個補助，若不是這些補助，我不太可能完成本書所源自的那些研究計畫。而這些研究計畫之所以能夠完成，也要感謝我所有的研究助理，特別是近幾年來，一直擔任我研究助理的林曉美小姐，她細心負責地幫我收集並整理資料，認真仔細的態度真讓我獲益不少，在她貼心的照料及幫忙之下，我才能順利完成本書。

此外，也要感謝中研院臺灣史研究所林玉茹老師的鼓勵及給予我再次努力從事研究工作的力量。我在 2000 年生了一場病，在臺大醫院住了七十多天，出院之後，接著在家休養了一學期，才回到學校繼續教書，但是一直無法像以前一樣那麼努力並專心致力於研究工作。直到 2007 年，因為主持系上「經濟史專題討論」的課程，邀請林玉茹老師來系裡演講，她演講的題目是〈軍需產業與邊區移民政策的轉

向：戰時臺灣拓殖株式會社在東臺灣的移民事業〉。在演講中，她提到臺灣東部地區的地租低於全臺各地，而我對照自己的計算之後，卻發現 1937 年以後，臺南州的地租降到低於東部地區的水準，這給了我想要了解臺灣各地區地租高低變動情形的動機。因此，之後我才又像以前一樣，年年申請國科會計畫，繼續專心地努力於研究工作。真的很感謝林玉茹老師的鼓勵與她的研究給我的靈感，並啓開我再度努力不懈，進行研究工作的契機。

　　本書承蒙曹永和文教基金會的協助，由遠流出版公司出版，方才得以順利面世，因此要向曹永和文教基金會及遠流出版公司致上我的謝意。也要感謝臺大經濟系退休教授陳正順及張素梅兩位老師，他們兩位都是我大學時代的老師，他們就像我的親人一樣，長年以來不斷地鼓勵我。更要感謝兩位匿名評審提出寶貴的意見，使得本書生色不少。最後，要感謝我先生林欽輝，他對我生活起居的照顧，使我得以專心一致地進行研究工作，這也是本書得以順利完成的重要原因之一。

葉淑貞

2012 年 3 月 10 日

於臺大社科院

目錄

【臺灣史與海洋史】系列叢書緣起　003

【序】向經濟學者學經濟史　◎吳密察　005

自序　◎葉淑貞　008

第一章　緒論　019

第一節　租佃制度的演變　022

第二節　文獻回顧　029

第三節　資料介紹　046

第四節　本書的架構　056

第二章　佃權的安排　061

第一節　租約所面臨的環境　063

第二節　租約樣式的選擇　098

第三節　租期長短的決定　127

第四節　小結　152

第三章　地租的高低及其決定因素　155

第一節　自、佃耕農家所得之比較　158

第二節　與地租有關的租佃習慣　165

第三節　地租的水準　177

第四節　地租是否過高　191

第五節　地租的決定因素　209

第六節　小結　230

第四章　租佃制度對農場經營效率之影響 233

第一節　效率的定義　236

第二節　日治時代自、佃耕農場的經營效率　240

第三節　1925-27 年及 1950-51 年自、佃耕農場之經營效率　256

第四節　三七五減租對農場經營效率之影響　275

第五節　小結　291

第五章　結論 295

附錄　302

參考文獻　324

表目錄

表 1-1　1921 年臺灣及 1930 年代中國耕地分配的狀況　021

表 1-2　1922-35 年間各年業佃會成立之數目　026

表 1-3　臺灣肥料使用量的變化　040

表 1-4　1952 及 1955 年個人持有土地面積　042

表 2-1　臺灣主要作物之生產價值與栽培面積（1936-45 平均）　065

表 2-2　稻作農場成本結構（1904-35）　067

表 2-3　甘蔗農場的成本結構　070

表 2-4　日治時代各種農業投入　071

表 2-5　蓬萊米與在來米每甲土地的要素投入　072

表 2-6　蓬萊米與在來米每甲收穫量與每圓成本所獲得的利潤比較　074

表 2-7　從農家經濟調查所估得之市場流通米比率　076

表 2-8　各時代各種稻作農家投入之實質教育經費　081

表 2-9　租佃糾紛件數與比例　086

表 2-10　各種終結期間之案件占總終結案件之百分比　093

表 2-11　業佃會租佃糾紛調停狀況　096

表 2-12　土地方面的民事爭訟調停案件　097

表 2-13　1920 年前夕口頭租約所占的比例　103

表 2-14　業佃會書式契約涵蓋之佃耕地百分比　105

表 2-15　佃農經營之各種規模農場百分比　122

表 2-16　1920 年代中期以前中、南部不定期租約之比率　132

表 2-17　1920 年臺南州各地區各種租期租約的百分比　133

表 2-18　各種作物之種植及收穫月份　142

表 2-19　1922-23 年臺灣各地區甘蔗及稻的種植面積　143

表 2-20　臺中州中途毀約數　150

表 2-21　日治時代因中途解約而引發的糾紛之比率　151

表 3-1　　自、佃耕稻作農場的農業所得之組成（1925-27）　163

表 3-2　　自、佃耕農家的所得組成（1931-34）　164

表 3-3　　自、佃耕地之結構　174

表 3-4　　全臺平均實質地租及地租率　183

表 3-5a　全臺各州廳水田的實質平均地租（圓）　190

表 3-5b　全臺各州廳旱田的實質平均地租（圓）　190

表 3-6　　稻作生產函數之估計值（1925-27）　197

表 3-7　　稻作投入因素的 Beta 係數絕對值（1925-27）　198

表 3-8　　稻作農場的地租及地租率（1925-27）　200

表 3-9　　1902-42 年水田的地租與地租率　201

表 3-10　農村金融狀況　205

表 3-11　地主之淨收益對地價之比率（%）　208

表 3-12　1932 年 1 月底臺北州不耕作地主及自佃耕農的情況　211

表 3-13　街庄為觀察點的地租額迴歸式的估計結果　224

表 3-14　稻作農場地租的決定因素　228

表 4-1　　日治時代稻作農場及農家的調整利潤成本比　243

表 4-2　　1925-27 年稻作自、佃耕農生產函數相同之檢定資料　246

表 4-3　　1925-27 年稻作自、佃耕農場面臨的價格　247

表 4-4　　日治時代稻米市場的結構　248

表 4-5　　1951 年一期作第三個觀察點與其它觀察點之各項平均值　261

表 4-6　　兩個時代各期稻作主要變數的平均值　265

表 4-7　　1925-27 年與 1950-51 年生產函數相同之檢定資料　266

表 4-8　　1925-27 年及 1950-51 年臺灣稻作生產函數之估計值　267

表 4-9　　兩個時代農場的效率係數　269

表 4-10　兩個時代稻穀實質價格及各種要素之實質價格　271

表 4-11　兩個時代自耕農場與佃耕農場的經營效率之比較　273

表 4-12　戰後初期自、佃耕農場所面臨的米價及購買肥料支出　274

表 4-13　自、佃耕農場調整利潤成本的影響因素　277

表 4-14　日治時代臺灣農家原因別借錢金額及占分　281

表 4-15　各時代各種稻作農家投入之實質教育經費　282

表 4-16　臺灣佃農戶數之比率　285

表 4-17　三七五減租後雙期作田地租率　288

表 4-18　1950-51 年稻作自、佃耕農生產函數相同之檢定資料　289

表 4-19　1950-51 年稻作自、佃耕農場的成本結構與面臨之工資　290

圖目錄

圖 2-1　日治時代每萬人口中法定急性傳染病罹病人數　078

圖 2-2　日治時代各種法定傳染病患者死亡率　079

圖 2-3　日治時代每千人死亡數及嬰兒每千人死亡數　079

圖 2-4　日治時代人們的預期壽命　080

圖 2-5　日治時代學齡兒童就學率　082

圖 2-6　日治時代的躉售物價指數（WPI）與米價指數　087

圖 3-1　北、中、南、東部地區平均地租　186

圖 3-2　臺北州及新竹州的地租　186

圖 3-3　臺南州及高雄州的地租　187

圖 3-4　臺東廳及花蓮港廳的地租　187

圖 3-5　新竹州及高雄州的地租　188

圖 3-6　臺南州及東部地區地租　189

圖 4-1　定額租與定率租利潤極大的因素使用量　235

圖 4-2　技術效率與配置效率　237

圖 4-3　臺灣購入肥料與稻米相對實質價格指數與購入肥料數量指數　272

附錄及附錄表

　　附錄 1-1　農場經營的方式　302

　　附錄 2-1　契約的選擇行為　304

　　附錄 4-1　定額租與定率租之下的自、佃耕農場利潤極大的條件　308

　　附錄 4-2　效率之意義與衡量　310

　　附錄表 1　i 立約人從 j 種契約所得到的收益與成本　305

附表

　　附表 2-1　1920 年前夕各州租佃糾紛的程度、場合、或原因　313

　　附表 2-2　1920 年前夕各州租約的訂立方式　315

　　附表 2-3　高雄州各地區各樣式租約之百分比　317

　　附表 2-4　1920 年前夕各州的租期　318

　　附表 3-1　臺南州北港郡業佃之間蔗作經營費及收穫物的分配　320

　　附表 3-2　臺南州北港郡業佃之間花生與甘藷經營費及收穫物的分配　321

　　附表 3-3　臺南州北港郡業佃之間稻作經營費及收穫物的分配　322

　　附表 3-4　各地地租的決定因素　323

第一章
緒論

　　在土地分配不平均的經濟社會，租佃制度經常被普遍採用，以提高農業的生產效率。在施行私有財產制度的經濟社會，一般家庭的資源秉賦型態會有相當的差異。土地多者田連阡陌，但勞動力卻相對缺乏；土地少者，連立錐之地皆無，但卻有豐富的勞動力。個人若以差異如此大的資源秉賦型態來經營農業，必造成經營之無效率。為了要緩解資源秉賦型態的這種差異，以較合理的因素組合來經營農業，提高經營效率，一般經濟社會可以使用租佃制度、雇傭制度及土地買賣制度，調解資源秉賦之差距所帶來的經營無效率（見附錄1-1的討論）。

　　不過，雇傭制度之監督成本較租佃制度高，尤其是栽培技術比較精細之農作物，例如稻米的耕種，雇傭制度所需花費的監督成本更加昂貴。另外，也有學者指出在勞動力過剩的情況之下，雇傭制度將顯得不利。❶ 至於，以土地買賣調節人地不均的問題，更因為土地買賣牽涉的資金相當龐大，若要仰賴金融機構的借貸，需要有抵押品，而一般農家可能缺乏足以作為抵押的物品，因而困難重重。因此，在勞

---

❶見趙岡及陳鍾毅，《中國土地制度史》（臺北：聯經，1983），第五章之討論。

動力過剩或是稻作較普及的地區，租佃制度乃普遍被採行。

　　臺灣在歷史時期，耕地分配一直相當不平均。臺灣總督府在 1921 年對耕地分配狀況進行調查，發現該年擁有土地的戶數有 405,181 戶，全部耕地有 721,250 甲，然而其中卻有近 43% 的家戶擁有的耕地不及 0.5 甲。❷ 這些為數眾多的家戶所有的耕地，只占全部耕地之 5.68%。反之，擁有百甲地以上之家庭戶數，雖只占 0.05%，但所擁有的耕地，卻占了 13.04%（表 1-1）。可見，當時耕地分配不平均的程度相當嚴重，而且大多數的家戶都只是零細土地之所有者。

　　上述的土地分配型態固然是人多地少的亞洲地區所共有的現象，但是臺灣的情況特別嚴重。試與中國比較，中國在 1930 年代發生嚴重的農業問題，生產力衰退，而且有許多農民破產。有一派學者將此歸因於所得分配不平均所致，而所得分配不平均的主要原因在於土地分配不平均。❸ 中國土地委員會在 1930 年代曾進行過土地所有狀況調查，在 130 萬戶有地的農家中，擁有耕地 5 畝以下者占 35.62%，而其所擁有之地卻只占 6.33%；反之有地 300 畝以上者只占 0.13%，但所有之地卻占了 4.93%。❹ 該次接受調查的農戶共有 1,745,344 戶，其中無地農戶占了 25.81%。由於臺灣的調查並不含無地農戶，為比較上具有相同的基礎，此處乃將中國無地農戶剔除。除去無地農戶

❷ 臺灣總督府殖產局，《耕地分配及經營調查》（臺北：該局，1921），頁 2。

❸ 1930 年代中國農業發生危機，引起學者對農業及農村問題的關切。關於造成當時農業生產不振及農村貧窮的根本因素，學者之間有二種不同的看法。一派學者認為分配不平均是根本因素；另一派學者認為是生產先衰退，才造成分配不平均；至於生產不振之因素有許多，如交通不便，公共投資不足等等。前一種論點稱為分配論；後者稱為折衷論。關於這方面的詳細討論，可以參見 Myers, Ramon H. *The Chinese Peasant Economy: Agricultural Development in Hopei and Shantung, 1890-1949*（Cambridge: Harvard University Press, 1970），pp.13-24 的討論。

❹ Brandt, Loren, *Commercialization and Agricultural Development: Central and Eastern China, 1870-1937*（Cambridge: Cambridge University Press, 1989），p.140。

表 1-1　1921 年臺灣及 1930 年代中國耕地分配的狀況

臺灣			中國		
耕地規模（甲）	所有者百分比	所有地百分比	耕地規模（畝）	所有者百分比	所有地百分比
0.5 以下	42.68	5.68	5 以下	35.62	6.33
0.5-1.0	21.40	8.67	5-10	24.00	11.63
1.0-2.0	17.46	13.88	10-15	13.17	10.81
2.0-3.0	7.01	9.67	15-20	7.99	9.33
3.0-5.0	5.74	12.29	20-30	8.22	13.40
5.0-7.0	2.22	7.23	30-50	6.20	15.80
7.0-10.0	1.46	6.78	50-70	2.17	8.52
10.0-20.0	1.35	10.22	70-100	1.32	7.31
20.0-30.0	0.33	4.57	100-105	0.73	5.87
30.0-50.0	0.21	4.41	150-200	0.24	2.80
50.0-100.0	0.09	3.54	200-300	0.20	3.27
100 以上	0.05	13.04	300-500	0.11	2.74
			500-1000	0.01	0.61
			1000 以上	0.01	1.58

資料來源：臺灣總督府殖產局，《耕地分配及經營調查》，頁 2-3；Brandt, Loren, *Commercialization and Agricultural Development Central and Eastern China, 1870-1937*, P.140。

後，中國耕地分配狀況如表 1-1 所示。

　　從表 1-1 可以看到，中國大陸土地分配型態雖與臺灣相似，但不平均程度沒有臺灣嚴重。兩地耕地分配的吉尼係數，中國為 0.5815，臺灣則高達 0.6902。雖然吉尼係數值的大小受到分組方式所影響，不過兩地數值差距之大，告訴我們臺灣土地分配不平均的程度較之中國，可能有過之而無不及。

　　臺灣耕地分配嚴重不平均造成租佃制度的盛行。從農家的身分來看，純粹佃農占全部農戶的比率長期在 36% 以上，佃農與半自耕農的比率更在67% 以上。[5] 若從耕地的性質來看，佃耕地占總耕地的比

---

[5]臺灣省行政長官公署，《臺灣省五十一年來統計提要》（臺北：該署，1946），頁

率在 1920-21、1932 及 1939 年分別是 58.16%、53.5% 及 56.33%。❻ 也就是說，三分之二以上的農戶依賴租佃土地維生，而一半以上的耕地涉及租佃關係，由此可見臺灣租佃制度之盛行及租佃制度的重要性。

本書旨在探討日治時代臺灣租佃制度的運行，重點在於討論當時的租佃制度是否符合效率原則。本章以下要介紹日治時代以來臺灣租佃制度的演變、過去對於臺灣租佃制度的討論、研究租佃制度可以運用的資料、本書如何及爲何如此安排要討論的章節。

一、租佃制度的演變

臺灣的租佃制度，從日治時代以來，歷經四次重大的轉變。第一次發生在日治初期的 1904 年，臺灣總督府廢除大租制度，只保留小租制度這部分；第二次則是 1920 年代中期以來，開始進行的租佃改善事業；到了 1939 年實施地租統制，管制地租；而最後則在戰後初期實施土地改革，分爲 1949 年推行的「三七五減租」、1951 年施行的「公地放領」及 1953 年進行之「耕者有其田」等三個步驟。❼ 因此 1953 年之後臺灣只剩下土地改革以後，按三七五減租條例施行之法定租佃制度及不遵照三七五減租條例施行之法外租佃制度。

日治初期的租佃制度承襲自清末的大小租制度，而該制度萌芽於 18 世紀初。清治時代政府甚少干涉私人的經濟活動，大小租制度更

513-514。

❻ 臺灣總督府殖產局，《耕地分配及經營調查》，頁 4；臺灣總督府殖產局，《耕地分配竝二經營調查》（臺北：該局，1934），頁 3；臺灣總督府殖產局，《耕地所有竝經營狀況調查》》（臺北：該局，1941），頁 7。

❼ 關於臺灣土地改革幾個步驟的介紹，可以參考陳誠，《如何實現耕者有其田》（臺北：正中書局，1953），頁 19-26，40-52，69-82；陳誠，《台灣土地改革紀要》（臺北：中華書局股份有限公司，1961），頁 19-28，49-56，60-76。

是市場力量自然形成的。❽ 大小租制度包含了兩層租佃關係，第一層由大租戶及小租戶構成，第二層由小租戶及現耕佃戶構成。在第一層租佃關係之中，小租戶可以永久享用佃耕權。所謂享用佃耕權包含了自己耕作，並處分大部分佃耕地之收穫物；或出租耕作權，並處分因而得到之大部分地租；或移轉其佃耕權給他人或後代。小租戶對此一權利所必須償付的義務是繳納部分土地的收益給大租戶，這部分的地租稱為「大租」。

當小租戶出租耕作權給現耕佃戶時，同一土地上就產生了兩層的租佃關係。在第二層關係下，現耕佃戶之權利只限於自己耕作，並處分承租地之一部分收益而已，同時這種權利的享受有一定的期限，而且租約對這種權利也有種種限制。為取得該項權利，現耕佃戶必須償付部分收益給小租戶，這部分的地租稱為「小租」。可見，在這種複層的租佃關係中，產生了兩種地租，稱為大租及小租。有收大租權利的一方稱為大租戶，而收小租權利的一方稱為小租戶，因此這一個制度稱為大小租制度。

在大小租制度之下，大租戶及小租戶對土地都各有一部分的所有權，但是沒有任何一方有完整的所有權，以便對土地做出完全的處分。大租戶雖然可向小租戶收取地租，但是不能撤換佃戶，不能中止小租戶的佃耕權，不能干涉小租戶的耕作方法，也不能禁止小租戶任意處分佃耕權。小租戶可以永久使用或任意處置佃耕權。

因此，小租戶的佃權不只是一種債權，也帶有物權的性質。但是他並未完全擁有土地的所有權（即物權），故他必須交付地租給大租戶。大、小租戶兩方都擁有部分的所有權，大租戶擁有的是土地的

---

❽ 關於該制度形成背景、過程及詳細內容，請參考東嘉生，〈清代臺灣之地租關係〉，收於《台灣經濟史概說》（臺北：帕米爾書店 1985），頁 150-165。

「田底權」，小租戶擁有的是土地的「田面權」。所以土地的所有權縱向，而非橫向分割成兩部分，各自分屬於兩個不同的人。各人只能處分自己所擁有的那部分權利，不能處分另外一部分的權利。此種土地所有權的不完整性造成土地交易的不方便，增加了交易成本。

　　大小租制度也導致土地所有權的混亂不明確，更加不利於土地之交易，也造成征稅的困難。大租戶及小租戶都可以自由地以買賣、質押或贈與的方式，移轉其大租及小租權利，不必徵得相關的小租戶及大租戶的同意。因而許多田園之大租戶為何人，不得而知。又，大租權可以分割移轉，其移轉的標的物並非土地，而是每年可以收得之大租額，因此是以大租之單位即石（或元）來計價，進行交易。買方所取得的只是多少石的收租權，而不是土地的範圍境界。因此，一個年收 100 石大租的大租戶，可以分別出售給乙及丙各 20 石的大租權，該土地之大租戶遂由一人變成三人。❾ 經過這種移轉細分，不只造成大小租戶人數之增加，混亂了土地所有權，更因大租權歸屬不明確，造成田賦征收的困難。❿

　　由於大小租制度影響田賦的征收，清代巡撫劉銘傳在 1886 年曾致力於大租制度之廢除，但是並未成功。⓫為了要確實掌握土地稅的稅源，更為了要建立完整且明確的土地所有權，日本領臺不久，便在

---

❾ 江丙坤，《臺灣田賦事業改革之研究》（臺北：臺灣銀行，1972），頁 14。

❿ 在大小租制度下，大租戶負有繳納田賦的義務。但是由於大租權的典賣讓與頻繁，且未在官府辦理移轉登記，乃造成劉銘傳在實施清賦事業時出示的曉諭上所說的「素稱沃壤，近年開闢日多，舊糧轉形虧短，皆由業戶變遷無定」的現象（同上註，頁 15）。

⓫ 劉銘傳在 1886 年所從事的土地改革事業稱為清賦事業。預定工作範圍包括丈量土地、製作地圖及土地臺帳、改訂田賦稅率，並廢除大租權，詳細內容參考王益滔，〈光復前臺灣之土地制度與土地政策〉，收於臺灣銀行經濟研究室編，《臺灣經濟史十集》（臺北：該行，1966），頁 52-86 及上註。

1898 年舉辦土地調查，目的之一就是要消滅大租權，改革租佃制度。在完成土地測量及確定大租權後，臺灣總督府於 1904 年 5 月 20 日頒布廢止大租權的命令。自此以後，臺灣所流行的租佃制度乃是清朝以來一般採用的小租制度這一部分。在這部分制度之下，租佃關係只有地主與佃農一層而已，而且佃農所享有的佃權只具有純粹債權的性質，毫無物權的性質，所以土地的所有權完全歸屬於地主一方。以後終整個日治時代，租佃制度即使有部分措施經過修改，但是都未曾改變此一性質。

　　租佃制度的第二次轉變始於 1920 年代，重點在於與佃權相關之不良慣行的改善。總督府殖產局於 1920 年調查各州小作慣行，認為租佃慣行多所不良；而如同前面所述，1921 年首次的耕地分配及經營調查又顯示 63.60% 的農家及 58.16% 的農地涉及租佃關係。❷另一方面，臺灣的租佃糾紛正在逐漸蔓延，因此有必要及早改善租佃慣行，乃鼓勵地主與佃農自由組織租佃改善團體，改善租佃慣行，調停租佃糾紛。雖然總督府從 1927 年開始編列預算，在每一團體成立的前三年，每年補助 1,200 圓，但是政府並未強迫或規定設立，而是由民間自由創立，故只有西部五州（即臺北、新竹、臺中、臺南及高雄）陸續創設，其他地區如臺東、花蓮港及澎湖等三廳未曾推行該事業。❸

　　從事租佃改善工作的團體有三種。第一種為臺北州、新竹州、臺南州新營郡的業佃會以及臺中州的興農倡合會；這種組織專為租佃改善工作而設立。第二種為臺南州的農事組合、農業組合、以及農事改

---

❷ 臺灣總督府殖產局，《耕地分配及經營調查》，頁 4-5。
❸ 臺灣總督府殖產局，《臺灣に於ける小作事情と其の改善設施》（臺北：該局，1930），頁 11。

良組合；這種組織以一般農事改良爲目的，租佃改善爲其一部分的事
業。第三種爲高雄州的農會，工作性質與第二種類似，但其組織範圍
比較大。

　　各地都有名稱及組織不同的租佃改善團體，其中的「業佃會」爲
二級制，其基層組織爲街庄業佃會，再由一郡之內的各街庄業佃會組
成聯合會。興農倡合會爲單級制，以郡爲單位，但郡下的各街庄設有
支部。農事組合有一級與二級制，二級制由街庄農事組合及郡農事組
合聯合會構成；一級制以郡爲單位，郡以下的街庄設支部。❹爲行文
之方便，本書將所有這些租佃改善團體都稱爲業佃會。第一個租佃改
善團體成立於 1922 年臺南州新營郡內，至 1935 年全島已有 166 個團
體（表 1-2）。

表 1-2　1922–35 年間各年業佃會成立之數目

年	團體數	年	團體數	年	團體數
1922	7	1926	22	1930	8
23	2	27	22	31	14
24	7	28	5	34	2
25	17	29	58	35	2

資料來源：臺灣總督府殖產局，《本島小作改善事業成績概要》（臺北：該局，1936），頁 124-
134。

　　租佃改善團體的首要事業在於改善租佃慣行。改善的重點之一就
是鼓勵會員按規定證書締結租約。租約之內，明白規定八大租佃事
項。這八大事項分別爲：

　　（1）契約期間 5 年或 6 年以上。

　　（2）期間滿了之前的一定期限內（普通是 6 個月），任何一方未

---

❹臺灣總督府殖產局，《臺灣に於ける小作事情と其の改善施設》，附錄。

　　提出解約，則自動續約。

（3）凶作的場合，由當事人協議，減免小作料（亦即地租）。

（4）無正當理由而滯納地租或荒廢土地的情況，得以解約。

（5）轉貸須得地主同意。

（6）有地形變更或其他影響地力之事，須得地主同意。

（7）得到地主認可之土地改良，費用由地主負擔。

（8）無正當理由而中途解約者，對方得要求賠償。❺

　　在這些租佃改善團體的推動之下，原來普遍以口頭約定租約的現象，至 1930 年代已相當普遍地代之以書面訂立租約。1931 年西部五州的全部佃耕地之中只有 28.23% 締結業佃會的書面租約，然而到了 1935 年締結業佃會書面租約之佃耕地已達 67%。書面租約的首要目的在於確立租期，因此書面租約之普及也糾正了原來普遍流行之租期不定的現象。一般認為口頭租約及不定期租約造成佃權的不安定，果真如此，則 1930 年代初期以後，佃權應該安定許多了。

　　1920 年代以來的租佃改善事業集中於佃權之改善，甚少觸及地租的部分。1904 年的大租權整理，雖然廢除大租制度，但是政府未曾干預過小租的租額或納租方式。地租的高低無論是否合理，都由市場決定。直到 1939 年政府才公布「佃租統制令」，以管制地租。❻佃租統制令之目的在於抑制地租之上漲，規定自法令公布後，所有地租皆不得超過該年 9 月 18 日之水準。但是地方行政長官如果認為地租不合理，可以命令改訂。政府並未加以推算合理的地租，以之做為調整的基準，只是與所有的相關物價統制一樣，選定 9 月 18 日之數值為基

---

❺ 引自臺灣總督府殖產局，《臺灣に於ける小作事情と其の改善設施》，頁 71-72。

❻ 吳幅員，〈臺灣經濟年表（605-1945）〉，收於臺灣銀行經濟研究室編，《臺灣經濟史四集》（臺北：該行，1956），頁 148。

準。可見，地租之管制只是當時物價管制的一部分，目的只在穩定物價，並非基於地租之不合理，而要改良租佃制度，使之趨於合理。❼

直到戰後初期實施土地改革之際，政府才以行政手段直接干預地租的水準。戰後初期實施的土地改革分為三步驟，分別是三七五減租、公地放領及耕者有其田等政策。其中的三七五減租條例是以降低地租為最主要的目標，規定水田耕地的地租不得超過主要作物正產品全年收穫量的 37.5%，這個地租率低於日治時代 50% 上下的水田租率。❽事實上，如果根據此項條例的字面來看，此一規定不只降低了地租，也改變了地租的決定方式。日治時代的地租多按土地面積計算，採行定額租制度，❾而三七五減租從表面上看來，是把地租改為按土地收穫量繳納固定比率之分租制。❿

此外，日治時代雖然從 1930 年代初期以來已經普遍流行書面租約，但是到戰後初期又回到 1920 年代底以前的狀態，口頭租約大約占了當時租約比率高達 90%；又租期不定，定期租約為數甚少。⓫因

---

❼ 日本自 1937 年進入戰爭階段後，便開始逐步實行全面的經濟管制，舉凡銀行資金、勞力、工資、物品價格、地租、房租、物資都受到管制。臺灣也追隨此一趨勢，進入經濟統制時代。其中物品價格及佃租統制令，根據吳幅員的記載，公布於 1939 年 10 月 18 日，而於 10 月 27 日施行（同上註）。

❽ 關於日治時代地租率的高低，請參見本書第三章的分析。

❾ 關於日治時代地租的計算方式，請參見葉淑貞，〈日治時代臺灣的地租水準〉，《臺灣史研究》8：2（2001），頁 105-108 或本書第三章的討論。

❿ Cheung 就提出三七五減租是一種固定比率分租制的看法（Cheung, Steven N.S., *The Theory of Share Tenancy*〔Chicago and London: the University of Chicago Press, 1969〕, pp.7、156 及 161）。不過，三七五減租事實上仍然是一種定額租制度，關於這一點，請參見王益滔，《王益滔教授論文集（第一冊）》（臺北：國立臺灣大學農學院農業經濟學系，1991），頁 13-14；樊家忠，《戰後土地改革對農場生產效率的影響》（臺北：國立臺灣大學經濟學研究所碩士論文，1995），頁 38-39；吳昆財，《一九五〇年代的臺灣》（臺北：博揚文化事業有限公司，2006），頁 130 或本書第四章的討論。

⓫ 陳誠，《如何實現耕者有其田》，頁 17-18。

此，三七五減租除了規定地租上限之外，還推行書面契約，規定最低
的租期，並消除其他不合理的現象。三七五減租條例實施之際，共簽
定了 370,000 件書面租佃契約，包含了將近 300,000 戶的佃農家庭。
又規定租期至少 6 年，取消地租以外之其他負擔（如押租金），並限
制租約之終止及耕地之收回。❷

　　這些措施的主要目的在於藉由法律的力量，保障佃權，並降低地
租，以消除租佃制度不合理的慣行。接著更爲了扶植自耕農，減縮或
消除租佃制度，而先後實施公地放領及耕者有其田等政策。關於這一
連串的改革過程及各種政策的內容，陳誠曾進行了詳盡的討論。❸

　　從以上的討論，我們得知日治時代政府甚少直接干預租佃制度，
租佃制度的各種慣行及地租的高低等等，大多由市場力量決定。雖然
臺灣總督府曾在 1904 年及 1939-45 年兩度以行政力量干預租佃制度，
但是根本目的既非干預租佃市場，更非在於解決農業生產的問題。儘
管不少人認爲當時的租佃制度不良，阻礙農業的發展，但是政府未曾
立基於農業的問題，而直接干預租佃制度。直到 1949 年國民政府才
以強大的行政力量，大規模干預租佃制度，最後在 1953 年實施耕者
有其田，廢除租佃制度。雖然如此，1953 年以後租佃制度並未完全
廢除，除有少數留存的按三七五減租條例實施之法定租佃制度，其他
大都轉爲按地下經濟方式實施之法外租佃制度。

二、文獻回顧

　　研究臺灣租佃制度的文獻，依討論的課題及關心的時代，可分成

---

❷ 請參見陳誠，《台灣土地改革紀要》，頁 17-42；黃宗煌，《臺灣現階段農地租佃
　制度之經濟分析》（臺北：國立臺灣大學農業經濟研究所碩士論文，1979），頁
　42。
❸ 請參見陳誠，《如何實現耕者有其田》及《台灣土地改革紀要》兩書的介紹。

四大類。第一類文獻探討日治時代租佃制度的內容;第二類討論戰後土地改革的內容及成效;第三類文獻從實際資料或從理論上分析土地改革以後,留存的三七五租佃制度及新興的法外租佃制度是否應該廢除;第四類利用生產投入與產出的資料研究戰前與戰後初期的佃農與自耕農之經營效率。本書的主旨在於討論日治時代租佃制度的運行,此一時代相關的資料相當豐富。本節要先介紹臺灣租佃制度方面的研究文獻,接著再介紹可用的資料。

討論日治時代租佃制度的相關文獻以日治時代的學者居多,戰後在 1950 年代有王益滔,最近則主要有張怡敏及筆者進行過討論。臺灣總督府殖產局在 1921 年完成第一次的耕地分配調查,發現臺灣耕地分配極為不平均之後,就有許多學者紛紛投入該方面的研究。當時學者發表的相關文獻,大多刊載在《臺灣農事報》之中,該期刊中第一篇租佃制度方面的著作刊登於 1921 年,由村社新所撰。❷❹接著有越來越多的人關注租佃制度的相關問題,除了村社新在 1921-23 年持續發表好幾篇相關的文章之外,還陸續有其他學者,例如豐田藤一郎、可行子、今川淵、鈴木進一郎、梶原通好、茂野信一、林朝卿、劉英漢及陳逢源等人都紛紛發表相關文章或書。

他們認為臺灣當時的租佃制度存在許多缺陷,不過以下面幾項最為人所經常提及:

(1)因為農民之間完全懂文字者不多,地主為了自己的方便,租

---

❷❹雖然在這之前,有一篇由田中秀雄寫的文章,名稱叫做〈地主會を組織せよ〉,出版於 1916 年,不過這篇文章很短,只有一頁而已,其中只有最後一段觸及臺灣租佃制度的問題。內容大意是,臺灣自耕農少,土地大部分被兼併,農業經營主要在地主及弱小的佃農手裡,地主階級的性能與態度對農業影響很大,所以應該組織地主會。

　　約大都是以口頭約定。❷⑤

（2）租期不定或租期太短。❷⑥

（3）地租太高，且地主很容易提高地租。❷⑦

---

❷⑤ 村社新，〈小作問題的歸結（一）〉，《臺灣農事報》185（1922），頁292；村社新，
〈本島小作の現情と業佃會の使命〉，《臺灣農事報》196（1923），頁189；鈴木
進一郎，〈本島の不良小作慣行に就て〉，《臺灣農事報》213（1924），頁695-
696及707；梶原通好，〈本島小作と地力問題〉，《臺灣農事報》229（1926），
頁14-15；梶原通好，〈臺灣農業問題二十四講（四）〉，《臺北時報》3：7（1928），
頁14-15；茂野信一，〈業佃事業團體の機構とその運用に就て（5）〉，《臺灣農
事報》271（1929），頁433；茂野信一及林朝卿，《臺灣の小作問題》（臺北：吉
村商會，1933），頁48及78；劉英漢，〈業佃事業振興方策〉，《臺灣農事報》
302（1932），頁30；劉英漢，〈臺灣小作問題に對する一考察（上）〉，《臺灣農
會報》1：8（1939），頁59-60；陳逢源，〈臺灣に於ける小作問題〉，收於臺灣
經濟年報刊行會編，《臺灣經濟年報（昭和十七年版）》（東京：國際日本協會，
1942），頁471。

❷⑥ 村社新，〈本島小作の現情と業佃會の使命〉，頁184；臺灣農事報，〈本島現下
の農政上最も緊急施設を要する事項如何〉，《臺灣農事報》206（1924），頁56
及64；鈴木進一郎，〈隔靴搔癢感の本島農政上の問題〉，《臺灣農事報》212
（1924），頁521；鈴木進一郎，〈本島の不良小作慣行に就て〉，頁693；可行
子，〈臺灣の小作問題は單純な農政問題〉，《臺灣時報》54（1923），頁12；今
川淵，〈臺灣に於ける小作慣行の改善と業佃會〉，《臺灣時報》54（1923），頁
15；梶原通好，〈本島小作と地力問題〉，頁13；林朝卿，〈改善を要すべき小
作慣行の要點〉，《臺灣農事報》267（1929），頁235；茂野信一，〈業佃事業團
體の機構とその運用に就て〉，《臺灣農事報》265（1929），頁12；茂野信一，〈業
佃事業團體の機構とその運用に就て（5）〉，頁433；茂野信一及林朝卿，《臺灣
の小作問題》，頁48及78；劉英漢，〈業佃事業振興方策〉，頁30；劉英漢，〈臺
灣小作問題に對する一考察（上）〉，頁59-60；陳逢源，〈臺灣に於ける小作問
題〉，頁471。

❷⑦ 村社新，〈小作人問題〉，《臺灣農事報》181（1921），頁664；村社新，〈小作
問題的歸結（一）〉，頁291；村社新，〈小作問題的歸結（二）〉，《臺灣農事報》
186（1922），頁380；村社新，〈本島小作の現情と業佃會の使命〉，頁189；鈴
木進一郎，〈隔靴搔癢感の本島農政上の問題〉，頁519及521；鈴木進一郎，〈本
島の不良小作慣行に就て〉，頁706-707；豐田藤一郎，〈地代及小作料に關する
一見解〉，《臺灣農事報》（210）1924，頁326；林朝卿，〈改善を要すべき小作
慣行の要點〉，頁235；茂野信一，〈業佃事業團體の機構とその運用に就て
（5）〉，頁433；陳逢源，〈臺灣に於ける小作問題〉，頁476-483。

（4）存在著稱為田頭或二手頭家的中介者。[28]不在地大地主雖然只占了地主數的 2%，但是所占的地卻高達 36%，且大多是良好的兩期作田，而其管理大都交給所謂的田頭或二手頭家的中間階級。[29]在西部五州有百甲地以上的地主有 112 名，所有地卻占了 42,000 甲，其中地主直接管理地的比率，臺北州只有 1%；新竹州有 34%；臺中州為 20%；臺南州不明；而高雄州則占了 62%。[30]

這些不良的租佃習慣導致以下農業經營上的重大問題：

（1）口頭契約在日後容易引起問題，且造成佃農不安；[31]又口頭契約內容不明，致使佃農的佃權變得薄弱。[32]口約使得佃權很不確實，佃農相當不安，且契約內容不分明，將來發生爭議的餘地很大，因此租佃契約樣式若改為內容分明的書面訂定之，可以確保佃權，斷絕爭議發生的根源。[33]

（2）租期不定或租期太短，造成佃耕地過度使用，加速地力大大

---

[28] 村社新，〈小作人問題〉，頁 664；村社新，〈本島小作の現情と業佃會の使命〉，頁 183；可行子，〈臺灣の小作問題は單純な農政問題〉，頁 12；梶原通好，〈本島小作と地力問題〉，頁 14；鈴木進一郎，〈本島の不良小作慣行に就て〉，頁 699；林朝卿，〈改善を要すべき小作慣行の要點〉，頁 235-236；茂野信一，〈業佃事業團體の機構とその運用に就て（5）〉，頁 433；茂野信一及林朝卿，《臺灣の小作問題》，頁 84；陳逢源，〈臺灣に於ける小作問題〉，頁 475。

[29] 今川淵，〈臺灣に於ける小作慣行の改善と業佃會〉，頁 16。

[30] 梶原通好，〈本島小作と地力問題〉，頁 14。

[31] 村社新，〈小作問題的歸結（一）〉，頁 292；茂野信一，〈業佃事業團體の機構とその運用に就て（5）〉，《臺灣農事報》271（1929），頁 433；茂野信一及林朝卿，《臺灣の小作問題》，頁 78；林朝卿，〈改善を要すべき小作慣行の要點〉，頁 234。

[32] 鈴木進一郎，〈隔靴搔癢の感ある本島農政上の二問題〉，頁 521。

[33] 鈴木進一郎，〈本島の不良小作慣行に就て〉，頁 696。

的減退，使得佃農的收穫量小於自耕農，阻礙農業的發展。❸

（3）地租過高使佃農陷於經濟貧困，沒有多餘的資金可進行農事改良，最後不得不流於掠奪農耕法，更有甚者，過高的地租，造成佃農不堪負荷，因而放棄佃耕地，成為流浪人。❸

（4）田頭從佃農那裡收得較高的地租，然後付給地主較少的地租，從中賺取差額。因此，佃農不僅要支付地租給地主頭家，也要支付地租給二手頭家。不少佃農繳納地租之後，所剩不足以維持生活。❸田頭介在地主及佃農之間，築起更深的鴻溝，使得地租變得昂貴，或土地的荒廢，或地租滯納，或導致佃農之間爭奪佃耕地，釀成不少的弊害。❸

　　從相關的調查結果，臺灣總督府也發現當時的租佃制度，存有一些不良慣行，可能導致問題，因此在1920年代開始推動業佃改善事業。隨著臺灣進入租佃改善時代，學者也都紛紛探討業佃改善事業的成就及存在的問題。其中，日治時代學者大都對業佃會所發揮的功能持肯定的態度，例如村社新就曾經說過從臺南州新營郡各街庄設立業佃會的實績，可以看到業佃會效果是相當大的。❸茂野信一也曾舉出

❸ 村社新，〈本島小作の現情と業佃會の使命〉，頁184；臺灣農事報，〈本島現下の農政上最も緊急施設を要する事項如何〉，頁56；可行子，〈臺灣の小作問題は單純な農政問題〉，頁12；鈴木進一郎，〈隔靴搔癢感の本島農政上の問題〉，頁519；鈴木進一郎，〈本島の不良小作慣行に就て〉，頁693。
❸ 村社新，〈小作人問題〉，頁664；村社新，〈小作問題的歸結（一）〉，頁291；村社新〈小作問題的歸結（二）〉，380；村社新，〈本島小作の現情と業佃會の使命〉，頁189；鈴木進一郎，〈隔靴搔癢の感ある本島農政上の二問題〉，頁519及521；鈴木進一郎，〈本島の不良小作慣行に就て〉，頁693。豐田藤一郎，〈地代及小作料に關する一見解〉，《臺灣農事報》210（1924），頁324。
❸ 村社新，〈本島小作の現情と業佃會の使命〉，頁183；可行子，〈臺灣小作問題單純的農政問題〉，頁12；梶原通好，〈本島小作と地力問題〉，頁14。
❸ 林朝卿，〈改善を要すべき小作慣行の要點〉，頁236。
❸ 村社新，〈本島小作の現情と業佃會の使命〉，頁191。

業佃會促使長期書式租約締結量大幅提升，因此而使佃農安定，從而促成施肥量的增加、促進防風防沙設備及促進長期作物栽培事業等集約農耕法。❸ 林朝卿也指出業佃事業第一階段的租佃契約締結督勵及租佃糾紛的調停等，雖然困難，但卻是成功的。❹

不過，劉英漢卻指出當時的愛佃設施有以下的缺陷：（1）重形式比實質要多。（2）生產的色彩非常濃厚。（3）單單只是從地主立場出發者多，從心裡增進佃農幸福者甚少。（4）對佃農不感謝。（5）對佃農實際生活向上的解決設施少或皆無。❹

戰後初期王益滔接續著上述日治時代學者的觀點，指出日治時代租佃契約以口頭約定，無據可憑，業佃關係全憑感情維繫，佃農毫無保障；❹ 租期過短，甚至不約定租期，這是因為租期越短，對地主越有利；❹ 且水田地租率在 50% 左右，旱田地租率約在 35% 上下，與英格蘭及日本相比，地租都過高。❹ 而張怡敏也提到日治時代的租佃制度有以口頭契約為主、租期不定、地主可經常調高地租等缺點。❹

王益滔對於業佃會的成效，持正面的觀點。他從訂立書面租約比率之大幅提升及與最短租期之訂定使佃權變得安定，而論及業佃會對

❸ 茂野信一，〈業佃事業團體の機構とその運用に就て〉，頁 13-19。

❹ 林朝卿，〈本島小作慣行改善事業促進に關する私見〉，《臺灣農事報》274（1929），頁 707。

❹ 劉英漢，〈臺灣小作問題に對する一考察（下）〉，《臺灣農會報》1：9（1939），頁 25。

❹ 王益滔，〈論臺灣之佃權與三七五減租條例〉，《財政經濟月刊》2：7（1952），頁 27-28。

❹ 王益滔，〈論臺灣之佃權與三七五減租條例〉，頁 28。

❹ 王益滔，〈臺灣之佃租〉，《財政經濟月刊》2：2（1952），頁 21。

❹ 張怡敏，《日治時代臺灣地主資本累積之研究——以霧峰林澄堂系為個案》（臺北：國立政治大學地政系博士論文，2001），頁 33，36。

於改善租佃制度有極大之影響。[46]不過，他也提到當時的業佃會有以下幾個問題：（1）爲一個任意團體，因此進展緩慢；（2）雖爲任意團體，但卻是政府補助督促而成，不是佃農或地主自覺成立的；這就是爲何戰後此類團體都無形停頓，甚至消滅的原因；（3）只集中於書面租約及租期之訂定，未能注意調整過高之地租。[47]

張怡敏則認爲當時的業佃會，缺乏法律上的權威，使得其所調解的農事糾紛案件，在1931-33年以後就低於民事調節之件數。[48]不過，她最後也提到：「儘管租佃改善事業之所及並非全面性，且亦存在著侷限性的效果，但無論如何自1930年之後臺灣並未再發生大規模租佃爭議，可以說該時期的租佃關係堪稱穩定。……，由臺灣總督府所主導且始於地力維持觀點的租佃改善事業，對於租佃關係的對立與惡化，應發揮『預防性』的作用。」[49]

雖然以上的學者大多提到日治時代的租佃制度有口頭租約及租期短等各種不良的租佃慣行，但卻都未進一步討論爲何會出現口頭租約；爲何口頭租約流行的時代，租佃糾紛較少；相反地，書面租約普及的時代，反而租佃糾紛較多。這些文獻也都未分析爲何租期大多都是1年的短期。日治時代1920年代底以前的租佃制度，大致上承襲著清治時代的小租制度，爲何從清治時代直到日治初期，1年的短期租約不會釀成嚴重的問題，而到了1920年代中期以後會成爲嚴重的問題？如果1年的租期太短，那麼合理的租期應該是多長？此外，雖然學者大多主張當時地租過高，但大都未探討合理的地租應該多高。

---

[46] 王益滔，〈臺灣之租佃問題及其對策〉，《財政經濟月刊》2：5（1952），頁39-40。

[47] 同上註。

[48] 張怡敏，《日治時代臺灣地主資本累積之研究——以霧峰林澄堂系爲個案》，頁64-65。

[49] 同上註。

　　其中，關於租期，只有高雄州旗山郡松村生提出延長租佃期間最短為 6 年，以 9 年為原則；基隆郡金山庄長賴崇壁提到租期應該延長為 6 年以上；劉英漢則提出 5 年太短，10 年是必要；而鈴木進一郎確切地提出不同作物應該給予多長的租期，他認為 1 年生作物，租期必須為 6 年或 9 年，而栽培多年生植物租佃地的租期，至少需要 15 年以上。❺⓪不過，他們都未說明為何租佃期間應該為 6 年、9 年或 10 年，也未說明為何 1 年生的作物租期需要 6 或 9 年，而多年生作物租期應該 15 年以上。此外，雖然大多數的學者都認為當時的地租過高，但是除了村社新及劉英漢之外，都未提出合理的地租應該是多少。❺❶

　　村社新提出合理地租應該要介於地主的界限地租與佃農的界限地租之間。從地主這一邊來看，界限地租是以自己經營所得到的利潤作為最低限度，因此地主的界限地租至少要與自營農場的利潤相當。❺❷而若從佃農這一邊來看，界限地租的最高限度，為佃農能夠支付的最多地租，是扣除自家投入，包括自家勞動、耕牛、肥料等所有自己提供要素報酬之後的餘額。❺❸

　　不過，他也提到前述最高及最低兩個限界地租的算定，存有一些困難。首先是要以相關事實調查作為基礎，例如家事經濟及農業經濟兩者相互交纏，需要精細調查這些方面的資料；也需要知道農業組織及農業經營的大小；更困難之處是因為土地、人與時等等，使得土地

---

❺⓪ 臺灣農事報，〈本島現下の農政最も緊急施設を要する事項如何〉，頁 57，58；劉英漢，〈臺灣小作問題に對する一考察（上）〉，頁 59；鈴木進一郎，〈本島の不良小作慣行に就て〉，頁 693。

❺❶ 村社新，〈關於相當小作料〉，《臺灣農事報》183（1922），頁 123-124；劉英漢，〈臺灣小作問題に對する一考察（上）〉，頁 51。

❺❷ 村社新，〈關於相當小作料〉，頁 123。

❺❸ 村社新，〈關於相當小作料〉，頁 124。

生產力的高低不同，而使農業經濟也不一樣，又農家在資本及勞力的
經營能力千差萬別，更不用說物價及工資的變動，氣候年年相異等等
這些事實。❺❹因此，要推定各個土地的限界地租多少是有困難的。

　　而劉英漢提到，公正的地租到底應該是多少，無論從理論或是實
際上來說，都是相當困難的事情。不過從多年在第一線從事租佃事務
的經驗，他提出以下的公式：❺❺

地租＝平常年 1 年的生產－（肥料及種子＋自己及雇入勞動工資
　　　＋押租金利息＋佃農對佃耕地所負擔的稅課）

　　他說按照以上的公式所求得的地租，雖然不能說對佃農的收益絕
對都是好的，但是比較當時苗栗郡的佃農，如果進行這種分配，佃農
的安定得以顯著改善。

　　不過，若按照他所提的方式計算地租的話，那麼無論佃農耕作努
力與否，收穫多與少，至多及至少都只能得到自己投入要素的報酬。
這樣可能無法刺激佃農努力耕作的意願，更無法促使佃農萌生有效率
使用投入要素的動機，因此將會造成效率的損失。❺❻

　　本書作者從 1990 年代初期以來，開始針對以上所提的問題，陸
續進行研究。研究結果得到以下四個主要的發現。第一、日治時代在
1920 年代底以前，確實以口頭租約為主，不過 1920 年代底以後，就

❺❹ 同於上註。
❺❺ 劉英漢，〈臺灣小作問題に對する一考察（上）〉，頁 51。
❺❻ 張清溪等人曾指出，為了保證自然獨占者不會有損失，雖然可以按其平均成本訂
　　價，但這種訂價方式無異於保證低效率之廠商，鼓勵生產者浪費資源，將使平均
　　成本上提，產生 X 無效率（X-inefficiency）。以上參見張清溪、許嘉棟、劉鶯
　　釧、吳聰敏，《經濟學：理論與實踐》（臺北：翰蘆出版社，2004），頁 263。

轉而以書面租約為主;而業佃採用何種租約乃是決定於各種租約的預期收益、簽約成本及執行成本。[57]第二、雖然日治初期的租約以不定租期的 1 年為多,不過在 1920 年前夕臺南地區定期租約已經多過於不定期租約,南部也有不少地區的租期以超過 1 年為多;而在 1920 年代底以後,租期則都轉而以超過 5 或 6 年為主。且臺灣租期的長短主要是決定於佃耕地適種的作物、耕種技術及交易成本的高低。[58]

第三、日治時代的水田地租率確實接近於 50%,旱田地租率大概在 35% 以下。不過,如果我們把均衡地租定義為土地的邊際產值或是地價的利息,則地租超過均衡地租的論點有待商榷。[59]而地租的高低主要決定於收穫量、地價、地目及經濟景氣的波動等因素;地主對地租的決定力量可能大過於佃農,但是卻不是地租的重要決定因素;製糖會社承租地的大小對地租雖然也有影響,但其影響力不大;稻種對地租的影響力也不顯著。[60]第四、日治時代佃耕農場及自耕農場的經營效率相當;[61]而戰後初期三七五減租之後的 1950-51 年,佃耕農場與自耕農場的經營效率也相當;同時,戰後初期相對於日治時代的 1925-27 年,稻作自、佃耕農場調整利潤成本比無顯著差異。[62]

---

[57] 葉淑貞,〈日治時代台灣租佃契約的選擇行為〉,《經濟論文叢刊》24:4(1996),頁 435-477。

[58] 葉淑貞,〈日治時代佃耕地租期長短之訂定〉,《臺灣史研究》14:1(2007),頁 139-190。

[59] 葉淑貞,〈日治時代臺灣的地租水準〉,《臺灣史研究》8:2(2001),頁 97-143。

[60] 葉淑貞,〈日治時代地租高低的決定因素〉,《臺灣銀行季刊》63:2(2011),頁 241-250。

[61] 葉淑貞,〈日治時代臺灣的租佃制度與農場的經營效率:戰後初期土地改革的省思之一〉,《國家科學委員會研究彙刊:人文及社會科學》1997:4(1997),頁 484-485。

[62] 葉淑貞,〈三七五減租對農場經營效率的影響〉《經濟論文叢刊》40:2(2012),頁 206-209。

　　第二類有關臺灣租佃制度的文獻重點在於討論戰後初期土地改革的背景、內容及成效。如同第一類文獻，該類文獻也指出日治時代及戰後初期的租佃制度存在著許多不合理的現象，因而阻礙農業的發展。他們認為戰後初期的土地改革主要目的便是要改正或消除這些現象，以促進農業的發展。

　　論者認為戰後初期的土地改革，一方面安定了農民的心理，另一方面則促進農業的投資，因而提高了農業的產量，改善了佃農的生活。[63] 他們並提出一些數據來證實以上的論點。例如，陳誠以 1948-52 年糙米總產量增加 47%，單位面積產量從每甲 4,649 公斤提高至 5,530 公斤，論證三七五減租政策促成農業生產之增加；[64] 並發現 284,590 戶承領公私地之農家（即新自耕農），在 1949-53，1953-57 及 1957-60 年等三個時期，平均每年投資的耕地改良設施、農具、耕牛及農事設備持續增加。[65] 陳誠將此歸功於土地改革政策之實施。Hsieh and Lee 也發現 1950-55 年農業總產量增加了 21%。[66]

　　不過，這些經濟指標反映的是當時經濟活動的總結果，是所有各項有利及不利因素綜合創造出來的結果，不是土地改革單項因素的淨效果。此一時期正值戰後復原階段，農業設備的修復，肥料製造工廠之復工，肥料進口來源之重開等因素都是農業增產的要因。

---

[63] 陳誠，《台灣土地改革紀要》，頁 37-40, 80-85；Hsieh, S.C. and T.H. Lee, *Agricultural Development and its Contributions to Economic Growth in Taiwan*（Taipei: Chinese-American JCRR, 1966），pp.81-84；李登輝，〈土地改革對農家經濟結構之變化〉，收於李登輝編著，《臺灣農地改革對鄉村社會之貢獻——三民主義在臺灣的見證》（臺北：李登輝，1985），頁 22-31。

[64] 陳誠，《台灣土地改革紀要》，頁 38-39。

[65] 陳誠，《台灣土地改革紀要》，頁 81-84。

[66] Hsieh, S.C. and T.H. Lee, *Agricultural Development and its Contributions to Economic Growth in Taiwan*, p.84.

　　日治時代農家的耕作相當依賴市場上提供的肥料，尤其是 1920
年代中期開始推廣蓬萊米栽培以後，購買肥料的比重更加提高。例如
1940 年消費的 131,949,010 圓的肥料中，購買肥料占了 55% 以上。❻⓻
購買肥料的來源有三：島內生產、從日本進口及從其他地區進口。1940
年各部分占三者統計之比率分別是 41.19%，41.26% 及 17.55%。❻⓼戰
時由於進口肥料驟減，加上肥料工廠受到戰爭的摧毀，以致於肥料供
應量驟減，影響農業的生產。戰後初期直到肥料工廠復工及肥料進口
恢復以後，肥料的使用量才逐漸提高。以稻作耕地肥料施用量為例，
至 1956 年才恢復至 1938 年的水準（見表 1-3）。

表 1-3　臺灣肥料使用量的變化

年次	每公頃肥料施用量（公斤）	每公頃販賣肥料三要素消費量（公斤）		
		氮	磷	鉀
1937	568	73	28	12
1938	623	78	22	6
1939	561	59	24	6
1940	465	44	21	4
1945	4	–	–	–
1949	135	23	8	–
1950	301	52	14	–
1954	593	83	29	12
1955	589	84	33	14
1956	626	85	34	14

資料來源：臺灣省糧食局肥料運銷處，《肥料手冊》（臺北：臺灣省糧食局肥料運銷處，
　　　　　1964），頁 101-102。

---

❻⓻臺灣省行政長官公署，《臺灣省五十一年來統計提要》，頁 588-589。
❻⓼德岡松雄，〈臺灣に於ける肥料問題〉，收於臺灣經濟年報刊行會編，《臺灣經濟
　　年報（昭和十八年版）》（東京：國際日本協會，1943），頁 262-264。

　　除非能夠分離出所有其他因素的影響力，否則無法確知土地改革是否提高了農業的生產。Hsieh and Lee 雖然也知道農業生產的增加是諸多因素造成的，而不是土地改革單獨的貢獻，不過卻也認為土地改革具有相當的貢獻。**❻❾**

　　又，某些農業投資之提高，也可能是農業生產提高以後的普遍現象，不一定完全是土地改革的結果。事實上，根據李登輝的估計，在 1950-1955 年間，每一農家的實質投資額從 826 元下降至 581 元，其中公共投資大略維持於相同的水準，故投資之下降乃是私人投資減少所致。私人投資減少的主要原因之一是償還地價所致。**❼⓪**

　　總之，戰後初期土地改革的相關文獻所提的例證，仍然不足以支持土地改革增進農業生產，更無法證明土地改革提高了農業生產效率的論點。筆者的研究就發現，相對於 1925-27 年，1950-51 年佃耕稻作農場的調整利潤成本比並未比自耕農場高。**❼①**這說明了土地改革提高農場經營效率的觀點可能有待商榷。

　　1950 年代初期的公地放領及耕者有其田政策雖然大幅降低了佃農的比率，但是租佃制度仍然存在。**❼②**土地改革以後，租佃制度轉變成按三七五減租條例施行之法定租佃制度及不遵照三七五減租條例之法外租佃制度。1969 年政府考慮廢除法外租佃制度，以便貫徹耕者有其田政策，學者乃再度關心臺灣的租佃制度，研究的重點在於從實際資料及理論上分析是否應該廢除租佃制度。

---

❻❾ Hsieh, S.C. and T.H. Lee, *Agricultural Development and its Contributions to Economic Growth in Taiwan*, p.84。

❼⓪ 李登輝，〈土地改革對農家經濟結構之變化〉，頁 26-27。

❼① 請參考葉淑貞，〈三七五減租對農場經營效率的影響〉，頁 208-209。

❼② 自耕農、佃農及半自耕農的比率分別從 1949 年的 38%、37% 及 25%，變為 1957 年的 60%、17% 及 23%，自耕地占總耕地之比率也從 61.4% 提高至 84.8%（李登輝，〈土地改革對農家經濟結構之變化〉，頁 23）。

表 1-4　1952 及 1955 年個人持有土地面積

持有面積	1952（%）	1955（%）
0.5 公頃以下	10	14
0.5-1.0	15	21
1.0-3.0	33	42
3.0-10.0	26	18
10.0 以上	16	5

註　解：平均私人農場面積則從 1.1 公頃減為 0.8 公頃。
資料來源：李登輝，〈土地改革對農家經濟結構之變化〉，頁 23-24。

　　黃宗煌利用實際調查資料，發現法外租佃制度之所以出現，乃是由於耕者有其田政策縮小農家耕地的經營規模，影響農場之生產效率。[73] 關於土地改革之後，農地縮小這一點李登輝也有同樣的發現（表 1-4）。而且法定租佃制度又過度保護佃農所致，三七五減租條例制定了許多法條來保護佃農，茲舉數例說明之。第一，在耕地租約期滿時，如果出租人不能自耕，或出租人所有利益足以維持生計，或收回耕地使承租人生活失去依憑，出租人不得收回耕地。第二，租約期滿，除非出租人收回自耕，否則如果承租人願意繼續承租者，應續訂租約。第三，佃農有優先承買權及承典權。地主欲出賣土地時，須徵得佃戶的同意或給予權利金，因此特別是建築用耕地，佃戶往往索取一半以上的權利金。[74]

　　另外，毛育剛及黃宗煌又發現地主如果將出租地收回，對佃農生活影響至大；實施耕者有其田，佃農領得承租之地後，家庭經濟雖可改善，但改善程度不大。[75] 因此，他們認為臺灣最迫切需要的，乃是

---

[73] 黃宗煌，《臺灣現階段農地租佃制度之經濟分析》（臺北：國立臺灣大學農業經濟研究所碩士論文，1979），頁 3。
[74] 以上參見黃宗煌，《臺灣現階段農地租佃制度之經濟分析》，頁 42-43 及 67 的討論。
[75] 毛育剛，《臺灣農村地主佃農經濟調查研究》（臺北：內政部農復會，1969），頁

建立合理的租佃制度，而非貫徹耕者有其田。

　　當這些反對貫徹耕者有其田政策之論調興起後，有些學者乃從理論上證明分租制度（share tenancy）較無效率，進一步從此下結論說「耕者有其田較租佃制度爲佳」。❼❻ 以上諸文皆是從反省 Steven Cheung 及 J.C. Hsiao 的理論及結論著手。❼❼

　　根據傳統的邊際分析法，在資源的利用上，分租制度較其他制度無效率。可是，Cheung 及 Hsiao 卻推得分租制度之資源配置效率與地主自耕、雇工耕種或定額租制度等皆相同。然而，邊裕淵、石義行與陳昭南等人在修正 Cheung 及 Hsiao 有關「勞動供給爲無限彈性」的假設後，仍然得出分租制度較無效率的結論，因而認爲必須實施耕者有其田政策才能提高效率。❼❽

　　以上這種看法可能有待商榷，因爲租佃制度並不等於分租制度，除了分租制度外，尚有定額租制度。假如分租制度無效率，可以改良租佃制度，不一定要廢除租佃制度。即使實際資料也不支持分租制度較無效率的說法，張德粹及黃宗煌利用 1977 至 1978 年所做的調查資料，進行實證研究，得到的結論就是無論是全臺平均或是東部地區平均看來，分租制度的效率都高於其他型態農場，而三七五租農的效率

V：黃宗煌，《臺灣現階段農地租佃制度之經濟分析》，頁 30。

❼❻ 邊裕淵及石義行，〈平均地權的經濟理論基礎〉，《臺北市銀行月刊》8：12（1977），頁 68-76；邊裕淵及石義行，〈耕者有其田的經濟理論基礎〉，《農業與經濟》第二期（1978），頁 149-157；陳昭南、江新煥及周建富，〈耕者有其田的經濟理論基礎〉，《中央研究院三民主義研究所專題選刊》第十二期（1978），頁 1-12。

❼❼ Cheung, Steven N.S., *The Theory of Share Tenancy* 及 Hsiao, J.C., "The Theory of Share Tenancy Revisited," *Journal of Political Economy* 83: 5（1975），pp.1023-1032.

❼❽ 邊裕淵及石義行，〈耕者有其田的經濟理論基礎〉，頁 156；陳昭南、江新煥及周建富，〈耕者有其田的經濟理論基礎〉，頁 9。

都是各種型態農場中最低的。[79]

此外，為了要比較法外租佃制度及三七五減租何種農場較無效率，張德粹曾對 21 戶地主，74 戶佃農及 62 戶半自耕農進行過調查。而在他所調查的農戶中，地租的計算方式採用分租的農場中，佃農有 63% 之租率為 50%，26% 之租率高於 60%；半自耕農有 67% 之租率為 50%，17% 之租率高於 60%。又全部租約的租期都是不定期或一年之內，且口頭租約占了絕大部分，佃農及半自耕農採行口頭租約的比率分別高達 93.24% 及 93.55%。[80]

從張德粹及黃宗煌兩人的研究結果，可以推出以下幾個有趣的論點。第一，租佃制度未必較耕者有其田制度無效率，故廢除租佃制度未必能提高農業的經營效率。第二，不同租佃型態下的農場，有著不同的經營效率，故租佃問題的產生，並非租佃制度本身的不好，可能是租佃條件不合理所致。第三，矯正不合理的租佃制度固然可能提高經營效率，但是租佃制度若修改不當，不但無法提高，反而會降低經營效率。由市場力量創造出來的法外租佃制度比人為制定之三七五租制有效率，便是一個例子。第四，法外租佃制度與日治時代 1920 年代底以前的租佃制度同樣具有口頭契約，租期過短或租期不定，租率達 50% 左右等現象，但是它的效率未必低於自耕制度。

最後一類的研究是採用生產投入的資料，並利用嚴謹的計量分析，討論戰前佃農及自耕農的經營效率及戰後初期土地改革對農場之經營效率有何影響。這類文獻主要有以下幾篇：前兩篇由筆者採用技術效率、配置效率及調整利潤成本比等指標，比較 1925-27 年自耕及

---

[79] 葉淑貞，〈台灣日據時代農場經濟效率之分析——租佃制度與其他因素交互作用之分析〉（國科會計畫：編號 NSC 81-0301-H-002-514，1994），頁 7。

[80] 張德粹，《臺灣地區農村新竹的法外租佃制度對本省農業發展所生影響之研究》（臺北：國立臺灣大學農業經濟研究所，1979），頁 49-50。

佃耕稻作農場的經營效率。❽研究結果發現，自耕農及佃農這三項經營效率指標都無顯著的差異。延續筆者對於戰前租佃制度對農場經營效率的分析，樊家忠採用類似的指標，比較戰後三七五減租實施之後的 1950-51 年及日治時代 1925-27 年間稻作自、佃耕農的經營效率。❽樊家忠發現戰後初期自耕農場與佃耕農場的技術效率都呈現下降的趨勢，而且佃耕農場的益本比下降幅度比自耕農場大一些。從此可以推得三七五減租可能並未提高農場的經營效率。

另一個曾用過嚴謹的分析方法，探究三七五減租的經濟效率的是尚瑞國與林森田。❽他們利用資料包絡法分析稻作農場的技術效率與規模效率，得到的結論為「減租之後，稻作無論自耕農場及佃耕農場的經營效率與規模效率，都出現明顯下降的情況。」從以上分析，可知學者曾利用嚴謹的計量分析，得到的結論都是戰後初期所實施的三七五減租並未提高農場的經營效率。

接續日治時代的研究，筆者也利用 difference-in-difference 方法，針對戰後初期三七五減租實施不久之後的 1950-51 年之自耕農場及佃耕農場的經營效率，進行了更完整的探討。結果得到若固定農家身分、時代、稻種及經營地面積大小，戰後初期相對於日治時代的 1925-27 年，自、佃耕農場調整利潤成本比無顯著差異。❽

❽ 葉淑貞，〈台灣日據時代農場經濟效率之分析──租佃制度與其他因素交互作用之分析〉；葉淑貞，〈日治時代臺灣的租佃制度與農場的經營效率：戰後初期土地改革的省思之一〉。
❽ 樊家忠，《戰後土地改革對農業生產效率的影響》，頁 48-60。
❽ 尚瑞國與林森田，〈臺灣三七五減租政策實施前後農場經營效率之比較研究〉，《國家科學委員會研究彙刊：人文及社會科學》7：4（1997），頁 514-530。
❽ 葉淑貞，〈三七五減租對農場經營效率的影響〉，頁 210-218。

三、資料介紹

臺灣在日治時代有相當豐富之租佃制度方面的相關資料。資料有屬質的文字形式，也有量化的數字資料。屬質的資料可以用來分析包括租約形式及租期長短等與佃權有關的種種問題，而量化的資料則可以用來分析自佃耕農場的經營效率、地租是否過高及地租的決定因素等課題。這些資料都屬於調查資料，調查工作在戰前大部分由臺灣總督府殖產局主其事，少部分是銀行機構基於業務需要，自行進行調查而得；而戰後與租佃制度有關的資料大都由臺灣省農林廳負責調查並編纂。

日治時代政府做了許多的調查工作，其中有不少與租佃制度有關的，大致上可以分為七類。第一類是關於租佃制度各種慣行的調查，這是分析與佃權相關的各種問題之最好憑據。第二類資料的重點是地主租賃耕地所得到之各項收益與所負擔之各種成本的調查，其中關於地租及耕地收穫量的部分，可以用來分析地租及地租率的高低及變動趨勢。第三類資料為業佃改善事業的成績報告書，這是研究 1920 年代底以來租佃制度最好的依據之一。

以上這三類調查的目的是為了租佃制度，還有另外四類調查資料，原來調查的目的不是為了租佃制度，不過調查項目之一是農場主的身分（即自耕農，半自耕農或佃農），因此也可以用來分析租佃制度的一些相關問題。這些資料的主題分別是農場經濟調查、米生產費、農家經濟調查及米作農家生計調查等四種。

戰後初期，臺灣省農林廳也仿效日治時代的農場經濟調查及農家經濟調查，針對 1950 年二期作及 1951 年一期作的稻作農場的投入與產出及 1950-51 年的稻作農家及雜作農家及 1950-1952 年蔗作農家的經濟狀況，進行過相當大規模的調查。戰後的這些調查都是在 1950-51 年進行的，這是三七五減租實施不久之後，因此可以用來探究三

七五減租的一些相關問題。以下扼要分析該些資料的特性。

　　首先要介紹租佃習慣方面的調查資料。日治時代臺灣總督府曾對租佃制度的各種慣行進行過數次各州全面性的調查。這些調查按照調查的時間，可以分為三次。第一次進行於日治之初，第二次完成於 1920 年代，第三次則從事於 1930-40 年代。此外，也有一些州政府自行對州內的制度進行調查。

　　第一次調查由臨時臺灣舊慣調查會負責，是整個舊慣調查的一小部分。[85] 此次的租佃慣習調查是法制舊慣調查的一部分，調查結果編入《臺灣私法》第一卷上第一編不動產中第二章不動產權的第三節之中。[86] 該次調查完成於 1901-03 年，所呈現的是 1895 年前後的各種慣習。

　　以後的兩次調查皆由殖產局主其事，名稱皆為「小作慣行調查」。[87] 殖產局於進行農業基本調查的初期階段，便將各州租佃習慣調查納入該事業之中。[88] 不過，此次的租佃慣行調查結果並未收入農

---

[85] 日治之初凡是臺灣人及清國人之間的行為，完全依據臺灣向來之慣例處斷。為了明瞭向來之例規及慣習，乃於 1901 年設立「臨時臺灣舊慣調查會」，調查會分為三部。第一部負責法制舊慣方面的調查，並將調查結果編成三卷六冊的《臺灣私法》及七冊的附屬參考書。關於臨時舊慣調查會的組織及成果，可參考山根幸夫著，吳密察譯，〈臨時臺灣舊慣調查會的成果〉，《臺灣風物》32.1（1982），頁 23-58。

[86] 臨時臺灣舊慣調查會，《臺灣私法》第一卷上（臺北：該會，1911），頁 517-615。

[87] 日文的「小作」是租佃或佃耕之意；而「慣行」則是習慣之謂。

[88] 農業基本調查以農家或農場為調查單位，目的在於提供農業施政的基礎資料。從大正 9 年至 13 年（1920-24）進行第一次的農業基本調查，租佃習慣是本次七大調查項目之一（臺灣總督府殖產局，《臺灣農業年報（昭和三年版）》（臺北：該局，1929），頁 114-115）。農業基本調查以後繼續進行，直至 1940 年代仍未中斷。大多數的調查結果也陸續編入《農業基本調查書》之中，至 1944 年該套書已有 45 冊。關於這套書的書名及內容請參考吳聰敏、葉淑貞、古慧雯，《日本時代台灣經濟統計文獻目錄》（臺北：吳聰敏，2004），頁 127-135 的介紹。

業基本調查書之中，而是單獨出版，名為「各州小作慣行調查」。❽
這次的小作慣行調查進行於 1920 年，針對臺北、新竹、臺中、臺南
及高雄等各州所屬各郡的各種租佃慣習加以調查。

　　1920 年的調查發現當時的租佃慣行，除了普遍行用的一般慣習之
外，也有一些地區流行某些特殊的慣行。為了對這些特殊的慣行進行
深入的了解，乃於 1926 年 5 月、1929 年 3 月與 6 月又分別調查臺北
州茶園小作、新竹州茶園小作、臺南州北港郡定率租之租佃慣行。殖
產局及臺灣農友會曾多次將這些特殊租佃慣行與 1920 年各州租佃慣
行之調查內容，分別以「特殊小作慣行」及「一般小作慣行」的標題
編入不同的書籍中。❾

　　殖產局接著又於 1931 年至 1940 年之間，對臺北州、新竹州、臺
中州、高雄州及臺東廳、花蓮港廳進行第三次的調查，並陸續整理且
出版調查結果。❾ 除了由總督府殖產局負責的調查之外，還有各州、
廳自行進行的調查。其中新竹廳於 1918 年❾、臺中州於 1924 年，高
雄州於 1933 年都曾經進行過州內租佃習慣方面的調查，臺南州農會
也於 1931 年出版該州的租佃問題相關資料。❾

---

❽ 臺灣總督府殖產局，《各州小作慣行調查》（臺北：該局，1926）。
❾ 參見臺灣總督府殖產局，《臺灣ニ於ケル小作問題ニ關スル資料》（臺北：該局，
　1930）；臺灣總督府殖產局，《臺灣に於ける小作事情と其の改善施設》（臺北：
　該局，1930）；臺灣農友會，《臺灣に於ける小作問題に關する資料》（臺北：該
　會，1928）。
❾ 臺灣總督府殖產局，《臺灣に於ける小作慣行，其の一臺北州管內》（臺北：該
　局，1931）；臺灣總督府殖產局，《臺灣に於ける小作慣行，其の二新竹州管內》
　（臺北：該局，1933）；臺灣總督府殖產局，《臺灣に於ける小作慣行，其の三臺
　中州管內》（臺北：該局，1935）；臺灣總督府殖產局，《臺灣に於ける小作慣行，
　其の四高雄州管內》（臺北：該局，1941）；臺灣總督府殖產局，《臺灣に於ける
　小作慣行，其の五臺東廳、花蓮港廳管內》（臺北：該局，1941）。
❾ 臺灣的圖書館缺這份資料。
❾ 臺中州內務部勸業課，《農政資料第一輯：小作料、小作期間並ニ小作權ニ於ス

　　以上這些調查書詳細記載了各地行用之各種租佃習慣，是討論租佃制度的重要參考資料。這些調查報告書所提供的多屬文字描述性的資料，少有數字方面的資料。大多只描述各種慣行的內容，對於各種慣行被接受的程度也多以文詞來形容。例如調查資料可能告訴我們某一地區採用的租期有不定期、1 年期、3 至 5 年期、10 年期及 10 年以上等各種，而且告訴我們以不定期為多。調查資料大多未能提供各種租期行用的比率，以致於常無法確切知道各種慣行被接受的程度，以及長期間的變化如何。不過，也有少數的數字出現在這些調查報告中，可供使用。❹

　　此外，從 1920 年的租佃習慣調查中，臺灣總督府認為必須及早改善某些租佃慣行，乃於 1927 年將租佃改善事業推行至西部各州。並且由總督府殖產局設置專任職員，負責指導、督促並調查研究該事業。殖產局在 1932-41 年，每年都將指導、調查及研究成果編成《本島小作改善事業成績概要》的書。《本島小作改善事業成績概要》除了文字方面的資料之外，有比較多數字方面的資料可以利用。書中介紹租佃改善事業的計畫、租佃改善團體的設置，以及租佃糾紛調停狀況，是研究 1930 年代以後租佃制度變遷的重要資料之一。而西部五州的地方政府，例如高雄州、新竹州、臺南州、臺中州及臺北州也都對州內的租佃改善事業進行調查，並做成報告。❾⑤ 這些資料可以幫助

ル調查》（臺中：該課，1925）；高雄州內務部勸業課，《小作二關スル調查附農政資料》（高雄：該課，1933）；臺南州農會，《臺南州下二於小作問題二關スル資料》（臺南：該會，1931）。

❹ 例如臺灣總督府殖產局，《各州小作慣行調查》，頁 285，338-340，就提供了臺南州及高雄州各郡市不定期租約的比率。

❾⑤ 高雄州內務部勸業課，《小作二關スル調查附農政資料》；新竹州農會，《新竹州小作慣行改善事業概況》（新竹：該會，1931）；臺南州農會，《臺南州下二於小作問題二關スル資料》，（臺南：該會，1931）；臺中州，《小作改善事業概要》（臺

我們了解各州租佃改善事業對租佃制度的影響主要在哪些方面。

　　除了租佃習慣及租佃改善事業之外，臺灣總督府、日本勸業銀行、臺灣銀行及一些州政府也對佃耕地之地租、收穫量及地價等做過幾次調查。日治時代地租方面的調查至少有十六次，重點大多在於了解地主出租耕地所得到的各項收益、成本、土地的價格與收穫量。而十六次調查當中，有十三次是屬於全島性的調查，另有三次屬於地區性的調查，調查的是新竹州在 1932 年、臺中州在 1925 年及 1940 年的情況。❾⑥

　　這十六次地租方面的調查，時間起於 1902 年，終於 1942 年，可以用來分析地租的長期變動趨勢。日治時代地租方面的調查最早應該可以追溯到 20 世紀初，調查結果分別以《田收穫及小租調查書》與《畑收穫及小租調查書》（畑即旱田）等二書出版。❾⑦ 在這兩書之內，除了《田收穫及小租調查書》內附有一頁的凡例之外，正文部分都是表格形式的內容。這段期間正值第一次臺灣土地調查之際，因此這兩本書可能是該次土地調查中關於收穫量及小租部分的調查報告書。❾⑧

<hr>

中州，1938）；臺北州內務部勸業課，《業佃會員事業成績》（臺北：該課，1932）；臺北州內務部勸業課，《小作改善事業概要》（臺北：該課，1934）；臺北州內務部勸業課，《小作改善事業概要》（臺北：該課，1936）；臺北州內務部勸業課，《臺北州の小作事情と其の改善施設概要》（臺北：該課，1937）；臺北州內務部勸業課，《小作改善事業概要》（臺北：該課，1940）。

❾⑥ 新竹州，《小作料に關する調查》（新竹州：新竹州勸業課，1932）；臺中州內務部勸業課，《農政資料第一輯：小作料、小作期間並ニ小作權ニ於スル調查》；臺中州，《臺中州に於ける小作料》（臺中：臺中州，1941）。

❾⑦ 臨時臺灣土地調查局，《田收穫及小租調查書》（臺北：該局，1905）；臨時臺灣土地調查局，《畑收穫及小租調查書》（臺北：該局，1905）。

❾⑧ 臺灣土地在清代便存有二大問題。一為隱田，另一為地權不明確或不完整。巡撫劉銘傳為擴充稅源，籌措現代化建設之經費，乃於 1885 年著手進行土地調查及地租修正等事業。這項事業稱為「清賦事業」。因民間抗拒太大，只完成一部分，便於 1887 年停頓。甲午戰爭時，所有的土地調查簿冊單據多遭焚毀。日治之初只得一方面令人民自行申告，另一方面籌備土地調查工作。為責成專門機構

首次的地租調查應該是在1902年左右完成，❾❾而且是當時正在進行的土地調查事業的一部分工作，這次地租調查的目的主要作為大租整理及土地稅修正的基礎。

全島性的十三次調查當中，除了首次調查是由臨時臺灣土地調查局負責之外；1914，1919，1927，1937年等四次的調查都是由臺灣總督府殖產局負責的。❿前二次的調查稱為「耕地賣買價格小作料公課及收益に關する調查」；後二次的調查稱為「耕地賃貸經濟調查」，是整個「農業基本調查」事業的一部分，故調查報告編入「農業基本調查書」之中。

除了政府之外，日本勸業銀行及臺灣銀行身為農村的資金融通者或臺灣經濟之調劑者，關心農村耕地的借貸問題，故至少也進行了八

主持該項事業，乃於1898年設立「臨時臺灣土地調查局」，進行第一次的土地調查。這項調查事業完成了「地籍調查」，「三角測量」及「地形測量」；並於1904年修正土地稅制度；同時於1904年整理租佃制度，廢除大租權。關於該次的土地調查，見井出季和太，《臺灣治績志》（臺北：臺灣日日新報社，1937），頁389-392的介紹。此次土地稅之修正範圍包含各種土地等級及稅率之修訂。而土地等級及稅率之訂定，參考了土地之收穫量及地租，故後二個項目也是本次土地調查所關心者。

❾❾書中未說明調查的時間，但是書中所列的調查地是以廳為最高行政單位，而總共列了宜蘭、深坑、基隆、臺北、桃園、新竹、苗栗、臺中、彰化、南投、斗六、嘉義、鹽水港、臺南、蕃薯寮、阿猴、恆春、鳳山等18個廳。如果對照臺灣歷次行政區劃的重劃，可以看到在1901年的5月1日這次的行政區劃，將全臺分成為宜蘭廳、臺北縣、臺中縣、臺南縣、恆春廳、臺東廳、澎湖廳等廳縣；而1901年11月11日，才將全臺分成為22個廳。可見這本書所呈現的應該是1901年11月11日左右的事實，因此本文推斷調查時間為1902。此外，根據「田收穫及小租調查書」內凡例第二條的提示，用以計算小租金及收穫金的米價是1898至1902年五年平均價格。根據以上兩點作者推測該書出版於1902年以後不久的年份，而調查進行的時間也應該在1902年左右。

❿見臺灣總督府殖產局，《耕地賣買價格小作料公課及收益に關する調查》（臺北：該局，1916）；臺灣總督府殖產局，《耕地賣買價格小作料公課及收益に關する調查》（臺北：該局，1920）；臺灣總督府殖產局，《耕地賃貸經濟調查其ノ一》（臺北：該局，1930）；臺灣總督府殖產局，《耕地賃貸經濟調查其ノ二》（臺北：該局，1930）；臺灣總督府殖產局，《耕地賃貸經濟調查》（臺北：該局，1939）。

次相關調查。⓫ 其中有三次由日本勸業銀行負責，內容是該銀行在
1924、1937 及 1938 年進行的調查結果。⓬

　　另外五次則是臺灣銀行於 1938-42 年進行的五次調查的綜合報
告。⓭ 該銀行針對全臺各州廳進行耕地買賣價格及實收地租等項目進
行調查，調查書中並附有 1938-42 年的水、旱田買賣價格比較及地租
比較等表，而在 1944 年出版。雖然無資料可考，無法確知這兩家銀
行總共作過幾次調查；不過，可以確知的是日治時代佃租方面的調查
至少有十六次，調查的時間起於 1902 年左右，終於 1942 年。

　　第四類資料是關於佃耕及自耕農場的經濟調查，可用來分析農場
的經營型態及經營效率。該項調查總共進行了十四次，時間在 1925
至 1929 年間，內容為七種作物（即水稻、苧麻、甘藷、茶、養豚、
甘蔗、香蕉）之投入與產出數量與價值。從這些資料，我們可以計算
或估計佃耕與自耕農場的成本結構、因素密集度、利潤（或調整利
潤）成本比及生產函數等等，從而比較兩種農場之經營型態及經營效
率。

　　稻作是日治時代臺灣最重要的作物，所以本書只選取稻作農場作

⓫ 日本勸業銀行是日治時代臺灣農村的重要資金借貸者。根據 1933 及 1940 年的兩
　次農業金融調查，農家資金融通來源可分成 14 種。該兩年勸業銀行對農家之貸
　放金額占農家總負債額之比率分別是 16.43% 及 24.66%。以上資料可以參見臺灣
　總督府殖產局，《農業金融調查》（臺北：該局，1935），頁 4 及臺灣總督府殖產
　局，《農業金融調查》（臺北：該局 1941），頁 4。1940 年之數字高於所有其他資
　金融通者，而 1933 年之數字僅次於個人借貸業以及其他融通者之合計項。臺灣
　銀行除了提供一般商業銀行的服務外，也扮演了臺灣地區之中央銀行的角色，故
　須掌握經濟狀況，以調劑整個經濟之運作。
⓬ 日本勸業銀行臺北支店，《第一回臺灣田畑賣買價格及收益調（大正十四年六
　月）》（臺北：該店，1925）；日本勸業銀行調查課，《臺灣に於ける田畑收益利
　迴調（昭和十二年四月現在）》（東京：該課，1937）；日本勸業銀行調查課，《臺
　灣に於ける田畑收益利迴調（昭和十三年四月現在）》（東京：該課，1938）。
⓭ 臺灣銀行調查部鑑定課，《本島田畑買價格及小作料調》（臺北：該課，1944）。

為分析對象。[104]而稻作農場的經濟調查有四次，時間分別是 1925 年二期作至 1927 年一期作，資料編在農業基本調查書第十一，十三，十六及十九。[105]該類資料十分詳盡，例如列有各種稻種之自、佃耕農場的肥料及勞力投入，除了調查自給及雇入或購入比率，並列出各種肥料的使用量及金額，也列出各種不同工作所使用的成年男子、婦女及小孩的工作日數及支付工資。

戰後初期臺灣省農林廳延續著戰前的這種農作物經濟調查的格式，繼續對 1950-51 年的稻作農場進行兩次大規模的調查。[106]這兩次的調查名稱皆為「稻穀生產收支經濟調查」，調查的內容與 1925-27 年的調查基本上是大同小異的。由於 1950-51 年正是三七五減租實施之後，耕者有其田實施之前，因此這兩次的調查資料可以用來分析三七五減租之後自、佃耕農場經營效率的相關問題。[107]

除了主要農作物經濟調查外，尚有一些其他類型的調查，也間接與租佃制度有關。其中最重要的有三項，分別是生產投入、農家經濟調查及米作農家生計費調查，這些資料大都收入農業基本調查書之中。這些調查與農場經濟調查一樣，都列有佃耕與自耕農場，因此可

---

[104] 稻作面積占總耕地面積的比重雖然不斷下滑，但是到了 1936-45 年仍有 46.31% 的耕地種植了稻作，以上數字可以參見宋世孝，〈臺灣之農場經營〉，《臺灣銀行季刊》8：1（1946），頁 157。

[105] 見臺灣總督府殖產局，《主要農作物經濟調查其ノ一　水稻》（臺北：該局，1927）；臺灣總督府殖產局，《主要農作物經濟調查其ノ三　水稻》（臺北：該局，1927）；臺灣總督府殖產局，《主要農作物經濟調查其ノ六　水稻》（臺北：該局，1928）；臺灣總督府殖產局，《主要農作物經濟調查其ノ九　水稻》（臺北：該局，1928）。

[106] 見臺灣省農林廳，《民國三九年第二期作稻穀生產收支經濟調查報告書》（臺北：該廳，1951）；臺灣省農林廳，《民國四十年第一期作稻穀生產收支經濟調查報告書》（臺北：該廳，1951）。

[107] 本書第四章第三節就是利用這些資料，估計戰前 1925-27 年及戰後初期的 1950-51 年稻作農場的技術效率。

以作爲比較自、佃耕農場相關研究的依憑。其中的生產投入這類調查稱爲「米生產費調查」，這項調查針對 1929 年第二期、1930 年第一期、1930 年第二期及 1931 年第一期這四期稻作之生產費用進行調查。⑩ 由於該項調查目的只在於了解米之生產費，以便有助於蓬萊米推廣事業之進行，故內容只有每甲耕地稻穀產量與產值，以及肥料、勞力、農具與農舍、土地等四大項投入之成本支出，未調查投入的數量。⑩

還有一類名爲農家經濟調查的資料。該項調查總共進行了七次，其中日治時代有六次，戰後初期有一次。這些調查的主要目的在於了解農家的收入與支出。第一次的調查進行於 1918-19 年，目的在於了解該段期間，陸續接受調查之各農家 1 年內之經濟狀況，調查對象及家戶數總共有 68 家。⑩ 第二次的調查時間爲 1918-21 年，目的在了解該 3 年之間陸續接受調查各農家一年內之經濟狀況；調查對象及家戶數總共是 124 戶農家。⑪

第三次調查進行於 1931-32 之間，調查對象爲 50 戶米作農家；⑫ 第四次調查進行於 1931-32 年之間，調查對象只有 11 戶茶作農家；⑬ 第五次的調查時間爲 1931-33 年，調查對象爲 28 戶蔗作農家；⑭第六

---

⑩ 見臺灣總督府殖產局，《米生產費調查其ノ一》（臺北：該局，1931）；臺灣總督府殖產局，《米生產費調查其ノ二》（臺北：該局，1932）。

⑩ 其中 1930 年二期作及 1931 年一期作之調查結果也列示了每一農場之面積。

⑩ 臺灣總督府殖產局，《臺灣農家經濟調查第 1 報》（臺北：該局，1920）。

⑪ 臺灣總督府殖產局，《臺灣農家經濟調查第 2 報》（臺北：該局，1923）。

⑫ 臺灣總督府殖產局，《農家經濟調查其ノ一 米作農家》（臺北：該局，1934）。

⑬ 臺灣總督府殖產局，《農家經濟調查其ノ二 茶作農家》（臺北：該局，1934）。

⑭ 臺灣總督府殖產局，《農家經濟調查其ノ三 蔗作農家》（臺北：臺灣總督府殖產局，1936）。

次的調查時間是 1936-37 年，調查對象爲該年的 22 戶米作農家。❶⑤

　　這幾次調查的內容主要是與農家經濟有關的項目，例如土地利用狀況、農業用財產、農業用以外的財產、現金、負債、純財產、農業總收入、農業經營費、農業所得及農家生計費等項目。調查的對象分爲地主、自耕農、半自耕農、佃農。因此可以利用來分析佃農與自耕農的經濟狀況。第七次爲戰後初期 1950-52 年臺灣省農林廳仿照日治時代總督府的調查方法，也進行了兩次調查。❶⑥

　　從農場經營的角度來看，米生產費調查及農家經濟調查之相關資料，在內容上較農作物經濟調查簡略許多，無法像農作物經濟調查資料，那樣用來從事深入的分析。又與農作物經濟調查一樣，這兩項調查資料都屬於橫斷面的資料，每項調查都只在連續的 2-3 年內進行之。可見，這些調查資料所呈現的是 1920 年代末、1930 年代初到戰後初期的狀況，可以分析日治時代到戰後初期的變遷。

　　最後一類資料叫做「米作農家生計費調查」，臺灣總督府殖產局分別於 1936-37 年及 1941-42 年進行兩次這類的調查，而這兩次調查也都含括在農業基本調查書當中。❶⑦

　　前面所述的農家經濟調查，除了查記農家生活支出之外，也調查生產狀況。但是，農家生計費調查則只調查自耕農及佃農的生活支出，且只對米作農家進行調查。

　　總之，臺灣與租佃制度相關的資料雖然不完美，也不完整，然而

---

❶⑤臺灣總督府殖產局，《農家經濟調查》（臺北：該局，1938）。

❶⑥臺灣省政府農林廳，《農家經濟調查報告書：稻作及雜作農家》（臺北：該廳，1952）及臺灣省農林廳，《農家經濟調查報告書：蔗作農家》（臺北：該廳，1953）。

❶⑦臺灣總督府殖產局，《米作農家生計費調查》（臺北：該局，1938）；臺灣總督府殖產局，《米作農家生計費調查》（臺北：該局，1943）。

從日治時代到戰後初期，無論在租佃制度的內容、地租、農場經營及農家經濟方面，都有尚稱豐富的資料。

四、本書的架構

本書的主旨在於探討日治時代臺灣租佃制度的運行是否良好。社會大眾由於耕地的租借，產生各種權利與義務關係，該些關係稱為租佃關係。其中為社會所認可或接受的租佃關係，經過固定化與沉澱化，乃組合成一套制度，我們稱該套制度為租佃制度。一個制度的目標可能在於追求效率，也可能是追求公平。

本書所謂的效率是指作決策時考慮的是如何才能降低成本或（及）提高收益，以便獲得較多的利潤，例如在決定採取何種方式簽訂租約或租期要訂多長時，考慮的是何種租約或租期多長才能使業佃都獲得較大的利潤。因此一個有效率的制度，是這個制度不阻礙或甚至促使相關人士作出降低成本或是提高收益的決策。效率是客觀的，可以衡量。而公平與否，則帶有價值判斷的色彩，較難衡量。本書以是否符合效率原則，定義一個制度運行是否良好。

而租佃制度是否符合效率原則，決定於佃權的安排是否符合效率、地租高低及地租的決定是否也符合於經濟效率的原則。如果佃權的安排及地租的決定都符合效率原則，且地租的高低也符合經濟效率，則租佃制度不會影響農場的經營效率，租佃糾紛也不會太多。因此，在一個運行良好的租佃制度之下，租佃糾紛必定較少，佃耕農場的經營效率不會低於自耕農場。

可見，租佃制度是否有效率，與它是否能夠在當時的外在環境之下，不引發糾紛及不影響佃農的耕作效率而定。當外在環境改變，使得糾紛可能增加，或可能降低佃農的經營效率時，一個有效率的租佃制度應該要能夠跟著改變。例如，當租佃糾紛較少時，租約可以利用

口頭約定的方式，以節省訂約成本，從而提高預期利潤；相反地，當租佃糾紛增加時，為了要防止糾紛發生或當糾紛確實發生時，要降低仲裁成本，就需要採用具有強制執行力量的書面租約，才能提高預期利潤。

而租期的長短必須考慮耕種技術的型態及佃耕地適種作物生長期的長短，才不會影響佃農承租佃耕地的意願及佃耕農場的投資，從而才不會影響佃耕地的經營效率。雖然租期越長可能越能確保佃農的佃權，不過為減少糾紛發生的可能性，長期租約需要訂立書面契約，假如書面租約的訂約成本較高，則為了要延續租約，又要降低訂約成本，業佃可能必須改變方式，例如以「若未違反契約的規定，則可以續約」的方式延續租約，以節省交易成本。因此，如果業佃在決定租約的租期時，能夠考慮所有這些因素，則我們就說這個租期的訂立符合效率原則。因此，本書第二章首先討論日治時代租佃制度所處的外在環境是否改變、何時改變、面對這種轉變，租佃制度要如何調整才能夠繼續順暢運行，接著分析當時的租佃契約的形式為何及租期的長短如何、是否隨著外在環境的轉變而有所調整、調整的方向是否符合效率的原則。

然後在第三章先探討日治時代地租高低的變動趨勢有何特色，接著分析地租是否高於合理的地租，最後再討論地租是如何決定的。在這一章中，我們要以經濟理論的均衡地租定義合理的地租；且要以迴歸分析探究影響地租的因素主要有哪些。重點在於是否如前人所說的，日治時代因為地主壟斷及製糖會社加入承租土地的行列，提升了地租；也要分析當固定收穫量等其他因素之後，蓬萊米是否仍然顯著提高地租。經過地租決定因素的迴歸分析，我們才可以斷定前人所謂地主壟斷土地，任意提高地租；製糖會社競租佃耕地，使地租上漲以及蓬萊米的推廣，使地租上漲的種種看法，是否是正確的。

　　從前面幾章的分析中，我們大略可以推知租佃制度是否降低佃耕農場的經營效率，不過最後我們還是要直接以效率的指標，討論日治時代自、佃耕農場的經營效率，才能確知租佃制度是否確實對佃耕農場的經營效率有顯著的影響。在討論租佃制度是否影響經營效率時，可以從兩個角度來回答。第一個角度是如果沒有租佃制度，農場將採用何種替代制度，各種制度下之農場的經營效率如何等問題；第二個角度是比較在相同時間及同一經濟體系之內，採行租佃制度以及不採租佃制度之農場的生產效率。後者的基本想法是即使不採租佃制度的農場（自耕農場）也不一定能夠達到有效率的生產，是故只要佃耕及自耕農場能達到相同的效率，便可以說租佃制度並未降低經營效率。

　　第四章我們先採用調整利潤成本比，比較日治時代不同時期，自、佃耕農場的經營效率是否有顯著的差距，若無顯著的差距，為何會這樣呢？接著要使用技術效率及調整利潤成本比等指標，比較戰後初期 1950-51 年及日治時代 1925-27 年，自、佃耕農場經營效率是否有顯著的差異。還要以 difference-in-difference 法，分析戰後初期三七五減租之後，佃耕農場相對於自耕農場經營效率是否確實提高較多，以便探究戰後初期三七五減租對於佃耕農場經營效率的影響。最後要進一步分析為何三七五減租之後自、佃耕農場的經營效率相同或不同。

　　最後一章為本書的結論，本章要摘述本書的主要結論，並提出可以繼續進行研究的課題及方向。此外，本書是根據筆者這一、二十年來關於日治時代租佃制度的研究成果改寫而成的。第二章主要是參考筆者 1995、1997 及 2007 年發表的三篇關於佃權方面的文章改寫而成。[118] 而第三章主要是根據 2001 年及 2011 年兩篇討論地租的文章，

---

[118] 葉淑貞，〈臺灣日治時代租佃制度的運行〉，頁 87-137；葉淑貞，〈日治時代台灣租佃契約的選擇行為〉，頁 435-477；葉淑貞，〈日治時代臺灣佃耕地租期長短的

改寫而成。⑲ 第四章則主要是依據 1997 年及 2011 年兩篇探究自、佃耕農場經營效率的文章，改寫而成的。⑳

決定因素〉，頁 130-190。

⑲ 葉淑貞，〈日治時代臺灣的地租水準〉，頁 97-143；葉淑貞，〈日治時代地租高低的決定因素〉，頁 215-254。

⑳ 葉淑貞，〈日治時代臺灣的租佃制度與農場的經營效率：戰後初期土地改革的省思之一〉，頁 475–496 及葉淑貞，〈三七五減租對農場經營效率的影響〉，頁 189–233。

第二章
佃權的安排

　　日治時代租佃制度的運行依賴租佃契約、租佃習慣、保證措施、仲裁制度這四個力量。[121]租佃契約及習慣在於規範業、佃之間的權利與義務關係；保證措施及仲裁制度的功能則在強制當事人或其他關係人履行義務或執行契約。各種規範與執行力量的性質與功效不同，社會大眾多能根據外在環境的需要，而以不同的方式結合這些力量，以促成租佃制度的順暢運行。

　　臺灣在 1920 年代底以前租佃制度所處的外在環境有三個特點。第一、農業技術雖已日漸集約化，但尚未到達 1920 年代底以後蓬萊米種普及時的程度。第二、雖然社會大眾的權利義務思想已逐漸發達，交易的範圍也逐漸擴大，但尚未轉變到足以扭轉租佃制度的局面，因此租佃糾紛不多。第三、糾紛的仲裁主要依賴業、佃之間臨時成立的調停會。

　　因為租佃糾紛不多，一般的租佃契約主要是仰賴租佃習慣而運行，因此只要口頭約定，租約就成立了，只有特殊的租約，才需要訂

---

[121] 葉淑貞，〈日治時代租佃制度的運行〉，《臺灣史研究》2：2（1996），頁 89。

立書面租約。特殊租約包括長期租約、地主與佃農互不認識或彼此之間信用薄弱、地主爲特殊的一方，例如爲不在地地主或者是製糖會社或其他會社、地主有多人者及涉及的利益相當大時。在 1920 年代底以前，佃農縱有欠租，也多有押租金可以抵補；而糾紛或違約事件發生時，小糾紛的調停多由臨時調停會化解，重大的糾紛才利用民事訴訟，其他的糾紛則依賴民事爭訟調停。只有在容易引發糾紛或違約的特定場合，業佃才訂立書面契約，並設立保證人。而且因爲農業技術集約化的程度還不高，因此種植稻作的佃耕地，其租期可能也不需要太長，佃農就可以回收所投下要素的報酬。

1920 年代底以後，租佃制度所處的外在環境有以下三方面明顯的轉變。第一、蓬萊米迅速普及、農耕技術變得相當集約，佃農可能需要一個租期確定而且足夠長的租約。第二、社會大眾的偏好明顯轉變，不只權利義務觀念更加發達，而且也開始重視法律物證，交易的範圍也更加擴大，出現更多不守習慣之事，因此租佃糾紛開始大幅增加。臺灣民眾之所以權利意識得以逐漸抬頭，主要是因爲衛生條件的改善，使得人民健康狀況改善了，比較有力量爭取個人的權利，且教育逐漸普及，人們意識到爭取權利的重要。一些農民團體的建立，其目的就在於幫助農民爭取利益，因此有不少農民紛紛加入。第三、業佃會成立，鼓勵會員採用業佃會契約書。該種契約書將租期延長爲至少五年或六年，並爲其使用者提供有效率的調停服務。

在這種新的環境之下，爲了避免糾紛或違約，社會大眾除了繼續依靠租佃習慣之外，也廣泛使用業佃會契約書，原來很少收受押租金的南部地區，也開始流行押租金的收受。而當糾紛發生後，爲了能有效率地解決糾紛，保障權益，業、佃雙方也多改用業佃會的調停委員會所提供之專業式的、常設性的、且服務範圍較小之業佃糾紛調停機制。因此，1930 年代以來租佃制度的運行除了依賴租佃習慣之外，

書面契約、押租金及保證人所扮演角色的重要性提高，業佃會的仲裁制度更是一股新且重要的力量。

因此，當外在環境轉變，租佃制度是否得以順暢運行，視租佃制度本身與外在環境是否能夠相互配合而定。倘若租佃制度無法隨著外在環境的轉變而調整，則租佃糾紛勢必頻仍，將影響農場的經營效率，導致租佃制度無法順暢運行下去。

本章首先要介紹臺灣日治時代租佃制度所處的外在環境何時發生轉變，轉變的方向為何，何以會發生這種轉變。接著要分析當面臨各種轉變，租佃制度應該要如何調整，才能繼續順暢運行下去。接著，要以與佃權關係最重大的租佃契約及租期的訂定為例，說明在面臨各種不同的外在條件，租佃制度是否及如何調整，才可以達到確保及確立佃權的程度。

一、租約所面臨的環境

租約所處的外在環境中與租佃制度的運行是否良好有關的因素中，最重要的是農業技術的精細程度如何、交易範圍的多寡及一般大眾的權利意識如何。農業技術如果相當粗放，也就是一般農家施肥不多，則租期可以比較短，相反地，如果技術要求的施肥量相當多，就必須要有較長的租期，一般農家才會使用這種技術。而交易範圍越廣，或交易活動越頻繁，糾紛就越多。此外，一般大眾的權利意識越高，則越會主張自己的權利，糾紛也較多。當糾紛越來越多時，交易的雙方就需要訂書面契約，更重要的是要有執行成本較低的書面租約。本節討論的重點在於日治時代租約所處的外在環境是否、何時發生轉變、轉變的方向如何，而順應這種轉變，出現了什麼樣的新機制。

一個制度假如健全的話，那麼當外在環境轉變之際，將隨之調

整。如果制度無法主動調整，就需要有外力介入。而外力介入所引導出來的調整方向，要符合市場運作的原則，才能夠有效率地解決問題。否則，糾紛就會越來越多，因而產生無效率的結果，使得該制度終而無法繼續順暢運作。那麼，日治時代的租佃制度在面臨外在環境轉變之際，是否有外力介入，外力的介入是如何出現的呢？這種外力的介入是否順應市場的機能呢？這也是本節所關心的問題。

（一）農業技術的轉變

租約所處的外在環境以農業技術的集約程度如何最爲關鍵。所謂農業技術的集約程度主要是指肥料投入的密集度，相對於勞力，肥料投入越多的技術，就是越密集的技術。日治時代臺灣的農業技術肥料密集的程度如何呢？是否越來越密集呢？

日治時代臺灣的農作物有好幾十種，不過以稻米、甘蔗、甘藷及茶等爲主要作物。[122] 以 1936-45 年的平均數字來看，這四種主要作物的栽培面積占作物總栽培面積之比率，以稻米爲最高，占 46.31%；甘蔗次之，占了 12.65%；茶最低，只有 3.7%（見表 2-1）。

稻分爲水稻及陸稻，水稻則有在來粳種，蓬萊種、長糯種及丸糯種。而甘蔗則先後有玫瑰竹蔗，爪哇細莖種，爪哇大莖種及 F108（糖業實驗所自行育成的品種）等各品種出現。[123] 稻及蔗是臺灣最重要的作物，臺灣在日治初期甘蔗的種植技術就已經有所革新，而更重大的技術變革發生在 1920 年代下半期的稻作部門。

---

[122] 臺灣省行政長官公署，《臺灣省五十一年來統計提要》（臺北：該署，1946），頁 538-577 列出六、七十種。

[123] 盧守耕，〈臺灣之糖業及其研究〉，收在臺灣銀行金融研究室編《臺灣之糖》（臺北：臺灣銀行，1949），頁 3-5。

表 2-1 臺灣主要作物之生產價值與栽培面積（1936－45平均）

作物種類	生產價值占農產總值比率（%）	栽培面積占作物栽培總面積比率（%）
稻米	47.09	46.31
甘蔗	16.05	12.65
甘藷	6.90	12.59
香蕉	2.23	1.50
茶葉	2.00	3.70
菸草	1.22	0.29
落花生	0.91	0.28
鳳梨	0.86	0.72
蘿蔔	0.83	0.68
柑橘	0.79	0.43
黃麻	0.45	0.98
大芥菜	0.35	0.28

資料來源：宋世孝，〈臺灣之農場經營〉，《臺灣銀行季刊》8：1（1946），頁157。

1. 1920 年代底以前

日治時代以前臺灣農業幾乎不施豆餅，更不施化學肥料等這種購入肥料，日治初期蔗作的耕種技術才逐漸轉變，而施較多的肥料。

若看農場單位面積上各種主要生產因素之使用量，會發現無論稻作或是蔗作，除了耕地之外，其他的投入主要還有勞動、肥料、農具及灌溉用水。農具及灌溉設施等資本財可以維持較長久的生產能力，肥料投入的報酬在較短期限內便能回收，而勞動投入的報酬回收期最短。灌溉設施之壽命相當長，顯然超過田地之租期。又灌溉設施在臺灣農業發展上舉足輕重，然而灌溉設施耗資巨大，一般農家無論是佃農或普通自耕農都負擔不起。在這種情況下，灌溉設施通常由富有的地主或政府建造。

一般農家無論佃農或自耕農可以利用租賃方式，取得需要的灌溉用水。為此所支付的費用稱為水租，水租的費用十分低廉。以 1925 至 1927 年的稻作農場為例，扣除地租或設算地租及土地稅之後的總

成本中，水租只占了 2% 以下（見表 2-2）。其中自耕農場之水租占分較高，在 2.5% 左右；佃耕農場只有 1% 左右。這是因爲佃耕農場的部分水租由地主負擔，水租的分攤方式通常明白規範於租約之中。可見，灌溉設施之建設及維持費雖然都十分昂貴，但是水租相對於農場之生產成本卻很低，而且地主通常又有分攤水租的義務，故灌溉用水之使用並不會影響租期長短之訂定。

相反地，正因爲地主常負擔部分水租或自行籌建水利設施，因此佃耕地中水田的比率較自耕地要高。以日治時代在 1920-21、1932 及 1939 年進行的三次「耕地分配及經營」調查的結果來看，直到 1932 年，佃耕水田的面積都是自耕水田的兩倍以上，反之佃耕旱田則小於自耕的旱田。自耕水田占總耕地之比率只有 15%-17% 之間，而佃耕水田則有 32%-34% [124]

直到 1930 年代官方建築的灌溉設施，例如桃園大圳及嘉南大圳開始發揮功能，自耕地的水田比率才提高至 24.33%，但是仍然低於佃耕地水田比率之 38.51%。地主積極興建水利設施，不只提高總佃耕地中水田比率，而且在 1925-26 年當中，平均每一佃耕稻作農場經營的水田比率也高於自耕農場。佃耕農場的水田比率有 90%-92%，而自耕農場的水田比率只有 80%-83% [125]

農具也能在相當長的期間中保有生產能力，租期的長短是否影響

[124] 臺灣總督府殖產局，《耕地分配及經營調查》（臺北：該局，1921），頁 4；臺灣總督府殖產局，《耕地分配竝ニ經營調查》（臺北：該局，1934），頁 2-3；臺灣總督府殖產局，《耕地所有竝經營狀況調查》（臺北：該局，1941），頁 6-7。

[125] 臺灣總督府殖產局，《主要農作物經濟調查其ノ一　水稻》（臺北：該局，1927），頁 2，4，6，8；臺灣總督府殖產局，《主要農作物經濟調查其ノ三　水稻》（臺北：該局，1927），頁 2，4，6；臺灣總督府殖產局，《主要農作物經濟調查其ノ六　水稻》（臺北：該局，1928），頁 2，4，6，8；臺灣總督府殖產局，《主要農作物經濟調查其ノ九　水稻》（臺北：該局，1928），頁 4，6，8。

表 2-2　稻作農場成本結構（1904–35）

期別	工資（%）	肥料（%）	農具折舊（%）	水租（%）	其他（%）
1904–06 兩期作	74.11	15.25	4.43		6.21
1914–16 兩期作	70.15	17.52	6.32		6.01
1925 年二期作	64.36	27.20	3.29	1.84	3.31
1926 年一期作	60.32	33.16	2.73	1.91	1.88
1926 年二期作	67.02	27.03	2.88	1.73	1.34
1927 年一期作	65.11	28.35	2.90	1.87	1.77
1929 年二期作	59.41	30.69	5.35		4.55
1930 年一期作	56.87	32.92	4.28		5.93
1930 年二期作	63.29	26.88	5.86		3.97
1931 年一期作	57.64	30.59	6.12		5.65
1935 年一期作	57.99	36.54	2.57		2.90
1935 年二期作	55.64	38.40	2.71		3.25

註　解：水租那一欄凡是空白者都是含括於其他項下。總成本並不包含地租或設算地租及土地
　　　稅，之所以不包括的理由，詳見葉淑貞，〈日治時代臺灣的租佃制度與農場的經營效
　　　率：戰後初期土地改革的省思之一〉，《國家科學委員會研究彙刊：人文及社會科學》
　　　7：4（1997），頁 478；或見本書第四章的討論。
資料來源：臺灣總督府農事試驗場，《臺灣重要農作物調查第一編普通作物》（臺北：該場，
　　　　　1906），頁 193-215；臺灣總督府殖產局，《臺灣農作物經濟調查》（臺北：該局，
　　　　　1919），頁 1-4；臺灣總督府殖產局，《主要農作物經濟調查其／一　水稻》，頁 15-
　　　　　19，226-233；臺灣總督府殖產局，《主要農作物經濟調查其／三　水稻》，頁 13-
　　　　　16，174-179；臺灣總督府殖產局，《主要農作物經濟調查其／六　水稻》，頁 17-
　　　　　21，230-241；臺灣總督府殖產局，《主要農作物經濟調查其／九　水稻》，頁 15-
　　　　　18，178-185；臺灣總督府殖產局，《米生產費調查其／一》（臺北：該局，1931），
　　　　　頁 2-15，28-41，44-53；臺灣總督府殖產局，《米生產費調查其／二》（臺北：該局，
　　　　　1932），頁 4-11；臺灣總督府殖產局，《主要農作物收支經濟調》（臺北：該局，
　　　　　1935），頁 2-9。

農場該方面的投資呢？日治時代使用的農具一般都是價格不高的簡單
農具。以 1897 年臺北縣的情況為例，農家使用的農具有 66 種，其中
價格 1 圓以下的有 44 種，價格 1 圓至 5 圓者有 17 種，價格 5 圓至
10 圓者只有 5 種，沒有任何一種價格超過 10 圓。[126]該年政府對臺北

---

[126]臺灣總督府民政部殖產課，《臺北縣下農家經濟調查書》（臺北：該課，1899），
　　頁 178-183。

縣 8 個農家進行之經濟調查中，列有一個農家之農業資本，其中農具
共值 350 圓，農具修繕及補充共支出 25 圓。相對於此一農家該年之
儲蓄 262 圓，㉗農具的投資數額並不大。農家所使用的農具多是價格
不高的簡單農具，故每年設算的農具折舊費占農場總成本之比率也很
低。其中稻作 1935 年一期作最低，只有 2.57%；而最高發生在 1914-
16 年的兩期作，但是也只有 6.32%（見表 2-2）。而蔗作更低，只有
1.62%-2.75% 之間而已（表 2-3）。

相對於農具及灌溉用水，稻作的勞動及肥料投入占成本比重非常
高，尤其是勞動投入。在 1920 年代底以前，稻作農場支付成本之
中，工資在大多數的年代占了 60% 以上，在 1904-06 年及 1914-16 年
時更是 70% 以上；肥料則大多數年代都在 30% 以下，尤其是 1904-06
年的兩期作，更是只有 15.25% 而已（見表 2-2）。故在成本結構中，
四種主要投入之比重依序爲勞動、肥料、農具及灌溉用水。勞動及肥
料只能維持較短期的生產能力，它們的投資報酬在短期內便能回收，
尤其是勞動。

關於臺灣農業施肥狀況，張漢裕曾經引述日治時代文獻，而說
到：「日據以前臺灣幾乎是無肥狀態，農民缺乏施肥觀念，可說是採
行掠奪農法的。㉘即使是商品生產性質較高的甘蔗栽培，亦幾無施用
人造肥料或綠肥，只用些粗糠、稻草、草木灰、燒土之類以栽培作
物，好不容易繼續農業生產。」可見，日治時代以前農家幾乎不施用
化學及豆餅等購買肥料，只使用堆肥這類的自給肥料。㉙

㉗ 臺灣總督府民政部殖產課，《臺北縣下農家經濟調查書》，頁 187-188。

㉘ 張漢裕，〈日據時代臺灣米穀農業的開發〉，收於張漢裕，《經濟發展與農村經
濟》（臺北：張漢裕博士文集出版委員會，1984），頁 379-380。

㉙ 施添福，〈臺灣竹塹地區傳統稻作農村的民宅：一個人文生態學的詮釋〉，《地理
研究報告》17（1991），頁 55。

　　直到日治時代這種狀態才逐漸改觀，最初的改變發生在蔗作部門。日治初期糖務局開始施行的糖業政策，其主要課題之一就是要打破蔗農自給自足的施肥技術。施行步驟如下：首先是無償配給肥料。「糖務局首先想鼓勵購買肥料，可是農家墨守舊慣，不懂肥料效果，不願花錢購買，因而糖務局自己購買適當的肥料，以一定的條件分配給蔗農，以促其覺醒。」第二從1903年起，開始並行現金補助；第三則是1904年以後，由當局直接承擔進口及分配等事務，以斡旋共同購買。最後，自1912年則由製糖會社替蔗農作諸般肥料購買的斡旋。以這些步驟，積極推行鼓勵蔗農施肥。至1916年，才停止肥料的現金補助政策。⑩這樣，臺灣的集約農業是從蔗作開始，以後才普及於一般作物的農家。可見，蔗作在日治初期便逐漸脫離清治時代少施肥少灌溉的粗耕技術。

　　從表2-3可看到各年次甘蔗農場肥料投入占總成本之比重，雖然在1904-06年還不到30%，不過該年就已經遠遠超過稻作部門了；而且1914-16年更超過30%，達到38.16%。可見，蔗作技術在日治初期逐漸轉為較肥料密集的型態。從表2-3，也可以看到日治初期蔗作部門的肥料密集度：在1904-06年就已經超過0.5，而在1914-16年更是高達0.81。

　　可見，農業的生產雖然同時需要耐久性資本財及短期生產能力之投入，需要耗資巨大的資本設備及流動資金，但是耗資巨大之資本設備的使用可以利用租賃制度，因此，耐久性資本財的使用成本占農業成本比率並不高；農業生產花費大多支付在勞動上，故農業成本以勞動成本為主。也就是說，既然過於昂貴的資本財（例如灌溉設施），農家以租賃的方式取得使用權，簡單而價值較低的資本財（例如農

⑩ 同註128。

表 2-3 甘蔗農場的成本結構

期別	工資（%）	肥料（%）	農具折舊（%）	其他（%）	肥料勞動密集度
1904–06	57.63	29.21		13.20	0.51
1914–16	48.83	38.16		13.00	0.81
1927–28	45.89	38.07	1.62	14.42	0.83
1935–36	45.23	33.54	2.75	18.48	0.69

註　解：成本的定義同於表 2-2；1904-06 及 1914-16 年的農具折舊包含在其他項內。
資料來源：臺灣總督府農事試驗場，《臺灣重要農作物調查第二篇特用作物》（臺北：該場，1906），頁 45-59；臺灣總督府殖產局，《臺灣農作物經濟調查》，頁 11-14；臺灣總督府殖產局，《主要農作物經濟調查其ノ十二（甘蔗）》（臺北：該局，1929），頁 82-135；臺灣總督府殖產局，《甘蔗收支經濟調查》（臺北：該局，1938），頁 10-15。

具）則自行購買。耕種技術所要求的投入回收期之長短就與施肥的多少有關，在日治初期蔗作部門就比稻作部門使用較多的肥料，而臺灣最普遍栽植的稻作直到 1920 年代中期以前，使用的肥料比重卻都不高。

2. 1920 年代底以後的技術變革

　　如同上一小節所述，日治時代農耕技術發生相當大的變革，主要是朝向肥料密集的耕作技術發展。這種技術型態的變遷，在日治初期就逐漸開始了。一開始只集中於蔗作部門，而到了 1920 年代中期以後，更因為蓬萊米的引進及推廣，產生更大規模的轉變。若看整個農業投入比重的變化情況，也可以看到從日治初期以來每甲地肥料及灌溉用水都不斷增加，而在 1920 年代下半期以後耕種技術更加密集化。從表 2-4，我們得知臺灣日治時代每單位耕地的肥料以及水分投入量都持續增加，尤其是肥料在 1920 年代下半期以後的增加更是明顯。這些總合資料顯示，整個農耕技術平均來說持續地集約化。

　　上一小節提到日治時代直到 1925 年以前，稻作工資所占的比重都在 70% 以上，而肥料所占的比重卻只有 20% 以下；但是 1925 年以

表 2-4　日治時代各種農業投入

| 年 | 肥料 | | 勞動（日/公頃） | 灌溉面積比率（%） |
	公噸/公頃	圓/公頃		
1911–15	0.0733	6.48	195	35.11
1916–20	0.1367	12.08	206	39.26
1921–25	0.1993	17.61	210	44.53
1926–30	0.3061	27.04	211	53.36
1931–35	0.4112	36.34	220	57.44
1936–40	0.5642	49.87	228	62.38

註　解：每公頃肥料支出係以 1935-1937 年固定幣值表示；灌溉面積比率係相對於總耕地面積之比率。
資料來源：根據李登輝，《臺灣農工部門之資本流通》（臺北：臺灣銀行，1972），頁 36、38、39 的資料求得。

後發生結構上的轉變，工資的比重呈現下跌的趨勢，到了 1935 年的二期作已經下降到只有 55.64% 的水準。相反地，肥料所占的比重則從1925年以後持續上升，在1935年時甚至超過35%的水準（見表2-2）。

　　這個轉變也可以從農業方面的著作看到。1930 年代初期以前的一些關於農業生產方面的著作，一再提到農業耕種需要增加肥料投入的問題，但是到了 1930 年代初期以後，這方面的著作已經不常出現了。例如，《臺灣農事報》在 1905 到 1937 年刊載的文章中與稻作施肥有關的共有 23 篇，其中 17 篇則刊載於 1930 年以前，只有 6 篇是刊載於 1930 年以後。[131] 而刊載於 1930 年以後的這 6 篇文章中，只有一篇討論的是肥料施用量不足的問題。[132]

　　稻作部門為何在 1920 年代中期以後會發生這種技術的轉變？這

[131] 《臺灣農事報》創刊於 1905 年，迄於 1943 年；原本稱為《臺灣農友會報》，從 1908 年起改稱為《臺灣農事報》（以上參考吳聰敏、葉淑貞、古慧雯編，《日本時代台灣經濟統計文獻目錄》（臺北：吳聰敏，2004），頁 138-139 的介紹）。
[132] 森山鞆次郎，《臺灣に於ける稻及米關係文獻摘錄》（臺北：臺北帝國大學理農學部作物學教室，1937）。

表 2-5　蓬萊米與在來米每甲土地的要素投入

年	實質勞動費		實質肥料支出		肥料對勞動投入比率	
	在來米	蓬萊米	在來米	蓬萊米	在來米	蓬萊米
1925–26	12.56	15.46	4.22	9.01	0.3359	0.5831
1926–27	14.72	18.00	4.17	8.85	0.2836	0.4918
1929–30	16.88	16.97	8.52	9.93	0.5048	0.5852
1930–31	21.25	21.62	7.96	12.73	0.3746	0.5886
1935	15.53	15.33	9.56	10.70	0.6156	0.6980

註　　解：實質勞動費、實質肥料支出及實質調整成本皆是以百斤稻穀價格平減名目值而算出。
資料來源：葉淑貞及張棋安，〈台灣蓬萊種稻作普及之因素〉，頁 114；1935 年參考臺灣總督府，《主要農作物收支經濟調查》，頁 2-9。

主要是蓬萊米的引進與推廣，以及蓬萊米多肥技術擴散到在來米部門的關係。[133] 蓬萊米種精耕細作的程度遠超過在來米種，根據臺灣總督府殖產局在 1925-27 年、1929-31 年對稻作的投入產出所進行的調查，在 1935 年以前，蓬萊米種每甲地的勞動投入與肥料投入分別為在來米種之 1.01-1.23 倍與 1.17-2.14 倍；因此，蓬萊米的肥料相對於勞動投入的比率高過於在來米，後者的肥料勞動密集度大都在 0.5 以下，而前者的肥料勞動密集度則大都在 0.5 以上。而在 1935 年以後，蓬萊米與在來米的肥料與勞動投入方才接近。因此，這種肥料勞動密集度的差異程度在 1930 年代初期以前是相當大的，1930 年代中期轉而縮小了（表 2-5）。

　　蓬萊稻作與在來稻作肥料勞動密集度的差異在 1930 年代中期縮小了，這個現象顯示了不僅是蓬萊米的引進使得稻作技術發生變革，更擴散到在來部門，1930 年代以後在來米的肥料勞動比重也逐年提升。表 2-5 的資料顯示蓬萊的肥料密集度相當穩定，大致都維持在

[133] 關於蓬萊米的引進及推廣過程請參考，葉淑貞與張棋安，〈台灣蓬萊種稻作普及之因素〉，《經濟論文叢刊》32：1（2004），頁 97-141。

0.5-0.7 之間，而在 1935 年達到最高，高達 0.7 左右。在來的肥料密集度則一直都低於蓬萊，在 1926 年度以前低於 0.34，大約只有蓬萊的 58%；但是在 1929 年度，大幅提升至 0.5，因而接近於蓬萊的 0.59。到了 1935 年度，更上升到 0.62 左右。可見，蓬萊的肥料密集度原本超過在來甚多，到 1929 年度以後，此種差異才突然縮小。

　　比較表 2-3 及 2-5 蔗作及稻作的肥料密集度，我們發現日治初期蔗作的肥料密集度高過於稻作，直到 1935 年才改觀，蓬萊稻作的肥料密集度才高過蔗作。從表 2-5 的數據，也可以看到蓬萊肥料密集度之所以高過在來，主要是肥料投入較多所致。而 1929 年度的在來肥料密集度之所以大幅提升，也是肥料投入驟然巨幅跳升所致。若從兩稻種的因素投入來看，蓬萊的耕種技術較在來多肥；相對於蓬萊，在來的耕種技術原本屬於少肥式，但 1929 年度以後也變為多肥式的技術。[134]所以，在施肥量上，從 1929 年度起，在來的耕種技術也趨向於蓬萊的型態，而這應該是蓬萊技術擴散的結果。

　　稻作是臺灣最重要的作物，其占總作物面積的比率到了 1939 年仍高達 57.30%，而蓬萊米種從 1925 年以後便快速地取代在來米種。蓬萊米種的耕作技術又如此之集約，是故，1925 年以後臺灣的農業技術發生重大的變革，變革的原因主要是在於蓬萊米的引進，以及蓬萊米多肥技術擴散到在來米的種植上。

　　由於蓬萊米作的收穫量較大，種植蓬萊米可以使業佃雙方都獲得

---

[134]關於 1929 年以後在來米肥料用量的大幅增長，是否因為有多肥型的新品種發展出來？經查相關文獻，例如臺灣總督府殖產局，《臺灣の米》（臺北：該局，1938）及臺灣總督府殖產局，《產米の改良增殖》（臺北：該局，1936）兩書及《臺灣農事報》內相關文章，皆未提到在來米在這段時間內有新品種發展出來。如果沒有新品種發展出來，為何會在 1929 年以後成為多肥的作物？可能是因為購買肥料的使用，也就是說肥料來源充足的關係。因為從 1929 年以後，在來米的使用肥料當中，有很大的比率是購買肥料。

表 2-6　蓬萊米與在來米每甲收穫量與每圓成本所獲得的利潤比較

年代	每甲收穫量之比較			每圓成本所獲利潤		
	在來米	蓬萊米	差異率	在來米	蓬萊米	差異率
1925–26	4422.12	4874.56	10.23	1.36	1.36	0.10
1926–27	4547.02	5034.09	10.71	1.00	1.19	18.36
1929–30	4836.06	5440.50	12.50	0.56	1.11	97.59
1930–31	4878.64	5360.02	9.87	0.34	0.59	76.14
1935	5250.00	5750.00	9.52	0.19	0.26	36.62

註　解：差異率是指蓬萊的平均數較在來高出百分之多少。此處所謂的成本是指調整成本，也就是扣除地租及土地稅之總成本。
資料來源：1925-31 年參考葉淑貞與張棋安，〈台灣蓬萊種稻作普及之因素〉，頁 120；1935 年參考臺灣總督府殖產局，《主要農作物收支經濟調查》，頁 2-9。

較多的利潤。表 2-6 顯示蓬萊米作每甲收穫量高出在來米作 9%-13%；而兩稻種每圓成本所獲致的利潤，除了在 1925 至 1926 年之間接近之外，其他的年代則蓬萊米作高出在來米作 18%-98%。由於利潤較高，佃農種植蓬萊稻種的意願也就比較高。因為蓬萊米種植技術較肥料密集，因此佃農欲耕種蓬萊米，就必須有一個確定而且較長的租約。

　　可見，日治初期蔗作的耕種技術已經相當肥料密集了，因此為了鼓勵佃農使用這個新的技術，就必須給予承租蔗園的佃農較長且確定的租期。而 1920 年中期以後，由於蓬萊米的引進，使得集約式的耕種技術更加廣泛地傳遞到各地，為了給承租水田種稻的佃農使用這種技術，也必須與日治初期以來的蔗園一樣，給一個確定期限且較長的租期。從此，我們認為若租期的訂定符合經濟效率的原則，則為了要使承租蔗園的佃農回收其投入的報酬，日治初期至少在 1904-06 年以後，蔗作適種地的租期應該比稻作的佃耕地要來得長。而為了要使承租稻田的佃農有意願種植蓬萊種，1920 年中期以後，租期不但要確定，且要延長。

（二）其他經濟社會的變遷

臺灣日治時代除了耕種技術的轉變可能影響租佃制度之外，還有其他經濟社會的轉變，例如商業化程度的提升，促使交易範圍擴大。此外，還有人民健康狀況的改善及受教育比率的增加，使得一般人較有能力主張自己的權利，因而促成權利意識的抬頭，這時又出現一些思想團體。這些外在環境的轉變，使得租佃糾紛增加了。

1. 交易範圍的擴大

臺灣在日治時代，隨著經濟的發展及各種基礎設施的建立，一般人參與市場活動的頻率增加了，交易活動越來越頻繁，使得商業化程度不斷提升。當交易活動變得越來越頻繁之際，交易範圍自然也就擴大了。

根據筆者的研究，日治時代米作農家參與市場活動的程度，在1918-21年還只有54.71%，但是到了1931-32年攀升到56.49%，而在1937年更達到60.67%。而在各種經濟活動當中，尤以家庭消費仰賴市場的程度最深，在這三個年次分別是60.2%、69.11%及71.67%。[135]

而米流通到市場的比重也不斷地增高，市場流通的米可以來自於產米農家的直接販售，或是地主收到之稻穀地租提供到市場販售的部分。從表2-7可以看到，市場直接販售米的比率在1918-21年還未到50%，不過1931-32年就超過50%，1937年更是高達60.64%。而佃農繳給地主的地租也持續上提，從1918-21年的9.74%升到1931-32年的16.69%，最後又提高到1937年的20.56%。因此，市場米的流通量占總產量的比重也就持續地上升，從1918-21年的59.71%增加到

---

[135] 葉淑貞，〈1918-1951年間臺灣農家商業化程度的變遷：以米作為主〉，《比較視野下的臺灣商業傳統》（臺北：中央研究院臺灣史研究所，2012），頁170。

表 2-7　從農家經濟調查所估得之市場流通米比率

年	產量（公石）	直接販賣比率（%）	稻穀地租（%）	市場流通比率（%）
1918–21	106.50	49.97	9.74	59.71
1931–32	118.59	51.40	16.69	68.09
1937	127.48	60.64	20.56	81.20

資料來源：產量及直接販賣比率參考葉淑貞，〈1918-1951 年間臺灣農家商業化程度的變遷：以
　　　　　米作為主〉，頁 30；其他則參考臺灣總督府殖產局，《臺灣農家經濟調查第 2 報》（臺
　　　　　北：該局，1923），頁 26，28，35，37；臺灣總督府殖產局，《臺灣農家經濟調查
　　　　　其ノ一》（臺北：該局，1934），頁 44，53，86，93，126，134；臺灣總督府殖產
　　　　　局，《農家經濟調查》（臺北：該局，1938），頁 22，29。

1931-32 年的 68.09%，最後更在 1937 年大幅上揚到 81.20%。

　　不只是一般的交易活動越來越多，連租佃契約所涉及的業佃範圍
也越來越廣。長期以來，臺灣的業佃大都居住於同一地區，互相認
識，知道彼此的信用。例如，直到 1932 年臺北州與佃農居住在同一
郡市街庄的地主者有 90.22%，而與地主住在同一郡市街庄的佃農也
有 70.33%。[136] 可見直到 1930 年代初期，大多數的業、佃住在同一村
落或鄰近村落，交易的雙方大都相互認識。當交易的進行多限於熟識
者之間，則不守信用者很難找到交易的對象，因此每個人都必須努力
建立良好的信用。

　　然而，隨著交易的範圍日漸擴大，業、佃雙方也逐漸擴及到不熟
識者，或不同種族，甚至不同國籍者之間。例如臺南州及高雄州的地
主在 1927 年都還不收授押租金，[137] 根據高雄州的調查報告，那些設有
押租金的租約都是屬於下列兩種情況下的任何一種：

　　（1）新業佃關係的場合：例如從北部新移入的佃農與本州的地主

[136] 臺北州內務部勸業課，《臺北州の小作事情と其の改善施設概要》（臺北：該課
　　1937），頁 10，12，17。
[137] 臺灣總督府殖產局，《耕地賃貸經濟調查其ノ一》（臺北：該局，1930），頁 12-
　　14。

初次訂約，或福佬（閩南）人地主與客家人佃農初次建立業
佃關係的場合。

(2) 不在地地主的場合：在這些場合中，地主對佃農認識不深，
無法得知佃農的信用狀況，故押租金的設立在於作爲信用之
保證。

但是，隨著越來越多北部新移入的佃農與本地地主，或是閩南人
地主與客家人的佃農等這種新的業佃關係逐漸出現，**⓲**1937 年這兩州
已分別有 2.09% 及 2.15% 的水田佃耕地收受押租金。**⓳** 而且，不同國
籍者之間訂立租約者越來越多，例如有越來越多的日籍製糖會社向臺
籍地主租地，使得製糖會社租入地面積占全臺總租佃地面積的比率不
斷上揚，例如 1927 年只有 22.68%，但 1940 年卻增加到 32.23%。**⓴**

2. 健康狀況的改善

日治時代最爲人所稱道的就是公共衛生條件的改善，使得人民身
體變得健康，壽命增長了。這些健康狀況的改善，可以由法定傳染病
的罹病率與死亡率、粗死亡率及嬰兒死亡率等指標的變化趨勢看到。

日治初期傳染病相當猖獗，不過主要的傳染病，在 1920 年代就
已經滅絕了。臺灣最猖獗的傳染病主要是鼠疫及霍亂，日治初期在
1900-17 年之間，每年都發生鼠疫；而在 1897-1926 年當中也有 10 年
出現霍亂。每萬個人罹患鼠疫的人口，在 1904 年達到最多，有 15.12

⓲臺灣總督府殖產局，《臺灣に於ける小作慣行，其の四高雄州管內》（臺北：該
局，1941），頁 60-61。

⓳臺灣總督府殖產局，《耕地賃貸經濟調查》（臺北：該局，1939），頁 33-50。

⓴臺灣總督府殖產局，《臺灣糖業統計（昭和八年版）》（臺北：該局，1933），頁
4-7，70-71；臺灣總督府殖產局，《臺灣糖業統計（昭和十八年版）》（臺北：該
局，1943），頁 70-71。

圖 2-1　日治時代每萬人口中法定急性傳染病罹病人數

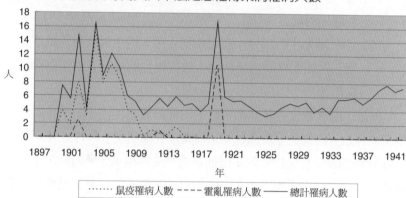

資料來源：臺灣省文獻委員會編，《臺灣省通志卷三政事志衛生篇》（臺中：該會，1972），頁206-208。

人；罹患霍亂的人口在 1919 年達到最高，有 10.57 個人；而傳染病的總計罹病率在 1919 年達到最高，每萬個人中就有將近 17 個人罹患傳染病（圖 2-1）。不過，隨著公共衛生環境的改善及主要傳染病的滅絕，在 1920 年以後，整個傳染病的罹病率就大幅下滑不到 8 個人；1925 年更是下降至歷年來最低，只有 3.23 個人而已。

　　不只是罹病人口下降，罹病人的死亡率更是急速地下滑。每百個患者的死亡人口數在 1905 年達到最高，超過 80 個人；不過從 1906 年以後，除了 1919-20 年又因為霍亂的流行，再度升高為 45 及 50 個人之外，持續大幅下跌，到 1918 年已經降到不及 20 個人了（請見圖 2-2）。

　　粗死亡率則最高出現在 1905 年，高達千分之 34；不過持續下跌，到 1930 年以後大致已經降到千分之 20 以下，最低發生在 1941 年，只有千分之 16.13 而已。而在 1920 年代底以前大致上在千分之 20 以上，1930 年代以後降到千分之 20 以下（圖 2-3）。

圖 2-2 日治時代各種法定傳染病患者死亡率

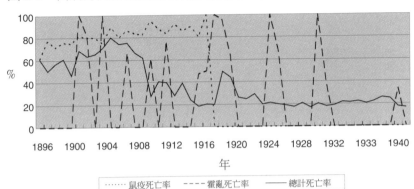

資料來源：臺灣省行政長官公署，《臺灣省五十一年來統計提要》，頁 1274-75。

圖 2-3 日治時代每千人死亡數及嬰兒每千人死亡數

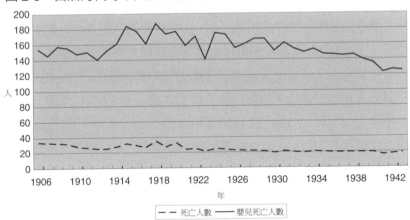

資料來源：臺灣省行政長官公署，《台灣省五十一年來統計提要》，頁 147，240-262。

從圖 2-3 也可以看到，嬰兒死亡率在 1918 年以前呈現波動的趨勢，震幅介於每千人 140-188 人之間；不過 1918 年以後，則轉爲持續下跌的趨勢，到 1941 年降到最低，只有 123 人。

圖 2-4　日治時代人們的預期壽命

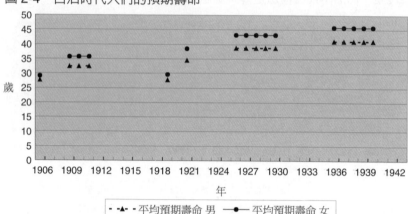

資料來源：Barclay, George W. *Colonial Development and Population in Taiwan*（Port Washington, N.Y./London: Kennikat Press, 1954），p.154。

　　由於以上健康狀況的明顯改善，因此人們的預期壽命也就不斷地提高了。從圖 2-4 所顯示的數據，可以看到男人的預期壽命都低於女人，且無論男人或是女人預期壽命的變化趨勢都相同。在 1906 年，一個男人在他出生時，預期只能活到 27.7 歲，女人則為 29 歲。不過此後除了 1919 年下跌回到 1906 年的水準之外，其他年代都持續上揚，特別是在 1926-30 年漲幅更明顯，從之前 1921 年的 34.5 及 38.6 歲提升為 38.8 及 43.1 歲，而到了 1936-40 年無論男人或女人的預期壽命都已經超過 40 歲了。

3. 教育的普及

　　此外，日治時代每個家庭花在教育的費用逐漸上升，教育逐漸普及，識字率也上升了。如果我們假設 1930 年代米作農家的教育經費都只用於小學教育，則從表 2-8 可以看到在 1931-32 年間，平均每個小孩每年分到的教育經費大致上是 6.6211 圓；而 1937 年上升到

表 2-8　各時代各種稻作農家投入之實質教育經費

年代	8–14 歲 小孩數目	平均（圓）		米（公石）	
		每個家庭	每個小孩	每個家庭	每個小孩
1931–32	1.5800	10.4614	6.6211	1.0327	0.6536
1937	1.9545	32.3164	16.5343	2.4955	1.2768

註　解：實質經費是以 1937 年為 100 的 GDP 平減指數換算而得，米（公石）是以臺北米零售價格求得的。
資料來源：臺灣總督府殖產局，《臺灣農家經濟調查其ノ一》，頁 6，33；臺灣總督府殖產局，《農家經濟調查》，頁 11；GDP 平減指數參考吳聰敏，〈1910 年至 1950 年之間臺灣地區國內生產毛額之估計〉，《經濟論文叢刊》19：2（1991），頁 166；米零售價格參考臺灣省糧食局，《臺灣糧食統計要覽（中華民國四十八年版）》（臺北：該局，1959），頁 173。

16.5343 圓，漲幅將近 150%。這樣的費用可以買到多少的糙米呢？這兩年分別是 0.6536 石及 1.2768 石，無論從實質經費支出或是從支出的錢所能換得米的數量來看，在 1931-37 年的 7 年間，每個小孩分到的教育經費都大幅增多了。可見，1930 年代臺灣農家投資在教育上的經費確實越來越多。

因為家庭投資在教育的經費越來越多，因此小孩就學的比率也就越來越高。1905 年臺灣學齡兒童就學率的比率只有 5.2%，以後持續地增高。圖 2-5 畫出 1915 年以後學齡兒童就學率的長期趨勢。從圖中趨勢線的走向，可以看到在 1915 年學齡兒童的就學率還十分低，只有 10.9% 而已，不過卻呈現持續上升的趨勢，到了 1920 年代底已經超過 30%，1930 年代下半葉超過 40%，1939 年首次超過 50%，表示有一半以上的小孩到學校讀書了，最後更在 1943 年達到 71.43%。從圖中的資料，也可以看到男孩就學率在 1932 年首次超過 50%，而女孩的就學率也在 1933 年，大幅提升到 20% 以上。

總之，無論從家庭投入的教育經費或從學齡兒童的就學率，都可以看到臺灣農家讓小孩接受教育的意願持續增高。特別是在 1920 年代下半葉以後，更是大幅提升。也因為從此以後小孩受教育的比率大

圖 2-5　日治時代學齡兒童就學率

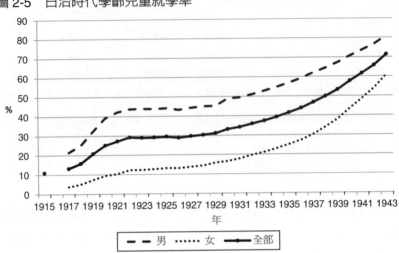

資料來源：1905 及 1915 年國民學校學生人數參考臺灣省行政長官公署，《臺灣省五十一年來統
　　　　　計提要》，頁 1212，人口則參考臺灣省行政長官公署，《臺灣省五十一年來統計提
　　　　　要》，頁 106 及 110；而 1917 年以後則參考臺灣省行政長官公署，《臺灣省五十一
　　　　　年來統計提要》，頁 1241。

幅增高，也使得少年組勞動參與率持續大幅下降。在 1905、1915、
1920、1930 及 1940 年分別是 26.71%、25.68%、24.30%、18.88%、
17.26%。[141]

4. 思想團體的出現

　　1920 年代以後，因為有來自日本國內與中國等地社會主義思想的
流入，因此分別於 1921 年 10 月、1926 年 6 月、1927 年 7 月出現臺

---

[141] 以上參見劉鶯釧〈日治時期臺灣勞動力試析〉，《經濟論文叢刊》23：3（1995），
頁 328-329。

灣文化協會、臺灣農民組合、臺灣民眾黨等思想團體。**⑭** 這些團體對於臺灣農民都有或多或少的影響，特別是臺灣農民組合更是以農民為主體，集結了不少農民參與。

茂野信一及林朝卿在 1933 年曾經指出：「本島農村思想相當純樸、穩健，近年來內地、中國及其他海外社會思想的流入，另一方面本島文化的向上，思想界近年以來發生顯著的變化，可以看到諸種思想團體的出現。」**⑭** 陳逢源也在 1942 年指出，臺灣農民平素極為從順、純樸且勤勉，儘管過去租佃慣行有些不良，尚未到容易組織農民運動的時候。大正（1912-25 年）末期，日本及海外社會思想的流入及臺灣內部文化的向上，各種社會運動漸漸抬頭。**⑭**

其中 1921 年 10 月組織的臺灣文化協會，以解放臺灣的社會及政治為目的，展開各種民眾運動。受到這股風潮的影響，在詹奕侯、劉松甫、陳萬勤、謝鐵、謝黨、李應章、戴成等人的努力之下，於 1925 年 6 月 8 日召開全臺第一個農民組織「二林蔗農組合」的成立大會。組合成立後，在 1925 年 10 月議決對林本源製糖會社提出三項要求，亦即（1）在甘蔗採收前發表甘蔗買收價格；（2）監督甘蔗的衡量，以阻止會社不正確的衡量；（3）提高甘蔗買收價格，降低給予之肥料的款項，而這是因為該會社所提的條件，比鄰接其他會社明顯對蔗農不利。這是臺灣最早出現之近代的農民爭議。**⑭**

接著在 1925 年，因為高雄州鳳山陳中和物產會社，由新竹州移

---

⑭ 張怡敏，《日治時代臺灣地主資本累積之研究──以霧峰林澄堂系為個案》（臺北：國立政治大學地政學系博士論文，2001），頁 33；或見臺灣總督府殖產局，《臺灣の農業》（臺北：臺灣總督府殖產局，1930），頁 209。

⑭ 茂野信一及林朝卿，《臺灣の小作問題》（臺北：吉村商社，1933），頁 45。

⑭ 陳逢源，〈臺灣に於ける小作問題〉，《臺灣經濟年報（昭和十七年版）》（東京：國際日本協會，1942），頁 483。

⑭ 陳逢源，〈臺灣に於ける小作問題〉，頁 483。

民 50 多人，承租所有地 70 多甲。這個土地由新興製糖會社移交該會社直接經營，但是在 1925 年該會社突然通告廢止米作，要進行蔗作，而要求返還租佃地。以這個問題爲契機，當時退職教員簡吉出面，以這些佃農爲中心，設立鳳山佃農組合。因爲該組合的成立，促使臺灣的農民運動漸漸踏出組織化的第一步。

爲了統制各地的農民組合，簡吉等人於 1926 年 6 月進一步組織臺灣農民組合。繼而又因爲退職官員及特權階級土地的處理問題，在 1927 年該組合有另一次的抗議活動；最後則轉爲以一般租佃事情爲活動的目標。[146] 1927 年 12 月，在臺中市召開第一回全島大會，提出耕作權的確立；地租減免；禁止地主在佃農晚交地租之際，於收割前進行扣押農作物；並確立生產物資管理權等種種議案。

1928 年農民組合全盛的時代，組合成員有 24,000 人左右，各地的支部達到 27 個之多，高雄、臺南、臺中、新竹州設置州支部聯合會，統轄州之下的支部。1928 年 12 月召開第三回全島大會之際，因爲其左傾及打倒帝國主義等的主張，受到當局的彈壓，而漸漸凋落。[147]

從本小節的分析，我們得知 1920 年代中期以後，交易變得越來越頻繁，且交易範圍日益擴大。而一般人的身體變得越來越健康，受教育的意願提高，投入到教育的經費增加。這時又出現一些思想團體，在他們的領導之下，使人們得以有一些管道宣洩自己的不滿。

（三）租佃糾紛

日治時代交易範圍的擴大，使得租佃關係擴大到非親朋好友之

---

[146] 陳逢源，〈臺灣に於ける小作問題〉，頁 483-484；關於農民組合所涉入租佃方面的問題，請見宮川次郎，《臺灣の農民運動》（臺北：成文出版社，1999），頁 165-168。

[147] 陳逢源，〈臺灣に於ける小作問題〉，頁 484-485。

間，因此交易雙方可能不了解彼此之間的信用如何，容易產生糾紛。而且在 1920 年代中期以後，由於較有體力爭取自己的利益，人們也變得越來越有權利意識，知道要維護自己的權利。此時又有一些思想團體出現，組織人們集體進行抗議。在這種背景之下，1920 年代底以後，租佃糾紛勢必增加。本小節接著討論日治時代租佃糾紛多寡的變動及租佃糾紛發生的原因所在。

　　表 2-9 的資料指出糾紛發生頻率的長期趨勢及短期波動。其中在短期波動中，1920 年代末期至 1930 年代初期以及 1940 年，都是糾紛比較多的時代。再從文後所附的附表 2-1 的描述，也可以得知 1910 年代底的糾紛也比往常來得多，例如臺北州的新莊郡，臺中州的臺中市、大屯郡、北斗郡；臺南州及高雄州等地則提到原本很少，但在 1910 年代底糾紛卻增加了。除了這些地區之外，其他地區在資料中都提到，直到 1910 年代底糾紛還是很少，甚至是無糾紛的情況。

　　不過，從 1927 年起，租佃糾紛開始逐漸蔓延，1926 年糾紛數只有 32 件，1927 年大幅提高為 919 件。而以後大部分的年度中，每年光是業佃改善團體經手調停的租佃糾紛就有好幾百件。假定其他種契約的糾紛件數與業佃會契約的糾紛件數的比值，等於兩種契約所涵蓋耕地面積的比值，則可估計出表 2-9 的總糾紛件數。儘管此一假定可能低估了總糾紛件數，但是 1927 年以後的數字依然是先前數字的好幾十倍。❶❹❽而在 1940 年這一年糾紛件數更達 1,512 件，是整個日治時代租佃糾紛最多的一年。從前糾紛最多的年代出現於 1931 年，不過這一年也只有 929 件而已。1940 年的糾紛件數竟是 1931 年的 1.6 倍以上。

　　從以上的說明，我們可以得到長期間糾紛呈現增加的趨勢，特別

───────────

❶❹❽ 因為業佃會書式契約及該會的仲裁服務，有助於減少糾紛。

表 2-9　租佃糾紛件數與比例

年	糾紛（件）	總糾紛之估計	半自耕農與佃農戶數合計	糾紛比例（%）
1911–23 年平均	19	41	271886	0.015
1924	5	11	275895	0.004
1925	4	9	279486	0.003
1926	15	32	281219	0.011
1927	431	919	282008	0.326
1928	134	2298	287203	0.800
1929	23	395	289651	0.136
1930	616	2266	291832	0.776
1931	929	3417	295884	1.155
1932	846	2277	271772	0.838
1933	920	1952	276776	0.705
1934	719	1259	281864	0.447
1935	666	976	287757	0.339
1936	483	700	295891	0.237
1937	367	526	296314	0.178
1938	241	342	294295	0.116
1939	295	413	288363	0.143
1940	1503	2079	292540	0.711

註解與資料來源：第二欄各年糾紛（件）數字代表意義分別為：

（1）1911-23 年涉及耕地 1 甲以上的糾紛件數合計為 243 件，參考王益滔，〈論台灣之佃權與三七五減租條例〉，《財政經濟月刊》2.7（1952），頁 33。

（2）1924-27 年之糾紛件數是涉及耕地 1 甲以上的糾紛，參考臺灣總督府殖產局，《臺灣に於ける小作事情と其の改善施設》（臺北：該局，1930），頁 58。

（3）1928-29 年之糾紛件數是涉及耕地 5 甲以上或農民 5 人以上的糾紛，參考臺灣總督府殖產局，《臺灣に於ける小作事情と其の改善施設》，頁 58。

（4）1930-40 年之糾紛件數是業佃會經手調停的糾紛，請參考臺灣總督府殖產局，《本島小作改善事業成績概要》（臺北：該局，1941），頁 43。

其他欄位數字取得之方式：

（1）1911-1921 年半自耕農與佃農戶數之資料缺乏，1911-23 年之合計值取 1922 年與 1923 年的平均值。參考臺灣省行政長官公署，《臺灣省五十一年來統計提要》，頁 513。

（2）1911-27 年之總糾紛係以經營地 1 甲以上之農戶占總農戶比例 46.9% 估計而得，該比例從 1920-21 年的土地分配調查報告求出，參考臺灣總督府殖產局，《耕地分配及經營調查》（臺北：該局，1921），頁 41。

（3）1928-29 年之總糾紛件數係以經營地 5 甲以上之農戶占總農戶比例 5.83% 估計而得的，該比例從 1932 年的土地分配調查報告求出，參考臺灣總督府殖產局，《耕地分配並ニ經營調查》（臺北：該局，1934），頁 2-3。

（4）1930-40 年之總糾紛都是以採行業佃會契約書之佃耕地面積占總佃耕地面積之比例（簡稱為業佃會契約書之比率）求得。這個比例在 1931、1934、1935 與 1940 年分別是 28.23%、55.62%、67% 和 72.27%（臺灣總督府殖產局，《本島小作改善事業成績概要》（1941），頁 19 及 90）。1930 及 1931 年的估計值採用 1931 年的比例；1932-33 年以及 1936-39 年各年的估計值，都是根據「1931-34 年以及 1935-40 年各年業佃會契約書之比例的增加率都相同」之假設，而求得。

圖 2-6　日治時代的躉售物價指數（WPI）與米價指數

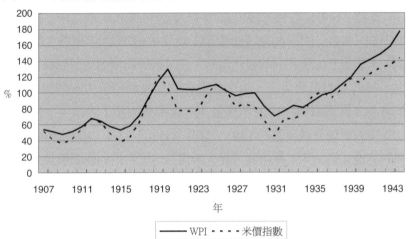

註　解：WPI基期為1937年6月；米價指數從臺北在來米種批發價格求得，以1937年為基期。
資料來源：吳聰敏與高櫻芬，〈臺灣貨幣與物價長期關係之研究：1907年至1986年〉，《經濟
　　　　　論文叢刊》19：1（1991），頁61-63；臺灣省行政長官公署，《臺灣省五十一年來
　　　　　統計提要》，頁914。

是在 1920 年代底以後這種趨勢更加明顯。1927 年以前租佃糾紛占契約數目的比重都未曾達到 0.02% 以上，也就是說，在這個時代，一萬件租約當中大概只有一件會發生糾紛。不過，從 1927 年起糾紛的比例提高到 0.1% 以上，1931 年甚至高達 1.15%，也是 1926 年以前的好幾十倍。

　　短期間糾紛之所以迭起，主要源自於經濟的波動以及農作物的歉收。當遇到收穫巨大增減或物價大幅波動的時候，業、佃雙方比較容易產生糾紛。臺灣的地租大多按土地甲數計算，理論上農作的損益概由佃農承受享有。但是實際上，地主在豐收或米價高漲時可能企圖加租，佃農則在歉收或米價大跌時常要求減免地租；此時可能糾紛四起。如果這些短期因素維持稍久，則業、佃預期糾紛發生的機率便可

能受到影響。

　　從圖 2-6 可以看到，1917-20 年以及 1930 年代末期以後是蠆售物價指數（WPI）的兩個急速膨脹期；反之，1927-32 年則爲大幅跌落期。米價也有大致相同的變化趨勢。在米價與物價的兩個膨脹期，發生了較嚴重的自然災害，以致於農作的受害面積較大。例如，1919年發生 3 次暴風雨，1940 年則發生 3 次暴風雨和 1 次水災；稻作因此受害的面積分別高達 125,293 公頃與 435,611 公頃，超過 1919-42 年間的其他任何一年。❿ 由此可見，米價乃至於物價的膨脹與自然災害有相當程度的關聯。而第一次世界大戰促成臺灣經濟的繁榮，也導致1917-20 年物價的膨脹。⓯ 至於 1920 年代末期至 1930 年代初期的米價及物價巨幅下跌，乃是經濟不景氣所致，此乃受到日本一連串的經濟與政治振盪所影響。⓲

　　而長期糾紛之所以越來越多，特別是 1920 年代底以後越來越頻繁，主要是因爲上兩小節所提的 1920 年代下半期以來種種社會經濟的變遷。在 1920 年代下半期以來，由於農耕技術越來越密集化，需要有一個明確且較長的租期，但租期較短的習慣還來不及完全調整。而交易範圍的擴大使得交易的對象擴及到不熟識者之間或遵循的租佃習慣不同的人之間，租佃糾紛比較容易發生。此外，因爲人民教育的普及使得他們的權利意識抬頭，健康狀況的改善使得他們有體力主張自己的權利，又因爲思想團體的鼓吹，使得人們得以宣洩自己的不滿。

　　契約的當事人在訂立契約之前，通常會先預估糾紛或違約發生的

---

❿臺灣省行政長官公署，《臺灣省五十一年來統計提要》，頁 598-600。
⓯陳榮富，《六十年來臺灣之金融與貿易》（臺北：臺灣銀行，1955），頁 15。
⓲關於此一期間日本及臺灣經濟的不景氣，詳見陳榮富，《六十年來臺灣之金融與貿易》，頁 17-19 的討論。

可能性有多大，然後再決定要如何訂契約。而目前實際發生之租佃糾
紛的多寡，可能是地主與佃農預估未來糾紛發生可能性的最重要參考
指標之一。在不同的時代裡，經濟的波動狀況、農作物的收成狀況、
交易範圍的大小及業佃之間的權利意識高低等等因素，都會影響租佃
糾紛的多寡，從而左右地主與佃農對糾紛的預期。前兩類現象持續較
短暫，也只能維持短期的影響力，故可以稱之為短期性的因素。反
之，後兩者有較長期的影響效果，故可稱之為長期性的因素。

　　前面提到交易範圍擴大到不熟識或者不同族群的臺灣人之間，也
擴及到不同國籍的臺、日人之間，因而容易引發糾紛。1926 年出版
的租佃習慣調查報告就提到，租佃糾紛當中有些發生在製糖會社承租
土地與本地農民之間。根據日治時代的「臺灣土地登記規則」，佃權
之設定與轉移非經登記不得對抗第三人。故根據法律的規定，在租佃
期間中土地有買賣事情發生時，佃農不得對抗新地主。但是臺灣在習
慣上，新地主除非欲自耕其地，否則多與舊佃農維持舊約，或另定新
約，故佃農仍然可以繼續承租並使用同一土地。但是，1920 年的調
查報告便提到會社或日本籍的買地者常不尊重此一習慣。❷

　　又，臺灣習慣上多以 8 月 15 日為租約締結最終期日，但是製糖
會社承租地的契約多以 12 月 1 日為終止日。這時原來的佃農多已開
始起耕，製糖會社並不尊重原佃農與地主之間的「口頭契約」，而以
其租地之書面契約為後盾，強力奪取原佃農的佃耕地。❸ 可見，交易
範圍的擴大確實造成了不少糾紛。

　　當租約的訂定限於熟識者之間，則不守信用者很難找到交易的對

❷臺灣總督府殖產局，《各州小作慣行調查》（臺北：臺灣總督府殖產局，1926），
　頁 222。
❸臺灣總督府殖產局，《各州小作慣行調查》，頁 218。

象，這時租佃糾紛比較少。而當交易的範圍擴大以後，交易雙方所遵循的租佃習慣或所採用的租佃制度可能不同，因而容易引發糾紛。而且當交易的範圍漸擴大，以致於交易的雙方互不熟識時，比較不易知道對方是否曾經不守信用。在這種情況之下，背信違約所需付出的代價較小，故而容易導致背信違約或引發糾紛。

除了交易範圍的擴大，相關文獻也都提及個人權利意識的抬頭，促使農村業佃糾紛增多。完成於 1920 年代的一些相關史籍，例如1920 年的租佃習慣調查報告書，已經開始提及臺灣社會個人主義抬頭，使得租佃糾紛增多（見附表 2-1）。而出現於 1930 年代的農業相關文獻，也都論及此一農村思想的轉變導致租佃糾紛加多，並認為此乃受到臺灣文化協會、臺灣民眾黨以及臺灣農民組合等團體影響。❶❺❹值此之際，契約若未將關鍵性的條件訂明，而只依賴習慣加以規範，則立約雙方比較容易起糾紛。

當租約的締結多發生於熟識者之間，而個人權利意識尚未抬頭之際，租佃糾紛較少，從而業、佃也預期發生糾紛的機率不大。在1911-23 年的 13 年間，全臺灣涉及耕地一甲以上的租佃糾紛總共只有243 件，平均每年大概只有 19 件。假定一戶佃農或半自耕農都只訂有一份租佃契約，則在 1926 年以前，每年發生的糾紛數不及全部契約的 0.02%（表 2-9）。這就是何以 1920 年代的調查報告都指出，各地業佃之間多在冠婚葬祭以及吉凶禍福之際相互援助，地主也時常融通佃戶農業資金，因此彼此之間的關係仍然相當融洽（附表 2-1）。

然而，1920 年代初期已經因為「利己主義流行」、「權利思想發

---

❶❺❹ 臺灣總督府殖產局，《臺灣の農業》（臺北：該局，1930），頁 209-210；總督府於 1930 年以後，陸續編印了好幾冊的《臺灣の農業》，其中有幾冊都論及此一現象。

達」、「時勢進步」、「民度向上，權利義務觀念顯著發達」、「隨著世界的前進，德義風氣漸淡」，以致於業、佃融洽的風氣有漸墮之勢（附表2-1）。當外在環境開始轉變之初，多數業佃對糾紛的預期可能尚未調整，而租佃習慣的措施也還未改變到足以預防糾紛的發生；值此之際，糾紛將會變得比較頻繁。

到了1930年代初期，各地業、佃之間的情誼已經變得衰頹。完成於1930年代的相關史籍，也都論及當時業佃關係的這種轉變。例如完成於1930年代上半期之臺北州、新竹州、以及臺中州的調查報告，都提到時代的變遷，佃農已逐漸自覺，地主佃農情誼漸衰頹，隨著社會發展，人們越來越重視法律物證。[155] 當這種局勢持續演變，越來越多的地主與佃農將會受影響，預期的糾紛與違約也因而提高。到了1930年代，這種環境的轉變便已經開始發生作用了。

（四）業佃會的成立

以上的分析說明了1930年代以來，租佃糾紛日益增加，使得人們預期未來的糾紛將會增加，因此需要一個有效率的調停或仲裁服務。所謂有效率的仲裁服務是指方便使用、裁斷有效且有執行力或制裁力強，這樣租佃糾紛才容易平息，業、佃雙方也才比較願意利用此一制度。所謂方便是指容易接觸，而且過程簡單，因此越方便的仲裁服務，其使用成本越低廉；裁斷有效與否是指能否斷出結果；而執行力或制裁力則指強迫當事人執行裁定結果的力量。成本低廉，裁斷有效，而且有制裁力的仲裁才可以稱為有效率的服務。

---

[155] 臺北州內務部勸業課，《臺北州の小作事情と其の改善施設概要》，頁19；臺灣總督府殖產局，《臺灣に於ける小作慣行，其の二新竹州管內》（臺北：該局，1933），頁4；臺灣總督府殖產局，《臺灣に於ける小作慣行，其の三臺中州管內》（臺北：該局，1935），頁4。

　　日治時代在業佃改善團體成立以前，業佃之間的糾紛調停或仲裁有三個管道：（1）業佃臨時組成的調停會；（2）民事爭訟；（3）民事訴訟。各種仲裁制度的使用成本、裁決效能與制裁力量各不相同。臨時調停會由業佃與地方有力人士組成，是傳統社會相當普遍的糾紛仲裁制度。調停地點多選在街庄公所所在地，[156]對使用者相當方便；但它不是一個常設性的機構，因此無法隨時使用。

　　雖然國家並未賦予這種民間臨時調停會強制執行的力量，但是調停者為地方人士，對業佃間的關係以及一般小糾紛的性質可能知悉甚詳，因此在個人的權利意識尚薄弱之際，能夠有效地解開小糾紛的癥結，裁定孰是孰非。一般的調停者為受到地方尊重的有力人士，它不具備強制執行的力量，因此在個人權利意識逐漸抬頭之際，或者是當契約的訂立擴大到非熟識者之間時，臨時調停會的執行力量也就變得相當薄弱。若使用臨時調停會，在調停或仲裁的過程中，立約雙方以及契約的關係人除了必須付出時間成本，立約人可能也需支付費用給主持或提供該項服務的人或機構。例如使用傳統式的調停會，在重大糾紛調停成功後，理虧的一方可能必須宴請所有參與調停的人士。

　　相對地，如果採民事爭訟或民事訴訟調停，申請者必須按調停目的物的價值支付費用，[157]但是該項費用最後將由敗訴理屈的一方償付。民事訴訟機構雖為一個常設性的機構，具有強大的制裁力量，但訴訟必須向法院提出，法院數目有限，而且與農村相隔甚遠。日治時代的法院系統有高等法院、各州廳之地方法院，以及各地方法院下的出張所三個層級。全臺灣只有 39 個出張所，每個出張所管轄範圍至

---

[156] 臺灣總督府殖產局，《臺灣に於ける小作慣行，其の三臺中州管內》，頁 9；臺北州內務部勸業課，《臺北州の小作事情と其の改善施設概要》，頁 22。

[157] 臺灣總督府法務部，《臺灣司法一覽》（臺北：該部，1944），頁 107。

表 2-10　各種終結期間之案件占總終結案件之百分比

期間	1911–20		1921–30		1931–40	
	民事訴訟	民事爭訟	民事訴訟	民事爭訟	民事訴訟	民事爭訟
1–30 日	45.47	83.39	19.37	80.94	16.92	80.18
31–60 日	26.85	10.41	31.24	11.19	21.41	11.32
61–90 日	10.09	3.10	17.05	3.92	13.73	4.11
91–180 日	11.29	2.34	18.61	3.19	20.29	3.26
181–365 日	4.80	0.67	9.40	0.64	16.44	0.95
366 日以上	1.50	0.09	4.33	0.10	11.21	0.14

註　解：1、各數字皆為相對應之十年間每年百分比的平均數。
　　　　2、民事訴訟的案件為一審終結案件。
資料來源：臺灣省行政長官公署，《臺灣省五十一年來統計提要》，頁 401 及 429。

少有一個郡。❸ 平均每一個判官每年接辦的民、刑事訴訟件數，在
1937 年以前高達 2,000 件以上，而在 1942 年也有 1,832 件。❸
　　此外，民事訴訟之提起與過程繁雜，故一般案件都經過相當長的
時間，才能審理完畢。表 2-10 列了第一審終結案件之審理時間的分
布情況，花費一個月以上時間才得以終結之案件占了一半以上，且越
後來的時代中這類案件所占的比率越高。這一方面是由於提起民事訴
訟之案件，本質上可能屬於較難以解決者；另一方面審理的法官需花
費相當的時日，才能了解案件的狀況。由於使用成本如此高昂，除非
糾紛所涉及的利害超過此一服務成本，而其他的仲裁又無法解決時，
業佃才會動用到民事訴訟。在 1928 年與 1929 年所發生的 134 件和 23
件重大租佃糾紛，亦即涉及佃耕地 5 甲以上或相關農民 5 人以上的糾
紛中，分別只有 16 件及 2 件提起民事訴訟。❸

❸臺灣總督府法務部，《臺灣司法一覽》（臺北：該部，1943），頁 21。
❸臺灣總督府法務部，《臺灣司法一覽》（1943），頁 22。
❸臺灣總督府殖產局，《臺灣二於ケル小作問題二關スル資料》（臺北：該局，
　1930），頁 271。

　　由於民事訴訟成本高昂，爲了提供另一種也具有強制執行力量，但手續較簡便、費用較低廉、裁決較迅速的調停制度，總督府於1897年頒布了民事爭訟調停制度。[161] 該制度的目的在於促成糾紛雙方的和解，迅速圓滿地平息糾紛。民事爭訟的調停服務以廳或州爲單位，申請者需填寫一定格式的申請書，向廳長或知事申請調停服務。廳或州的調解委員以及當事人，於擇定的時日齊聚一堂，會詢糾紛的緣由，謀求和解的辦法。

　　民事爭訟也是日治時代相當受歡迎的一種仲裁制度，凡是案情不十分複雜，可能達成和解的糾紛，便可以使用民事爭訟。從表2-10的資料，可以看到80%以上的民事爭訟案件，在30日之內便得以終結，顯示民事爭訟調停多能在短期間處理各種案件。有不少糾紛都是利用此一仲裁服務而化解，例如在1928年與1929年分別有479件以及410件與租佃有關的事件，便是利用民事爭訟調停制度而解決。[162]

　　民事爭訟的調停費用不及調停標的物價格的1%，可以彌補民事訴訟費用高昂以及過程複雜的缺點。[163] 不過，它的工作在於促成和解，不具備法院判案的功能，故凡無法達成和解的重大糾紛，仍然必須依賴民事訴訟。雖然國家賦予民事爭訟調停相當的執行力量，使民事爭訟也可以彌補臨時調停會缺乏強制執行力量的缺點，[164] 不過，它以廳或州爲單位，調停的申請以及進行的處所距離農村遙遠，故不像臨時調停會那麼容易接觸。因此一般較小的糾紛可能還是利用臨時調停會，加以調停化解。由於三種仲裁制度的使用成本、裁決速度以及

[161] 臺灣總督府法務部，《臺灣司法一覽》（1944），頁105。
[162] 臺灣總督府殖產局，《臺灣ニ於ケル小作問題ニ關スル資料》，頁275。
[163] 臺灣總督府法務部，《臺灣司法一覽》（1943），頁101。
[164] 臺灣總督府法務部，《臺灣司法一覽》（1943），頁102-109。

制裁力量不同，因此三者各處理不同性質的糾紛事件。雖然我們缺乏臨時調停會的調停資料，不過從以上的分析可以推斷，在業佃會出現以前，小糾紛多利用臨時調停會，重大糾紛使用民事訴訟，而其他糾紛則依賴民事爭訟。

　　而當業佃糾紛越來越頻繁發生的年代，在 1927 年開始受到總督府補助的租佃改善團體，逐漸推廣到臺灣西部的所有地區。雖然如同第一章所指出，業佃會的組織有二級制以及單級制，但無論何種組織，都是以街庄爲最基層的組織。業佃會的任務在於改善租佃習慣，主要工作爲鼓勵地主佃農加入業佃會，製作書面契約，參與業佃租約的締結，並調停租佃糾紛。此一租佃改善事業始於 1922 年，起初只於臺南州新營郡試辦，1927 年以後逐漸推廣至全島。業佃會是一個常設的機構，會內有專任的雇員，又有專門調停租佃糾紛之調停委員會，而且以街庄的小區域作爲最基層的組織，因此會員得以方便地使用其服務。

　　一般的糾紛首先由街庄業佃會的調停委員會進行調停，若街庄調停委員會無法解決者或是重大的糾紛，再接受郡聯合業佃會的進一步調停。調停委員會由會長、副會長以及調停委員組成；調停委員由地主與佃農會員互選出來，而會長則借助精通租佃事務的專家作爲顧問，因此調停委員會的成員深具租佃方面的專業知識。專業的人員以及一定的調停程序，使業佃會得以發揮有效的調停。在 1930-40 年的11 年間，經由業佃會調停成立的糾紛件數占調停總件數的百分比，只有兩年低於 80%，有 8 年介於 80%-90%，更有 1 年超過 90%（見表2-11）。

　　不服從最終調停委員會或理事會的調停結果者，業佃會開除其會員資格，並且禁止其他會員再與之締結租佃契約，故業佃會的調停具

表 2-11　業佃會租佃糾紛調停狀況

年	總件數	成立件數	成立件數佔總件數（%）	不成立件數	未決件數
1930	653	552	84.53	23	78
1931	996	858	86.14	35	103
1932	928	823	88.68	22	83
1933	994	883	88.83	29	82
1934	801	698	87.14	38	65
1935	731	615	84.13	34	82
1936	565	474	83.89	30	61
1937	428	351	82.01	19	58
1938	291	225	77.32	6	60
1939	355	271	76.34	10	74
1940	1517	1462	96.31	25	30

註　解：本表中的糾紛調停總件數之所以大過於表 2-9 的糾紛總件數，乃是因為有些糾紛當年無法解決，因而留到隔年再繼續調停。
資料來源：臺灣總督府殖產局，《本島小作改善事業成績概要》（1941），頁 43。

有相當的制裁力量。❻❺ 容易接觸、有效的調停以及相當的制裁力量，使業佃會得以提供有效率的租佃糾紛調停服務。雖然為了加入業佃會，地主與佃農可能都必須繳納會費，但是業佃會調停委員會的調停服務則屬免費。業佃會將「會員間的業佃糾紛必須由業佃會調停」的宗旨明白記入其所提供的契約書之中，凡是加入業佃會的地主與佃農必須以業佃會書式租約締結契約，從而遇有糾紛時必須接受或得以享受業佃會的調停服務。此外，業佃會所提供的契約書上，明白規定了八大租佃事項，這八大事項內容可以參考第一章的討論。有些事項本來就已經流行通用了，現在只是利用書面契約將之確立，以減少糾紛。而在業佃改善團體所規定的八大項目中，最重要的一條是規定租約期間為 5 年或 6 年以上。

---

❻❺ 臺灣總督府殖產局，《臺灣に於ける小作事情と其改善施設》（臺北：該局，1936），頁 72。

表 2-12　土地方面的民事爭訟調停案件

期間	總件數	土地	
		件數	占總件數之比例（％）
1911–15	11064	2424	21.73
1916–20	8315	1682	20.40
1921–25	10898	1234	11.54
1926–30	11116	932	8.40
1931–35	11626	551	4.81
1936–40	7682	530	6.94

註　解：各期間之件數以及百分比為該期間 5 年的平均數。
資料來源：臺灣省行政長官公署，《臺灣省五十一年來統計提要》，頁 428-431。

　　有限的資料顯示業佃會有效率的仲裁服務吸引越來越多的使用者，逐漸取代了過去受歡迎的臨時調停會以及民事爭訟等制度。我們缺乏業佃臨時組成之調停會的資料，但是卻有少許民事爭訟所處理之土地方面的資料。這些資料顯示，從 1920 代底以後民事爭訟所處理的土地相關案件便不斷地減少。在 1928 年以後已經從千件以上減少至千件以下，1930 年代更跌到五百多件。而且在全部的終結案件中，土地案件的比例也持續地下降。1925 年以前土地案件占了 10% 以上，1926 年以後落到 10% 以下，1930 年代上半期更降到 5% 以下（表 2-12）。租佃糾紛或違約事件屬於土地相關案件的一部分，土地案件數目開始呈現明顯而且長期下降趨勢的時間，正好與業佃會普及至西部五州，故而業佃會書式契約開始被接受的時間吻合。因此很可能減少的一大部分民事爭訟之土地相關案件，乃是屬於租佃方面的案件，而這些案件可能有一大部分是由業佃會調停解決的。

（五）結語

　　以上的分析說明臺灣日治時代租佃制度所處的環境，在 1920 年代中期以後發生重大的轉變。這些轉變可以歸納為耕種技術朝向越來

越肥料密集式的型態發展；交易活動也變得越來越頻繁，且越來越多的交易擴及到不熟識者之間；一般人又因為公衛條件的改善，使身體變得健康，而有體力爭取自己的權利；且教育逐漸普及，使得人們認識自己的權利，知道要去爭取以及如何爭取自己的權利；更因為有一些思想團體的領導，使得人們得到宣洩不滿的管道。適應這種轉變，租佃制度也需要調整。

在這種情況之下，就要求租約需要明訂租期，且需要較長的租期，才能夠刺激佃農承租土地，並種植收穫量較多，因而利潤較高的作物之意願，這些作物需要投入較多較長期才能回收報酬之生產要素。且因為租佃糾紛的頻仍，為了要節省租約的執行成本，需要有形式明確的租約，方可在糾紛發生之際，容易判定孰是孰非。更需要有容易接觸、使用成本低、執行力量強大的仲裁機構。以下兩節所要討論的主旨就是日治時代租約樣式的選擇及租期長短的訂定，是否在1920年代底隨著外在環境轉變，而發生變動，這種變動是否符合效率原則。

二、租約樣式的選擇

第一章提到日治時代有不少文獻，指出當時的租約以口頭契約為主，在日後容易引起糾紛；又口頭契約內容不明，致使佃權變得薄弱。[166] 當時的文獻就提到，口約的習慣是從清朝時代以來長久因襲的慣行，因為租佃契約的內容不明確，業佃之間很容易引起糾紛，在現今的時勢之下是最不適當的。[167] 不過，鈴木進一郎在1924年仍然指出

---

[166] 關於這些文獻，請參考本書第一章註 32-34 的說明。
[167] 林朝卿，〈改善を要すべき小作慣行の要點〉，《臺灣農事報》267（1929），頁234。

臺灣的租佃契約，大部分是口頭契約，地主及佃農之間頗融洽，相互之間都能理解信任，口頭契約不會產生任何不方便。[168]

　　契約的目的是在避免糾紛，但不同種類的契約所能發揮的功效不同。能將契約條件明確化，且內容愈詳盡的契約，愈能防止糾紛四起。在不同的環境下，立約雙方滋生糾紛的可能性也不同。例如上一節已經提到，在不同時代，當農作物歉收、物價大幅波動以及交易範圍擴大之際，比較容易發生糾紛。而在同一個時間，租期愈長、業佃認識不深、或土地所有者人數愈多等等場合，糾紛比較容易產生。因此，在不同的時代，或相同時代，但環境相異之下，可能需要不同形式的租約。

　　不過，愈明確、內容愈詳盡的契約，所耗費的訂約成本可能愈大。例如書面契約雖然較口頭契約明確詳盡，但是可能需要較多的關係人參與，訂約的程序也比較繁複。此外，契約的執行成本不只決定於契約本身是否明確詳盡，也決定於仲裁調停管道是否順暢以及仲裁人是否具有公信力。假如具有公信力的仲裁者不易尋覓，則訂定詳細的書面契約，利益就相對縮小。

　　戰後初期實施三七五減租時，政府宣稱當時的租佃制度普遍存在許多不良慣行，其中之一是口頭租約相當普遍，占了 90%，因此「三七五減租」的主要工作之一便在於強迫推行書面契約。由於文獻的一再陳述，讀者可能以為：戰後初期口頭租約盛行的風氣承襲自日治時代；而此種立約習慣為日治時代租佃糾紛頻仍的主要肇因，因此口頭租約屬於不良的慣行。

　　不過，從上一節的分析中，我們得到日治時代的租佃糾紛事實上

---

[168] 鈴木進一郎，〈本島の不良小作慣行に就て〉，《臺灣農事報》213（1924），頁696。

並不多。1920 年的調查報告也提到，雖然某些地方已出現業佃糾紛，但尚未演變成嚴重的局面；而多數的地方糾紛並不多。文獻上零星的記載也說明當時中途解約或違約的事例不多。❽然而，如本章第一節之（三）所述，1930 年代以後糾紛雖有增加之勢，不過相對於租佃契約的件數，業佃糾紛的比例仍不及 1%。

又從日治時代不同期間相關文獻的記載，我們發現租約的結構（亦即各類租約占全部租約比例的組合），至遲在 1930 年代中期便有根本的改變：從口頭租約占絕對優勢的型態演變為書面租約居絕對優勢的型態。我們也觀察到當口頭契約盛行之際，書面契約的存在限於某些特殊的場合；反之，在書面契約盛行之際，口頭契約也仍行之於某些特定的場合。這些租約結構的改變，並非政府的強制規定；而臺灣從十八世紀漢人大量移入以後，市場經濟便相當發達，一般人多有強烈的謀利心，因此我們推測地主與佃農契約的選擇也是以利潤為指標。本節的主旨便在於分析日治時代租約結構及其變動的方向，是否符合效率的準則。

租佃契約的目的，在於規範業佃之間的權利與義務關係，以避免糾紛；或在糾紛發生後，據以評斷孰是孰非。由於外在環境會影響各種契約的預期收益以及成本，立約者若追求自利，則在訂立契約時，將會考慮外在環境如何，以及在各個環境條件下，何種契約的預期報酬較高。經過這些考慮之後，若立約者能夠選擇預期報酬較高的契約種類，則本書稱此一立約者為理性的個人，其選擇行為合乎經濟理性，而稱其選擇符合效率的原則。因此，一個符合效率原則的租約選

---

❽葉淑貞，〈臺灣日治時代租佃制度的運行〉，發表於中央研究院臺灣史研究所籌備處與國立臺灣大學歷史學系主辦之「臺灣史研究百年回顧與專題研討會」（1995）。

擇，必定是隨著環境的改變，而能選擇預期報酬較高的租約樣式；且在同一個時間的不同環境之下，也能選擇預期報酬較高的租約樣式。

因此，本節要探究在外在環境改變的 1920 年代底之前與之後，業佃之間租約樣式的選擇為何？是否有改變？這種轉變是否符合效率的原則？小節（一）將介紹各種租約的消長；小節（二）及（三）分別討論各種類租約的特性以及租約所處的外在環境；小節（四）分析在不同的外在環境之下，理性的個人會如何選擇租約；進而再評估小節（一）所發現之實際選擇結果是否合乎效率的原則。小節（五）摘述本節主要的結論。

（一）各種租約的消長

日治時代租約的訂立有口頭與書面兩種方式，本書稱這兩種方式所立的契約為口頭租約與書面租約。從登載事項的多寡來看，書面租約又分成業佃會書式與其他書式兩個次類。因此依契約書之有無以及約定事項之多少，租約可以分成業佃會書式、其他書式以及口頭式等三類。

其中，口頭租約的規定事項最簡略，業佃會契約書最詳細。根據 1920 年各州之調查報告以及 1930 年代中期以前臺北州、新竹州以及臺中州之調查報告，一般口頭租約都規定有地租種類及數量、納租的次數及各次的比率、押租金、佃耕地之附屬物及其修繕費的負擔等項目；[170] 除此之外，有些口頭租約也言明租期以及水租的負擔，[171]直到

---

[170] 臺灣總督府殖產局，《臺灣ニ於ケル小作問題ニ關スル資料》，頁 73-74；臺灣總督府殖產局，《臺灣に於ける小作慣行，其の二新竹州管內》，頁 6；臺灣總督府殖產局，《臺灣に於ける小作慣行，其の三臺中州管內》，頁 7；臺北州內務部勸業課，《臺北州の小作事情と其の改善施設概要》，頁 21。

[171] 臺灣總督府殖產局，《臺灣ニ於ケル小作問題ニ關スル資料》，頁 74；臺北州內

1939-40 年高雄州的調查報告，才指出另有一些口頭租約更進一步地約定了租地的面積、硬租與否、歉收場合的減免、公租公課的負擔、以及解約的條件。[172]

其他書式租約的內容比口頭租約多且詳細，除了上述幾項內容之外，通常還訂有：

(1) 土地位置、面積；

(2) 租期；

(3) 繳租的方法，即物租的處理、納租的場所與時期；

(4) 稅課的負擔；

(5) 天災地變場合的減免租；

(6) 欠租場合的處置；

(7) 保證人及立會人。[173]

1930 年代中期以後流行業佃會契約書，該種契約書是業佃會等租佃改善團體制定的規格式契約書。其內容更加詳細，除了其他書式租約所含的條項之外，大都還明記以下各事項：[174]

(1) 在租佃期間中，經由業佃雙方的協議，而得以增減地租的條件。

(2) 在租佃期間中，所有權轉移或租地轉供公共用途時，業佃雙

務部勸業課，《臺北州の小作事情と其の改善施設概要》，頁 21。

[172] 臺灣總督府殖產局，《臺灣に於ける小作慣行，其の四高雄州管內》（臺北：臺灣總督府殖產局，1941），頁 7；臺灣的租佃習慣，按荒歉時租額有無減免，而有鐵租與軟租之別。若遇荒歉，地租顆粒不減者，則稱為鐵租或硬租。

[173] 在其他書式租約之中，也有一種稱為要約式的租約。其內容較少，通常並無正文中的 (3) - (7) 條。以上參見臺灣總督府殖產局，《臺灣ニ於ケル小作問題ニ關スル資料》，頁 74。

[174] 從臺灣總督府殖產局，《臺灣ニ ケル小作問題ニ關スル資料》一書，頁 192-195，202，207-211，215-219 所附各州之契約書內容，可以見到以下所提的條項。

表 2-13　1920 年前夕口頭租約所占的比例

地區別	口頭租約所占比例（%）
臺北州文山郡	80-90
臺北州海山郡	90
新竹州桃園郡	60
新竹州大溪郡	70
新竹州竹南郡	70-80
臺中州彰化郡	80
臺南全州平均	85
高雄全州平均	82

資料來源：附表 2-2。

　　方協議賠償佃農的損害。

（3）得到地主同意之土地改良，地主須負擔一部分或全部費用。

（4）無正當理由而中途解約的場合，須賠償對方的損失。

（5）遇有糾紛，接受業佃會的仲裁或調停。

　　臺灣在日治初期租約多以口頭約定，直到 1920 年前後，書面契約才逐漸增加，而 1930 年代中期以後業佃會書式契約又逐漸取代其他書式租約與口頭租約。從各類租約的消長，我們發現隨著時間的經過，約定事項越多的契約書越受歡迎；同時跟隨這個趨勢，口頭租約的約定事項也越來越詳盡。

　　日治初期的租佃調查報告，曾簡短描述租約的締結方法，其中與契約種類有關的記載僅提到「佃契約大多以口頭約定，只有容易發生租額或納租方法等糾紛的場合才立契字」。[175] 調查報告書中雖未確切提出各種租約的比例，但也說明了日治初期絕大多數的租約屬於口頭式。

　　1920 年的調查對租約的訂立方法有比較詳盡的描述，也提供了少

---

[175] 臨時臺灣舊慣調查會，《臺灣私法（第一卷上）》（臺北：該會，1911），頁 579。

許的數據。我們按州別把這些數字資料整理於表 2-13，並將文字資料整理於附表 2-2。從表 2-13 可以看到，在 1920 年前夕，各州的口頭租約數依然都超過書面租約；新竹州桃園郡是最少的區域，但也有 60%，除新竹州之外，其他各州口頭租約都占了 80% 以上。

從文後所附的附表 2-2 資料，我們也發現在 1920 年前夕，除了臺北州的羅東郡，新竹州的新竹郡、竹東郡、苗栗郡，以及高雄州的潮州郡等，係以書面租約為主，其他郡市依然普遍流行著口頭租約。不過，以口約為主流的郡市之中，臺北州的臺北市、淡水郡、基隆郡、宜蘭郡、文山郡，臺中州除能高郡及員林郡之外的九個郡市，臺南州的新營郡、北港郡、臺南市等地，都有書面租約逐漸增多的描述。新竹州以及高雄州則有全州書面租約增加的綜合敘述。

各種租約普及程度的明顯消長，發生於 1930 年代以後。業佃會書式契約這種新式租約出現於 1920 年代底，1930 年代初期已開始逐漸普及，繼而於 1930 年代中期變成最受歡迎的一種租約。在 1930 年代前半期陸續完成的臺北州、新竹州、以及臺中州的調查報告有以下兩點關於契約樣式的陳述。第一、租佃改善事業開始以來，採用業佃會書式租約的人漸多。但是除了該事業比較普及的地方外，口頭租約仍然普遍流行。第二、書面租約之所以逐漸普及，一方面由於租佃改善事業的開展以及業佃會的宣傳；另一方面則是由於時代的變遷，促使佃戶自覺、業佃情誼衰退，以及社會大眾重視法律物證。**❿**

不過，在 1930 年代初期，有些地區租佃契約的締結還是以口頭租約為最多。例如，臺中州絕大多數地方，甚至到 1930 年代初期書

---

❿ 臺北州內務部勸業課，《臺北州の小作事情と其の改善施設概要》，頁 19；臺灣總督府殖產局，《臺灣に於ける小作慣行，其の二新竹州管內》，頁 3-5；臺灣總督府殖產局，《臺灣に於ける小作慣行，其の三臺中州管內》，頁 3-5。

表 2-14　業佃會書式契約涵蓋之佃耕地百分比

地區別	1931	1934	1935
臺北州	29.58	42.57	60.22
新竹州	29.22	54.15	69.28
臺中州	16.03	38.06	50.75
臺南州	26.05	75.67	83.12
高雄州	40.28	67.64	71.62
平均	28.23	55.62	67.00

資料來源：臺灣總督府殖產局，《本島小作改善事業成績概要》（臺北：該局，1932），頁 11-12；
　　　　　臺灣總督府殖產局，《本島小作改善事業成績概要》（臺北：該局，1934），頁 12；
　　　　　臺灣總督府殖產局，《本島小作改善事業成績概要》（臺北：該局，1936），頁 12。

面契約涵蓋的耕地面積占佃耕地總面積之比例仍然低於 20%；只有彰化郡福興、北斗郡竹塘、能高郡埔里等地介於 20%-50%；而超過50% 的地方只有大甲郡梧棲及外埔。[17]

　　此外，雖然租佃改善事業於 1927 年開始擴大推行至西部五州，但是一直到 1931 年締結業佃會書式租約涵蓋的耕地占全部佃耕地的比例仍然不高。在西部五州之中，高雄州最高，但也只有 40%，最低的臺中州更是只有 16%，而五州的平均也只有 28%（見表 2-14）。此外，若再深入比較表 2-13 以及表 2-14，各地 1920 年書式租約及1931-35 年業佃會書式契約的比例，可以發現 1920 年高雄州及臺南州書式契約的比例並不高於其他州，但是在 1931 年以後，高雄州以及臺南州業佃會書式租約之比例都超過中北部的三個州。

　　然而，至遲在 1930 年代中期以後，各種租約的比例便發生結構性的改變。根本的變化型態在於業佃會書式契約的快速普及，結果不僅使業佃會書式租約的比例超過其他書式租約，更重要的是口頭契約的比例也降到書面契約之下。首先看締結業佃會書式契約的耕地占西

[17] 臺灣總督府殖產局，《臺灣に於ける小作慣行，其の三臺中州管內》，頁 3。

部各州佃耕地之比例的變化。在 1934 年，新竹、臺南及高雄三州業佃會書式契約的比例都已經超過 50%，次年連臺北州以及臺中州也都突破 50%。因此西部五州的平均值從 1931 年的 28.23%，急速上升至 1934 年的 55.62%，最後又於 1935 年增達 67%（見表 2-14）。

　　相對地，口頭契約的比例則大幅下跌，而其他書式契約更有消失之勢。以高雄州爲例，在 1920 年前夕該州口頭契約的比例高達 82%，其他書式契約（這時尙未出現業佃會書式契約）占了 18%（見表 2-13），但在 1939 年時，口頭租約及其他書式租約卻分別跌落爲 18.59% 以及 6.02%（見附表 2-3）。

　　而在 1930 年代中期以前，當租約多以口頭方式締結之際，書面契約只行之於下列場合：

（1）需訂立長期租約者：例如佃農進行開墾或改良土地、佃農造成茶園、佃農造成果樹園的場合。

（2）地主與佃農互不認識，不知彼此之信用者，或者是彼此之間信用薄弱，需立保證人者。

（3）地主爲特殊的一方：例如爲不在地地主或者是製糖會社或其他會社。

（4）地主有多人者：例如公業地。

（5）涉及的利益相當大時：例如面積相當大的租佃地。❶⁷⁸

　　然而，當 1930 年代中期以後，大多數租約改以書面方式締結之際，某些特定的場合依然流行著口頭契約。根據高雄州、臺東廳、花蓮港廳之調查報告，1930 年代底口頭契約仍然行之於下列的場合：

---

❶⁷⁸臺灣總督府殖產局，《臺灣二於ケ小作問題二關スル資料》，頁 73；臺灣總督府殖產局，《臺灣に於ける小作慣行，其の二新竹州管內》，頁 2-3；臺灣總督府殖產局，《臺灣に於ける小作慣行，其の三臺中州管內》，頁 2；臺北州內務部勸業課，《臺北州の小作事情と其の改善施設概要》，頁 18-19。

（1）業佃之間特別有信用或為親朋好友者。

（2）面積很小的租佃地。

（3）租期只有一、二年者。

（4）地主給予佃農有利的條件。❿

　　從本小節的分析，我們發現日治時代各種租約的消長情況有以下兩個特點。第一、租約結構的變動在 1920 年前夕初露端倪，終而在 1930 年代中期發生根本的改變；結果從口頭契約占絕對優勢的結構演變為業佃會書式契約居絕對優勢之結構。第二、在 1930 年代中期以前，當口頭契約盛行之際，書面契約的存在限於某些特殊的場合。反之，在 1930 年代中期以後，當書面契約盛行之際，口頭契約也仍行之於某些特定的場合。

　　為何租約的種類會有這種轉變？既然日治時代的租佃制度是依賴市場力量而運行的，因此這是地主與佃農自由選擇的結果。而從理論上來看，在相同的外在環境下，各種租約有各自的預期收益以及成本；一旦外在環境改變，各種契約的預期收益以及成本都會受到程度不一的影響。立約者若追求自利，則在訂立契約時，將會考慮外在環境如何，以及在這個環境條件下，何種契約的預期報酬較高。從文後的附錄 2-1，我們得到：當書面契約的訂約成本高於口頭契約時，唯有書面契約防避糾紛與違約的力量夠大，或節省的執行成本夠多，理性的立約人才可能選擇書面契約。

---

❿臺灣總督府殖產局，《臺灣に於ける小作慣行，其の四高雄州管內》，頁 4；臺灣總督府殖產局，《臺灣に於ける小作慣行，其の五臺東廳、花蓮港廳管內》（臺北：該局，1941），頁 3。

（二）租約本身的差異

從附錄 2-1 的租約選擇理論當中，我們推演出各種租約的預期報酬決定於糾紛機率、違約機率、執行成本、訂約成本，以及履約收入之高低。訂約成本的大小則決定於訂約過程的繁簡以及契約關係人的多寡和責任的輕重；而糾紛機率以及執行成本的高低與契約形式的明確度以及內容的詳盡度有關。契約若未對相關事項加以規範，容易引發糾紛或導致違約，因此約定事項愈周詳的契約，愈能避免糾紛。

從上一小節所列之各種租約的約定事項，我們發現四個特點。第一、地租是租佃契約規範的中心事項，不論何種租約必都約定地租的種類、數量與納租方式；而且大多也都進一步約定押租金，以便在某種程度之內保證地租之繳納。第二、書面租約多立有保證人，並要求保證人在契約書上署名蓋章，但是口頭租約不一定設立保證人。第三、業佃會書式租約的使用人可以享用業佃會提供的仲裁調停服務。第四、書面租約與口頭租約的最大差別之一在於有無約定租期。以上這四點說明了，租約樣式的不同會導致訂約過程、租約的關係人、押租金、保證人、仲裁調停服務和租期訂定等的不同。本小節將從訂約過程、租約的關係人、押租金與保證人、仲裁調停服務及租期的訂定等，來討論租約本身的差異如何影響業佃之間契約樣式的選擇。由於上一節已經介紹過當時的仲裁服務，因此對於這一項，以下只簡略介紹。

1. 訂約過程

契約通常歷經成立、解除、續約或終止等過程。租約的成立又有提出（或稱申請）、協商以及締結等主要步驟。契約提出後，一般由地主或佃農的親戚朋友、地方有力人士或仲介業者居中斡旋。若契約另一方評估申請者之信用，決定接受申請，則進入契約條件的磋商階段。

　　契約的提出與條件的決定有習慣上的終止日；在終止日之前，接受申請者必須告知申請者是否要締結租約。若決定締結租約，依各地習慣不同，佃農可能必須繳納訂約金（稱為定頭金），作為契約成立的證據。如果租約的訂立採用口頭約定式，則至此契約便告成立。契約成立以後，佃農可能還必須納押租金給地主。❿倘若採用書約方式，則納付訂約金及押租金之後，還需製作並交換契約書；而且契約的見證人及保證人都需在契約書上署名蓋章，並於契約書交換之際到場作證。

　　在契約期間，若發生違約，契約可能遭致解除的命運；這在日治時代稱為中途解約。⓫在中途解約或期滿解約時，⓬除了必須清算訂約金、押租金及清理耕地以外，若採用書面租約則還需要同時互還契約書。至於租約的續約，日治時代分成明示與默示兩種，⓭明示續約與契約成立一樣，有提出、磋商以及締結三個步驟。默示續約則在續約申請日截止以前，雙方未作解約表示時，續約便自動成立。此外，在默示續約的場合，對於續約以後的契約履行，保證人不再負任何責任。

　　書面契約多採明示續約，故在每次舊約期滿前的一定時間內，地主或佃農需提出續約申請，並協商是否續約。若要續約，無論契約內容有無更動，必須更換或修改契約書，而且包括保證人在內之所有契約關係人都必須參與換約之事。口頭契約多採默示續約，故當契約期滿前，如果地主與佃農都想維持原契約的條件，則雙方都不必做任何

---

❿文獻上稱押租金為磧地金。
⓫地主提出之中途解約稱為起耕、釣佃；佃農提出者稱為辭耕、辭佃。
⓬期滿解約稱為到限、滿限。
⓭日文稱契約之再續為契約更新。

事;但如果契約條件有所更動,需再以口頭協議;又若原來設有保證人,以後保證人不再負保證之責。

從以上訂約的過程,我們可以看到書面租約與口頭租約的訂立、續約與解約的過程繁簡不一。書面租約的訂立必須製作契約書,契約書通常由地主製作。不過,業佃會書式契約則由業佃會統一製作,契約書的製作成本低於其他書式租約。書面租約的續約也要歷經與訂約相同繁複的過程,而在解約之際也需互還契約書。由於業佃雙方都必須參與這些繁複的過程,因此在其他條件相同時,無論對地主或佃農來說,書面租約的訂約成本都高於口頭租約。

2. 租約的關係人

書面租約與口頭租約所牽涉到之關係人的人數與責任也互異。日治時代契約的關係人除了地主與佃農之外,往往還有斡旋者、見證人、保證人等。斡旋者又稱為「中人」,[184] 在契約成立以前,傳達或探求地主與佃農建立租佃關係的意願。契約的在場見證人稱為「立會人」,當有爭議時,立會人需出面證明契約的存在,有時也必須負起調停之責,但是並不對契約的內容或地租繳納負任何責任。[185] 中人與立會人乃是業佃的親朋好友,契約的締結需由何方的親朋居中斡旋與見證,視契約由何方提出而定。租約的訂立一般多由佃農提出,不過當米價、茶價大幅跌落,或非農部門(例如礦業)需求勞力殷盛之際,或是當租佃地的水利不佳或地處河畔的情況,則由地主提出。

保證人又稱為保認人、保認耕人、擔耕人、認耕人。[186] 保證人的

---

[184] 中人負斡旋之責,故又稱為仲人、過口、過嘴、答應,請參考臺北州內務部勸業課,《臺北州の小作事情と其の改善施設概要》,頁 67。

[185] 臺北州內務部勸業課,《臺北州の小作事情と其の改善施設概要》,頁 67。

[186] 臨時臺灣舊慣調查會,《契字及書簡文類集》(臺北:該會,1916),頁 21;臺灣

主要工作是保證佃農納付地租，因此倘若佃農欠租時，需催繳地租；若最後佃農仍然無法納足地租時，需負起連帶支付的責任。因此契約中常記有「如有拖欠者，就保認人賠補足額」或「如有少缺升合等情，向擔保人賠補足額」。[187]

　　保證人的責任如此之重，故有「一生不爲保，一生不爲仲，一生無煩悶」的諺語，[188]因此一般人不太願意出面擔任保證人。通常都只有佃農的親戚朋友，才願意擔當此一重責，並且需要能夠獲得地主信任者，方才有資格充當此一任務。[189]

　　在這些非業佃關係人中，以保證人的責任最大，斡旋者和立會人的責任較輕。絕大部分的書面契約都立有保證人，口頭契約設保證人的場合較少，而且口頭契約的保證人並不負履行債務的責任。[190] 1930年臺北州的調查報告便提到「在書面契約的場合地主要求設保證人，但由於難以覓得保證人，因此有時佃農雖欲立書面租約，但卻不得不選擇口頭契約。」[191]這句話說明了保證人責任重，往往不易覓得，也同時告訴我們書面契約多設有保證人，口頭契約少設保證人。[192]不

總督府殖產局，《各州小作慣行調查》，頁 83-96、101-115、129-133、266-277、326-338。

[187] 臨時臺灣舊慣調查會，《臺灣私法（第一卷上）》，頁 180。
[188] 臨時臺灣舊慣調查會，《臺灣私法（第一卷上）》，頁 180。
[189] 臺灣總督府殖產局，《臺灣に於ける小作問題に關する資料》，頁 75；臺灣總督府殖產局，《臺灣に於ける小作慣行，其の二新竹州管內》，頁 67-68；1935a，頁 65-66；1941a，頁 58-59；臺北州內務部勸業課，《臺北州の小作事情と其の改善施設概要》，頁 68-69。
[190] 臺灣總督府殖產局，《臺灣ニ於ケ小作問題ニ關スル資料》，頁 73。
[191] 臺北州內務部勸業課，《臺北州の小作事情と其の改善施設概要》，頁 69。
[192] 口頭契約立保證人的場合只限於少數地方，包括：臺北州淡水郡三芝，海山郡板橋（臺北州內務部勸業課，《臺北州の小作事情と其の改善施設概要》，頁 68）；新竹州新竹郡紅毛、湖口，中壢郡新屋（臺灣總督府殖產局，《臺灣に於ける小作慣行，其の二新竹州管內》，頁 65）；臺中州大屯郡北屯，豐原郡潭子，大甲

過，如以下所將敘述的，一直到 1930 年代以後的調查報告才提到，雖然地租超過押租金，但是佃農所積欠的地租額通常少於押租金，故保證人雖仍需負催租之責，但實際代替佃農繳租之事並不多。

租佃關係的成立往往都需要中人的介紹與斡旋，故無論書面或口頭租約通常都有中人涉入。至於見證人設立與否視地方習慣與契約種類而定，口頭租約設見證人的情況，在臺北州相當普遍，其他州則不一定。而在書面租約之中，業佃會書式契約必以市街庄業佃會會長為見證人，其他書式契約則未必設見證人。因此業佃會書式契約的使用者，不需要付出見證人的尋找成本；反之，設有見證人之其他種類租約的使用者，則需要付出此一代價。

以上的描述說明書面租約的關係人較口頭租約多，其關係人的責任也較口頭租約吃重，而業佃可能都必須尋找部分的關係人。因此，若採書面租約，雙方需花費較多時間成本於關係人的尋找上。關係人之中既然以保證人的責任為最重，故相對於地主來說，佃農花費於書面租約關係人之尋找時間更多於口頭租約。雖然缺乏數據，我們無法確切求出各種租約之訂約成本，但是從各類租約關係人之多少、責任之輕重，以及立約過程之繁簡來看，我們可以判斷無論對地主或佃農來說，書面租約的訂約成本都高於口頭租約。

租約的締結若採書面式則需要訂立契約書，而若採口頭式則無須簽訂契約書，所以書面租約有契約書為憑據，形式上比口頭租約要明

郡梧棲、大甲、大肚，彰化郡鹿港、和美、花壇，員林郡員林，北斗郡北斗，南投郡草屯，竹山郡鹿谷（臺灣總督府殖產局，《臺灣に於ける小作慣行，其の三臺中州管內》，頁 65）；高雄州屏東郡長埔、九塊，潮州郡萬巒、內埔（臺灣總督府殖產局，《臺灣に於ける小作慣行，其の四高雄州管內》，頁 58）。而臺東廳及花蓮港廳口頭契約皆不立保證人（臺灣總督府殖產局，《臺灣に於ける小作慣行，其の五臺東廳、花蓮港廳管內》，頁 32）。

確。口頭租約乃是地主與佃農以人言爲信的方式，將契約條件作口頭上的約定，並無明確的形式以記錄契約的條件。反之，書面租約則以固定的形式，將約定事項行諸文字。形式明確的租約，比較能夠避免糾紛，並降低執行成本。糾紛有時源自於契約雙方對是否及如何約定某一事項的認知不同，値此之際，若有明確的租約，則業佃雙方互相比對租約之後，糾紛便可能平息。若無契約書則可能必須勞駕立會人出面裁斷，糾紛方得以止息。因此在其他條件相同的情況下，書面租約的糾紛機率、違約機率及執行成本都低於口頭租約。

3. 押租金與保證人

日治時代租佃制度的保證措施有押租金與保證人兩種，主要的功能皆在於確保佃農納足地租。押租金是訂立租約時，佃農交給地主的地租保證金。當佃農積欠地租時，地主在解約之際，得以從押租金扣留欠租額，餘下的再還給佃農。押租金的收授與否通常決定於納租的方式以及地域的差別。納租的方式有耕作開始之前預先繳納的前納式，以及耕種途中或收穫後再繳納的後納式。在前納式的場合，自然沒有授受押租金的必要。水田租約多行後納，因此大多需要給付押租金；旱田、茶園以及果樹園租約則前納與後納均有，故只在後納的情況下才收授押租金。

從地域來看，押租金的收授在中、北部相當普遍，但在南部卻不太流行。在中、北部的水田租約中不收授押租金的場合只限於新開墾田、業佃有親戚關係，以及力耕但卻貧窮的佃農。[193]反之，在高雄州

---

[193]臺北州內務部勸業課，《臺北州の小作事情と其の改善施設概要》，頁71；臺灣總督府殖產局，《臺灣に於ける小作慣行，其の二新竹州管內》，頁72；臺灣總督府殖產局，《臺灣に於ける小作慣行，其の三臺中州管內》，頁70。

收授押租金的地方及場合只限於岡山郡阿蓮、旗山郡旗山、美濃；屏東郡長興、鹽埔、高樹；恆春郡恆春地區的少數水、旱田租約，以及岡山郡楠梓、湖內；旗山郡六龜、山林、甲仙、內門；東港郡萬丹；潮州郡萬巒、內埔、竹田；恆春郡車城、滿州的少數水田租約。❿

　　根據 1927 年及 1937 年的耕地借貸調查，各州收授押租金之水田佃耕地的個數占全部調查水田佃耕地個數之比率，依次是臺北州的 88.98% 與 92.77%、新竹州的 95.05% 與 97.21%、臺中州的 32.58% 與 48.48%、臺南州的 0% 與 2.09%，以及高雄州的 0% 與 2.15%。❿ 這些數字不只顯示押租金的收授與否與地方的習慣有關；也說明無論在那一州，1937 年押租金的收授都比 1927 年普遍。

　　雖然押租金的設立在於保證地租之納付，但是押租金的數額通常少於地租。根據 1931 年臺北州的調查報告水田納穀租，相對於穀租一石，所需納付的押租金介於 1 圓至 3 圓之間。❿ 而在 1930 年全臺農家平均出售一石蓬萊種與在來種米穀，可得 9.73 圓及 7.51 圓。❿ 旱田納現金地租，而押租金為一年地租的 20% 至 50% 之間。

　　押租金低於地租，故在某些情況之下，為確保佃農納足地租，又再設有保證人這另外一層的保證措施。保證人的主要工作有三部分，即：（1）保證佃農支付地租，（2）當佃農欠租時需催租，（3）若佃農無法納足地租時，需負起連帶支付的責任。保證人的責任既然如此吃重，通常都是佃農的親戚朋友，才願意擔當此一重責，並且必須能

---

❿ 臺灣總督府殖產局，《臺灣に於ける小作慣行，其の四高雄州管內》，頁 60。
❿ 臺灣總督府殖產局，《耕地賃貸經濟調查其ノ一》，頁 77-93；臺灣總督府殖產局，《耕地賃貸經濟調查》，頁 33-51。
❿ 臺北州內務部勸業課，《臺北州の小作事情と其の改善施設概要》，頁 72-73。
❿ 該年蓬萊米及在來米穀產量是 3,258,233.1 石及 7,821,766.4 石，總產值則為 31,703,239 圓與 58,745,370 圓，以上數字參見臺灣省行政長官公署，《臺灣省五十一年來統計提要》，頁 544，547。

夠獲得地主信任者，方才有資格承擔此一任務。書面租約大多設有保
證人，因此當其他條件相同之下，訂立書面租約比較能夠確保地主獲
得足額的地租收入。

　　不過，1930 年代的調查報告卻都提到「地租積欠額大都並不超過
押租金，因此幾乎沒有保證人代償之事例」。[198] 高雄州不只收授押租
金的事例很少，該州 1939 年的調查報告也提到「各地方都少有保證
人代佃戶支付地租之事」。[199] 從此，可以推測佃農不納租之事例應該
很少。

　　既然如此，為何還要設立保證人？臺北州的調查報告解釋道「立
保證人的實益在於佃農有鑑於立保證人之麻煩，因而比較不會拖欠地
租；另一方面在有欠租的場合，由於設有保證人，地主比較會採行寬
厚的處理辦法。」通常在立約雙方信用薄弱、押租金少、佃農為新
人、或業佃非同街庄人的場合下，都設有保證人。[200] 契約當事人若信
用不足或不確定之際，締結契約時對方可能同時要求訂立書面租約並
設立保證人，而且為使保證人確實負起責任，也要求保證人在契約書
上署名蓋章。因此在第二節之（一）租約的規範事項之中，我們看到
書面租約幾乎都立保證人，而口頭租約較少立保證人。總之，保證人
既然有益於契約之履行以及糾紛之避免，而書面租約較口頭租約多立
有保證人，故書面租約的保證力量超過口頭租約。

---

[198] 臺北州內務部勸業課，《臺北州の小作事情と其の改善施設概要》，頁 68；臺灣
總督府殖產局，《臺灣に於ける小作慣行，其の二新竹州管內》，頁 68；臺灣總
督府殖產局，《臺灣に於ける小作慣行，其の三臺中州管內》，頁 66。
[199] 臺灣總督府殖產局，《臺灣に於ける小作慣行，其の四高雄州管內》，頁 59。
[200] 臺灣總督府殖產局，《臺灣ニ於ケ小作問題ニ關スル資料》，頁 75。

4. 仲裁調停服務

業佃之間除了地租的問題之外，還會遇到許多雙方都無法解決的糾紛，因此需要一個第三者出面調停仲裁。如果調停仲裁者能有效率地解決問題，則業佃雙方的糾紛便容易平息；契約的執行成本比較低，契約也容易被履行。日治時代的各種契約中，只有業佃會書式契約明白規定「遇有糾紛，由業佃改善團體仲裁或調停」。凡業佃會的會員締結租約須採用業佃會書式契約，日後有租佃糾紛概由業佃改善團體出面調停。

上一節的分析已指出，業佃會對租佃糾紛的調節有一定的程序，而調節委員會的成員都具有租佃方面的專業知識。專業的人員以及一定的調停程序，使業佃會得以發揮有效的調停。更重要的是業佃會具有相當的強制執行的力量，這個力量的來源，在於不服從最終調停委員會的調停結果者，業佃會開除其會員資格，並且禁止其他會員再與之締結租佃契約。容易接觸、有效率的調停與強大的制裁力量，使業佃會得以提供有效率的租佃糾紛調停服務。因此，在其他條件相同之下，業佃會書式契約的違約機率以及執行成本低於其他種類的契約。

5. 租期的訂定

書面租約與口頭租約的另一項重大差別在於是否約定租期。書面租約必訂明租期，故都屬於定期租約；口頭租約未必言明租期，故有定期口頭租約與不定期口頭租約之分。臺灣舊慣上，定期租約之租期以3年或5年爲最普遍。其他書式與定期口頭租約之租期以3年或5年爲最多，但是1930年代中期以後盛行之業佃會書式契約，則將租期延長爲至少5年或6年。

不定期租約理論上在一年後或甚至一期作物收割以後便得以終止契約。然而1930年代陸續完成之臺北州、新竹州、臺中州及高雄州

的調查報告卻發現許多地方之租約雖未定租期，但習慣上卻遵循著「一任」、「一限」、「一佃」的租期。在這個租期之內，通常不變更租佃的條件，繼續履行租約。❷ 另有一些地方即使無「一任」、「一限」、「一佃」的租期，習慣上也須訂約一年後才得以解約。是故，不定期租約雖未約定租期，但習慣上也有一佃或一年的租期。

　　在其他條件相同的情況下，定期租約比較不易遭到任意的解約。根據 1930 年代陸續完成之各州調查報告所述，除非在特殊場合，定期租約很少發生中途解約之事。而不定期租約則比定期租約容易遭到任意解約或變更契約條件的命運。殖產局 1930 年編成的報告書❷ 便有「未定期間之租約經過一年以後得以隨時解約，但一期以後便解約之事也有。」❷

　　口頭租約即使訂有租期，但是可能還是比書面租約容易遭到中途解約。相關文獻便指出在出現其他較有利的佃農或佃農有損害地主之言語行爲時，地主可能提出解約。這些情況習慣上雖不被認可，但口頭租約的場合卻有此等事例發生。❷

　　綜合以上的分析，我們發現書面租約具有明確的契約形式、確切的租期以及保證人；口頭租約無明確的契約形式，而且多數爲不定期

---

❷ 臺北州內務部勸業課，《臺北州の小作事情と其の改善施設概要》，頁 31；臺灣總督府殖產局，《臺灣に於ける小作慣行，其の二新竹州管內》，頁 20；臺灣總督府殖產局，《臺灣に於ける小作慣行，其の三臺中州管內》，頁 19-20；臺灣總督府殖產局，《臺灣に於ける小作慣行，其の四高雄州管內》，頁 19-20。

❷ 臺灣總督府殖產局，《臺灣ニ於ケ小作問題ニ關スル資料》，頁 76-77。

❷ 應該是指稻作一期，因此大約爲期半年。

❷ 臺北州內務部勸業課，《臺北州の小作事情と其の改善施設概要》，頁 29-31；臺灣總督府殖產局，《臺灣に於ける小作慣行，其の二新竹州管內》，頁 17-19；臺灣總督府殖產局，《臺灣に於ける小作慣行，其の三臺中州管內》，頁 17-19；臺灣總督府殖產局，《臺灣に於ける小作慣行，其の四高雄州管內》，頁 17-19；臺灣總督府殖產局，《臺灣に於ける小作慣行，其の五臺東廳、花蓮港廳管內》，頁 10-11。

租約,又多不設保證人。然而書面契約的訂約過程較煩瑣,關係人較多,而且關係人的責任較重,因此書面租約的訂約成本高於口頭契約。在外在環境相同的情況下,平均來說書面租約的糾紛機率、違約機率以及執行成本都比口頭租約低。而在書面租約之中,業佃會書式租約為其使用者提供了低成本、有效且制裁力強的仲裁服務,因而違約機率和執行成本比其他書面租約都要低。

(三)1920年代底以前為何流行口頭租約

影響租約選擇之外在環境因素,包括租佃糾紛、業佃土地性質以及仲裁制度。租佃糾紛越少的年代,只有在涉及的租佃地屬於租期長,業佃互信程度低,業佃非直接建立關係,或業佃人數多的情況下,立約者之間才比較容易引發糾紛。涉及的土地面積愈大,則履約的收入愈大;一旦糾紛發生後,任何一方可能蒙受的損失自然也較大。在一個租佃糾紛比較少的時代,唯有涉及以上諸種關係的租佃地,立約人才會預期較多的糾紛或較大的損失,因此書面租約的預期報酬可能才會高於口頭租約。本小節討論臺灣該類租約之多寡,以便說明何以1920年代底以前流行口頭租約。

當租期愈長,立約者的任何一方在契約期間中,容易發生事故,也容易造成契約當事人之間對租期認定的差異。日治時代佃耕地租期的長短與地上適種的作物以及土地開墾的程度有關。耕地適種的作物若屬於普通作物,或土地屬於已開發的熟地,則如果訂立的是書面租約,則在1920年代底以前租期通常為3至5年。倘若適種的作物屬於茶樹或果樹,而且由佃農負責種植,或土地為新開墾地,則租期較長,通常都在10年或20年以上。因此租約所涉及的土地若是造成茶園、造成果園、或是新開墾地,則因為訂立的租期相當長,故而比較

容易滋生糾紛。㉝

　　業佃之間愈無法信賴，或地主人數愈多時，預期糾紛也比較多。地主若不在本地居住，或出租人與承租人任何一方爲會社者，則地主與佃農之間可能無法充分認識，因此彼此之間也就比較無法信賴。土地的出租若非由地主直接與佃農交涉，而是間接透過地主所雇用的管理人，也比較容易發生糾紛。日治時代的公業地以及少數大地主都雇有管理人，由管理人依地主之名義及意志，與佃農訂約。㉞公業地不只因爲多由管理人經手租佃業務，而且也由於它是多人共同所有，因而容易引發糾紛。

　　日治時代長期作物的耕地占總作物面積，或新開墾地占總耕地面積的比例並不多。例如在 1920 年代，茶樹及果樹栽種面積合計，只占總作物栽培面積之 2.33%，㉟而新開墾地大約也只占總耕地面積之 1.56%。㉠茶園、果園以及新墾地占作物面積或耕地面積之比例如此之低，而造成茶園與造成果園又只是茶園與果園的一部分，因此在全部租約之中，造成茶園、造成果園以及新開墾地所涵蓋之租約比例自然更低。㉡

㉝ 所謂造成茶園及造成果園，是指茶園的茶樹或果園中的果樹由佃農自行栽種，而如果茶樹及果樹由地主栽種，佃農租土地，也租茶樹及果樹，則稱爲既成茶園及既成果園。

㉞ 臺灣總督府殖產局，《臺灣に於ける小作慣行，其の二新竹州管內》，頁 83；臺灣總督府殖產局，《臺灣に於ける小作慣行，其の三臺中州管內》，頁 80-81；臺北州內務部勸業課，《臺北州の小作事情と其の改善施設概要》，頁 79-80。

㉟ 以上數字從臺灣省行政長官公署，《臺灣省五十一年來統計提要》，頁 542-577 之各種作物栽培面積求出。

㉠ 由於沒有各年新墾地之資料，故假設每年流失或荒蕪之耕地不多，從隔年耕地面積的變動額求出正文中的數字。耕地面積引自臺灣省行政長官公署，《臺灣省五十一年來統計提要》，頁 516。

㉡ 我們沒有租佃茶園、果園、新墾地的資料，故以總耕地或作物面積之中，茶園、果園、與新墾地面積的比例，作爲近似的論據。

　　臺灣公業地的耕地面積也不大，例如在 1939 年其占總耕地面積或總租佃地面積之比例，分別只有 2.45% 及 3.29%。[210] 有些公業地以及少數的大地主都雇有稱爲佃頭或二手頭家的管理人，由管理人依地主之名義及意志，與佃農訂約。[211]

　　但是雇有專人管理的租佃地事實上不多，一般佃農都直接與地主締結契約。在臺中州 1924 年進行的租佃調查中，在 15,406 戶受調查佃農裡，有 12,717 戶係直接與地主締約，只有 1,159 戶（占 7.5%）與管理人立約。[212]

　　業佃若有一方屬於會社，或是雙方住地距離遙遠者，彼此認識不深，無法相互信賴，因而也必須締結書面契約。此外，會社爲企業組織，講求的是法律物證，而有些不在地地主利用管理人處理土地租佃事宜，故通常都要求明確形式的契約。不在地地主以及會社所有之耕地究竟有多少涉及租佃關係，難以確切估計。不過，1932 年臺北州的不在地地主之比例爲 9.78% 左右；而在 1932 年製糖會社的土地中有 36,593 甲涉及租佃關係（即承租或出租），占當年臺灣租佃耕地的 8.98%。[213]

　　臺灣的大地主不多。1932 年的耕地分配調查顯示，不從事及從事

[210] 這些數字從臺灣總督府殖產局，《耕地所有竝經營狀況調查》（臺北：該局，1941），頁 5-7 所列之相關資料求得。在日治時代進行的三次土地調查中，只有這一次的調查報告提供了公業地的資料。

[211] 臺灣總督府殖產局，《臺灣に於ける小作慣行，其の二新竹州管內》，頁 83；臺灣總督府殖產局，《臺灣に於ける小作慣行，其の三臺中州管內》，頁 80-81；臺北州內務部勸業課，《臺北州の小作事情と其の改善施設概要》，頁 79-80。

[212] 臺中州內務部勸業課，《農政資料第一輯：小作料、小作期間並ニ小作權ニ於スル調查》（臺中：該課，1925），頁 43。

[213] 1932 年 4 月 1 日臺灣全部的佃耕地有 417,825 甲，參見臺灣總督府殖產局，《耕地分配竝ニ經營調查》，頁 2。而製糖會社承租地及出租地則參見臺灣總督府殖產局，《臺灣糖業統計（昭和八年版）》，頁 70-71 中所列的數字求出。

於耕作的地主之中，擁地 5 甲以下者分別高達 89.32% 以及 88.93%；反之，擁地 50 甲以上的大地主分別只占了 0.53% 及 0.13%。[214] 由於土地分配不平均，故這些爲數很少的大地主卻擁有不少土地。以同年的臺北州爲例，擁地 50 甲以上的家戶只占 0.22%，但其所有地卻占了 19.40%。[215]

　　不過，當地主（包括會社）擁有廣大土地或爲不在地地主，爲省去租約訂立、佃耕地巡視、或地租收取等工作上的麻煩，通常將田地租給二手頭家的包租人，包租人與地主之間多訂書面租約。包租人則再將土地分割，零細租給佃農，而與佃農之間訂的多是口頭租約。[216] 因此一塊大佃耕地出現的書面租約只有一則，但是衍生出來的口頭租約卻不少。綜合以上的零散資料，我們推論地主屬於不在地者、會社或大土地擁有者，需要訂定書式租約的比例應該不高。此外，很多不在地地主、會社以及大地主彼此之間互有交集，因此具有任何這些身分的地主，其所訂契約占租約總數的比率就更低了。[217]

　　事實上，日治時代多數的佃農與地主多居住於同一或鄰近的村落；絕大多數土地種植的又是生長期較短的普通作物；而且租佃關係多發生於小地主與小佃農之間。表 2-15 列了 1925-27 年以及 1930-31 年，以稻爲主作之佃耕農場規模分布。擁有農場面積等於或小於 5 甲

---

[214] 臺灣總督府殖產局，《耕地分配竝ニ經營調查》，頁 3。

[215] 臺北州內務部勸業課，《臺北州の小作事情と其の改善施設概要》，頁 12-13。

[216] 臺灣總督府殖產局，《臺灣に於ける小作慣行，其の二新竹州管內》，頁 25-29、82-83；臺灣總督府殖產局，《臺灣に於ける小作慣行，其の三臺中州管內》，頁 24-29、79-80；臺北州內務部勸業課，《臺北州の小作事情と其の改善施設概要》，頁 36-38、78-79。

[217] 關於會社擁地面積之大小可以參考張炎憲，淺田喬二著，〈在臺日本人大地主階級の存在結構〉，《臺灣風物》31：4（1981），頁 51-94 以及羅明哲，〈臺灣土地所有權變遷之研究〉，《臺灣銀行季刊》28.1（1977），頁 245-276 等文之介紹。

表 2-15 佃農經營之各種規模農場百分比

農場規模	1925–27	1930–31
小於等於 5 甲	70.59%	69.23%
5 至 7 甲	15.88%	17.09%
7 至 10 甲	8.82%	8.55%
10 甲以上	4.71%	5.13%
農場總數	170	89

資料來源：臺灣總督府殖產局，《主要農作物經濟調查 其ノ一水稻》，頁 2-3；臺灣總督府殖產局，《主要農作物經濟調查 其ノ三水稻》，頁 2-3；臺灣總督府殖產局，《主要農作物經濟調查 其ノ六水稻》，頁 2-3；臺灣總督府殖產局，《主要農作物經濟調查 其ノ九水稻》，頁 4-5；臺灣總督府殖產局，《米生產費調查其ノ一》，頁 17-19；臺灣總督府殖產局，《米生產費調查其ノ二》，頁 12-13。

者占了 70% 左右，而等於或小於 7 甲者則高達 86%。佃農所經營的農場可能有一部分是自己所有，因此承租的農場面積可能更小。以 1931-32 年總督府所調查的 17 戶佃農來看，其中有 14 戶租佃地的面積小於 3 甲，而其餘 3 戶的租佃地也只有 5 甲左右而已。[218] 可見多數租約所涉及的租期不長，業佃互相熟識，租佃地面積不大。綜合以上的資料，我們發現日治時代涉及之業佃土地容易引發糾紛或招致巨大損失的租約並不多。

在 1930 年代初期以前，當租佃糾紛較少時，諸如新開墾地、造成茶園、造成果園、公業地、不在地地主、出承租者任何一方為會社等這些容易引發糾紛的特殊租約不多。多數租約所涉及的租期不長、業佃互相熟識、而且租佃地面積不大，因此在 1920 年代底以前，當業佃預期糾紛不多時，租約的締結便多採口頭約定方式。而且對於這些一般性租佃關係之權利義務的規範，社會上已經存有一套相當完整的租佃習慣可資依循。[219] 當租約的締結仍多發生於熟識者之際，業佃

[218] 臺灣總督府殖產局，《農家經濟調查其の一》，頁 116。
[219] 葉淑貞，〈臺灣日治時代租佃制度的運行〉，《臺灣史研究》2：2（1995），頁

多會遵循這些租佃習慣，因此口頭租約所約定的內容或事項也不需要太多。

　　即使在糾紛容易發生的時代，當租約所涉及的租期很短，或業佃關係特別好，則租佃糾紛可能依然不易發生，因此租約的當事人仍然預期這些場合的糾紛不多。同時，如果租佃地的面積很小，雖然書面租約引發糾紛的機率低於口頭租約，但是其預期報酬未必較大。因此，如果立約者的契約選擇行為是理性的，則即使在租佃糾紛迭起的時代，處於這些情況的業佃仍然可能會選擇口頭租約。而前面第二節之（一）所論述之 1930 年代末期的實際狀況也確實如此。

（四）1930 年代初以後為何會流行業佃會書面租約

　　上一小節所提的特殊租佃關係，在臺灣的租佃契約所占的比率不高。臺灣租佃關係以特殊業佃關係以外的一般租佃關係為多。當租佃糾紛或違約事件增多時，連一般性的租佃關係可能也變得容易發生糾紛或違約。因此，即使一般性的租約也需要書面租約，才得以防避糾紛，或當糾紛發生時才可以降低執行成本。

　　而在 1930 年代初期以來，例如 1930 年代臺北州、新竹州以及臺中州的調查報告都指出，業佃所處的外在環境發生轉變。例如，在出現比較有利的佃農或佃農有損害地主之言行時，地主便可能提出中途解約。這些情況事實上不為習慣所認可，因而過去也不常發生，但是1930 年代在口頭租約的場合，卻有此等事例發生。此外，在 1930 年代，業佃也開始逐漸不遵守習慣租期。例如，1930 年代臺北州以及新竹州的調查報告便指出，有些地方的不定期租約原本遵循一佃的習慣（租期只有 3-5 年的一般性租佃關係），但此時固守舊慣的價值逐

103-111。

漸薄弱，故實際上已漸漸不守一佃租期的習慣。❷❷臺北州的調查甚且明白指出這些地方，即：七星郡松山，宜蘭郡礁溪，淡水郡石門，基隆郡萬里、金山，羅東郡五結，蘇澳郡蘇澳以及海山郡三峽等地。

經過一段時間之後，這種環境的轉變自然會影響業佃對糾紛多寡的預期。當業佃開始預期一般租佃關係的糾紛也將迭起時，連一般性租佃關係，書面租約防避糾紛的力量也可能超過口頭租約甚多，因而所能獲得的預期報酬可能也就超過口頭租約，乃有越來越多的一般性租佃關係轉而改締書面租約。這就是前面第一節之（三）所提到 1930 年代上半期各州的租佃慣行調查都論及，隨著社會發展，開始重視法律物證，書式契約乃有漸次增加的傾向。而前面第二節之（一）的討論指出，1930 年代初期以來，當書面租約的勢力凌駕口頭租約之際，業佃會書式契約廣受歡迎，但是其他書式租約卻漸有消失之勢。上一小節既然已經比較了口頭租約與其他書式租約，接著要討論的問題是 1930 年代以後盛行的為何是業佃會書式租約，而非其他書式租約。

既然在 1930 年代初期以來，人們大都預期租佃糾紛會增加，因此如何防避糾紛，就成為選擇租約樣式首要考慮了。在這種外在環境的轉變之下，能夠提供有效率仲裁服務的租約，就成為吸引業佃的主要因素。而因為業佃會有效率的仲裁服務吸引越來越多的人，逐漸取代了過去受歡迎的仲裁制度。業佃會調停服務的廣受歡迎，促成了業佃會書式租約的盛行。

業佃會的會員才得以享有業佃會的調停服務，而會員又必須採用業佃會書式租約，因此當業佃會的仲裁調停服務受歡迎時，業佃會書式租約也同時普及起來。至於是否加入業佃會，則係出自個人的自由

---

❷❷臺北州內務部勸業課，《臺北州の小作事情と其の改善施設概要》，頁 42；臺灣總督府殖產局，《臺灣に於ける小作慣行，其の二新竹州管內》，頁 33。

意志。如第一章所指，雖然在每一業佃改善團體成立的前 3 年，每年總督府都給予 1,200 圓的補助，但是政府並未強迫或規定設立，而是由民間自由創立。業佃會既不屬於官方團體，也不受法律的約束。[221]

　　有些業佃會在成立之初，由於缺乏經驗，且經費不足，乃接受總督府配置的專任職員。總督府是否透過這些職員，對業佃會進行干預，我們不得而知。但是這些職員的任務在於幫助業佃會，推動包括租佃改善事業在內的各類工作，而業佃會的工作之一雖然在於推動業佃會書式租約，但是所採行的手段乃是鼓勵式的，而非強迫式的。[222]因此業佃會書式租約的流行，是個人基於交易成本的考慮，所作出來的選擇結果，而不是政府強制規定的結果。

　　相對地，其他書面租約既然無法提供廉價且有效率的仲裁服務，其執行成本自然高於業佃會的書式租約，而其他書面租約的訂約過程較繁瑣，且租約所涉及的人較多，責任較重，其訂約成本又高過於口頭租約。因此在糾紛較頻繁的時代，其他書面租約變得最不受歡迎。這應該就是 1930 年代初期以來，其他書面租約變得比口頭租約還沒落的原因，也是業佃會書式租約為何會成為主流的原因。

（五）結語

　　從本節的分析，我們發現日治時代租約樣式的選擇，在 1930 年代初以後發生轉變，以口頭租約為主的時代，逐漸轉變成為以書面租約為主的時代；而書面租約當中又以業佃會的書面租約最受到青睞。1920 年代底以前之所以流行口頭租約，乃是因為此時業佃糾紛不多，業佃預期未來的租佃糾紛也不多，這時只有容易引發租佃糾紛或是涉

---

[221] 茂野信一及林朝卿，《臺灣の小作問題》，頁 131。
[222] 臺灣總督府殖產局，《臺灣ニ於ケ小作問題ニ關スル資料》，頁 163-165。

及較大利益的租佃地之特殊租約才會選取書面租約，而臺灣這一類的租約不多，因此業佃乃多選取口頭租約，以節省訂約成本。

1920 年代底以後，由於糾紛或違約事件增多。當這種環境的轉變持續相當時日之後，業佃預期一般性租佃關係的糾紛也將增多。值此之際，連涉及一般性租佃關係之業佃，爲了要防止契約被違約，更爲了要迫使違約的一方履行義務，乃轉而選取書面租約，這是因爲採用書面租約所能獲得的淨預期報酬超過口頭租約。不過，即使在糾紛容易發生的時代，當租約所涉及的租期很短，或業佃關係特別好，則租佃糾紛依然不易發生；同時如果租佃地的面積很小，則雖然書面租約的糾紛機率或違約機率都低於口頭租約，但是其預期報酬未必較大，因此在這些場合之下，業佃仍然選擇口頭租約。

當租約的締結轉而以書式爲盛的 1930 年代，所流行的卻多是業佃會書式租約，而不是其他書式租約。這是因爲當 1930 年代糾紛增多之際，業佃會書式租約爲其使用者提供了有效率的調停仲裁服務，其他種類租約的採用者卻缺乏效率相當的仲裁調停制度可以使用，兩種書式租約的違約機率與執行成本的差距因而擴大。在業佃會的調停仲裁制度廣受歡迎的情況下，由於業佃會的會員才得以享受業佃會的調停服務，而其會員又必須採用業佃會書式租約締結契約，因此當業佃會的仲裁調停服務受歡迎時，業佃會書式租約也同時普及起來。

以上的分析不只說明了，當外在環境轉變之時，租佃制度也能隨之而調整，且調整的方向符合效率的原則；也證實了 Fu-mei Chang Chen 及 Ramon H. Myers 的研究所指的，傳統中國的租佃關係，由於有鄉規俗例的規範，因而減少了許多不必要的訴訟糾紛。⑳ 正因爲有

---

⑳ Chen, Fu-mei Chang and Ramon H. Myers, "Customary Law and the Economic Growth of China During the Ch'ing Period," *Ch'ing-shih-wen-t'i*3（1978）, pp.4-27。

鄉規俗例這些租佃習慣的規範，使得在糾紛較少的時代裡，口頭租約便足以規範業佃之間的權利與義務；而在糾紛頻仍的時代，不只需要契約，更需要明文的租約，也需要有執行力強大的仲裁機關。在1920年代下半葉，租佃糾紛較多的時代，業佃會的出現不只提供了有效率的仲裁服務，也提供了方便使用的書面租約，適時遏止了租佃糾紛的擴大，這是日治時代租佃制度運行良好的原因之一。

三、租期長短的決定

　　從第一章的分析中我們得知不少日治時代的學者，都紛紛指出當時租期太短或租期不定，以致於佃農無法安心耕作，以便施以適當的肥料，以維持地力，因而造成土地的虐使。而戰後的文獻也有主張日治時代租期過短的，例如王益滔在1952年時曾提出日治時代耕地的租約多以口頭約定，而且約定租期過短，或根本不約定租期，以致於租期不定。[224] 接著，陳誠也提到日治時代「租期不定，……，地主可以任意加租撤佃，遂使佃農生活不唯異常痛苦，抑且毫無保障。」[225] 張怡敏也曾經引用日治時代的文獻，指出當時的租佃制度存在租期短，以致於佃農無法安心耕作，無法充分施肥，農業經營乃趨向於掠奪粗放式的經營，不施行土地的改良，致使永久設施不足。[226]

　　然而如同上一節所提到的，日治時代1930年代初期以來，因為業佃會書面租約的流行，租期已經延長為至少5至6年了，因此租期過短似乎不是日治時代一直以來的現象，應該只是1920年代下半期

---

[224] 王益滔，〈臺灣之租佃問題及其對策〉；王益滔，〈論臺灣之佃權與三七五減租條例〉，《財政經濟月刊》2：7（1952），頁27-33。

[225] 陳誠，《台灣土地改革紀要》，（臺北：中華書局股份有限公司，1961），頁9。

[226] 張怡敏，《日治時代臺灣地主資本累積之研究──以霧峰林澄堂系為個案》（臺北：國立政治大學地政學系博士論文，2001），頁36。

以前的現象。如果租期過短只是 1920 年代末期以前的現象，那麼是什麼因素促成了租期的延長呢？這種調整是否符合效率的原則呢？租佃制度對農場經營效率的影響因素至少有兩方面：地租的高低及租期的長短。地租太高會造成佃農較無能力投資，因而使得佃耕地的耕作效率低於自耕地。而租期如果太短，也會使得佃農缺乏投資的意願。而學者認為因為租期越短，越對地主有利。[227] 因而似乎暗喻臺灣日治時代租期過短，是因為地主壟斷租佃市場，為維護自身的權益所致。

然而，如本書第四章所將指出的，若以調整利潤成本比為指標，比較佃耕地與自耕地的經營效率，發現自、佃耕農經營效率上並無顯著的差異。既然自耕農與佃農有同樣的效率水準，這說明租期太短以致於影響佃農的投資意願，因此使得佃耕農場的經營效率較低的看法可能有待修正。同時，第四章也將指出自、佃耕農場各種生產因素的投入比率雖有些微的差距，但差異並不顯著；兩種農場的雇入因素的比率也都十分接近。不僅如此，佃耕農場的肥料購入比率與自耕農場相當[228]，這說明了租期長短並未影響佃耕農場各種因素使用的比率及購入肥料的投入。可見，日治時代租期的長短並未影響佃耕農場的經營決策與效率。那麼，為何租期的長短未影響佃耕農場的耕作經營決策與效率呢？

過去，學者也提到租期越長佃權越安定，因此對佃農越有利。[229] 然而上一節所發現的，長期租約需要訂立書面契約，書面契約的關係人較多，責任較重，所以長期租約的訂約成本比較高。而且租期越長，若有任何一方要解約，還會引發相當的交易成本。為了降低交易

---

[227] 王益滔，〈論臺灣之佃權與三七五減租條例〉，頁 30。

[228] 參見葉淑貞，〈日治時代臺灣的租佃制度與農場的經營效率：戰後初期土地改革的省思之一〉，頁 488-489 的討論。

[229] 王益滔，〈論臺灣之佃權與三七五減租條例〉，頁 30。

成本，通常是採用頭期租約以 1 年或 3-5 年爲多，但若需要續約，則以年年再議的方式進行之。透過這種方式的安排，使得許多租約維持了相當長的期間。因此，本節接著要分析的問題是日治時代租期的長短如何、有無發生變動、變動出現在何時、期限的安排主要是考慮哪些因素以及這些考慮是否符合效率的原則。以下第（一）小節先介紹租期的長短；接著在第（二）小節討論日治時代租期安排的第一個特色，亦即 1920 年代底以前爲何中、北部的租約的期限以 1 年爲多，而南部租期較長；第（三）小節指出日治時代租期訂定的第二個特色，亦即 1930 年代初期以後租約之租期延長了，本小節要探究租約期限的延長出現在此時，是否符合效率的原則；第（四）小節分析爲何以續約的方式延長租期，而不是一開始就定下相當長期的租約；最後一小節是本節的結語。

（一）租期的長短

從上一節的分析中，我們得知若要討論日治時代租期的長短，應該可以業佃會書式租約的普及時間爲界而分期。因此，以下本小節就以 1920 年代底或是 1930 年代初期爲分期的界線，將日治時代租期長短的訂定分成爲兩期：（1）1920 年代底以前；（2）1930 年代初以後。

1. 1920 年代底以前普通作物佃耕地的租期

日治時代租期的長短主要是看佃耕地所栽種之作物種類。臺灣總督府農事試驗場曾將臺灣的作物分成普通作物、特用作物及果物類與蔬菜作物等三大類。其中所謂的普通作物指的是稻、甘藷、大小豆、樹荳、大麥及小麥；而特用作物指的是甘蔗、茶、煙草、落花生、胡麻、木藍、山藍、黃麻、苧麻；果物類指的則是柑橘、鳳梨、西瓜等

作物。❷

然而，本書所謂的普通作物是指相對於長期作物而言，也就是除了果樹及茶樹以外的其他作物都是。不過，租佃習慣調查在描述租期的長短時，並未分成普通作物與長期作物，而是分成水田、旱田、果樹及茶樹等項目。❷因此，此處所謂的普通作物指的應該是生長在水田及旱田的作物，而所謂的長期作物則是指茶樹及果樹。以下本小節先分析 1920 年代底以前之普通作物的租期。

從日治初期的調查報告，可以發現當時普通作物租約租期的安排主要有三種原則。第一、如果有約定期間，則大約為 3-6 年的時間。第二、如果不約定期間，則租約 1 年後得換佃，即所謂「現年贌耕」，口頭契約大多屬於此類。因為當時的租約以口頭租約為多，所以大多數租約應該都屬於租期只有 1 年的現年贌耕。第三、無論有無約定期限，佃戶完納租穀時，大多得以繼續耕作。❷

綜合以上這三兩個原則，可知就租期是否在契約中明示，日治時代的租約分為明示租期之租約與不明示租期之租約兩種。不明示租期者就成為不定期租約，而明示租約者又稱為定期租約。契約若以書式契約訂定之，則必屬於定期租約，但是若以口頭方式約定者，則租約的租期分為明示與不明示兩種，但以不明示為多。

---

❷ 臺灣總督府農事試驗場，《臺灣重要農作物調查第一篇普通作物》，目次；臺灣總督府農事試驗場，《臺灣重要農作物調查第二篇特用作物》，目次；臺灣總督府農事試驗場，《臺灣重要農作物調查第三篇果物類、蔬菜作物》（臺北：該場，1906），目次。

❷ 臺北州內務部勸業課，《臺北州の小作事情と其の改善施設概要》，頁 41-43；臺灣總督府殖產局，《臺灣に於ける小作慣行，其の二新竹州管內》，頁 32-35；臺灣總督府殖產局，《臺灣に於ける小作慣行，其の三臺中州管內》，頁 33-35。

❷ 陳金田譯，《臨時臺灣舊慣調查會第一部調查第三回報告書臺灣私法（第一卷）》（臺中：臺灣省文獻會，1990），頁 315。

　　根據租期的長短又可以把租約分爲現年瞨耕（或稱爲不拘年限）以及「一佃」、「一限」或「一任」等兩種。前者指的是租期爲一年的租約，而後者指的是租期爲 3-5 年租約。既然，日治初期普通作物的租約以口頭租約爲多，所以租期是以不定租期爲主。雖然大多數租約屬於不定期租約，其租期只有 1 年；不過，只要佃戶如期納租，習慣上大多得以續約。❷❸❸

　　既然上一節指出到了1920年代底以前租約仍然以口頭約定爲主，可見直到 1920 年代底以前，租約仍然多屬不定期租約，也有不少地區在租期之安排上，依舊維持著日治初期的舊慣。而根據 1920 年的調查，臺南及高雄兩州之內，不定期租約占全部租約比率不及 50% 之郡分別都只有 4 個。若以全州之平均來看，臺南州不定期租約占45%，但是高雄州則占有 61%；臺中州不定期租約的比重更高，全州平均高達 78.65%，州內竟無一個郡市低於 50%（表 2-16）。

　　至於租期的安排，從附表 2-4 和表 2-17 可以發現直到 1920 年，各州分別有以下的特點：

（1）臺北州只有臺北市及新莊郡分別指出口頭約定及書面約定者的期間，而且說明了口頭約定者以 1 年爲多。基隆郡則是無一定期間或是隨時得以解約，其他郡市都超過 1 年，但是並未指出是口頭約定者或是書面約定者（附表 2-4）。其中有宜蘭郡、海山郡及文山郡是以一佃、一限、一任爲多，但是1930 年的臺北州調查報告指出不約定期限的口頭租約，若存在一佃、一限或一任的習慣的地區，則轉而以一佃一任或一限爲租期的長度。❷❸❹ 也就是說，在 1920 年代底以前，臺

---

❷❸❸ 同上註。
❷❸❹ 臺北州內務部勸業課，《臺北州の小作事情と其の改善施設概要》，頁 42。

表 2-16　1920 年代中期以前中、南部不定期租約之比率

臺南州	百分比	高雄州	百分比	臺中州	百分比
新豐郡	75	高雄郡	44	臺中市	70.63
新化郡	50	岡山郡	49	大屯郡	70.26
曾文郡	14	鳳山郡	93	豐原郡	73.43
北門郡	70	旗山郡	68	東勢郡	88.45
新營郡	60	潮州郡	80	大甲郡	83.41
嘉義郡	67	東港郡	78	彰化郡	89.07
斗六郡	10	屏東郡	60	員林郡	84.19
虎尾郡	0	恆春郡	33	北斗郡	65.66
北港郡	50	澎湖郡	100	南投郡	77.28
東石郡	90			新高郡	52.71
臺南郡	10			能高郡	53.26
				竹山郡	75.00
簡單平均	45	加權平均	61	加權平均	78.65

註　解：臺南州無各郡調查個數。臺南及高雄州之調查時間為 1920 年，臺中州的調查年代為
　　　　1924 年。
資料來源：臺灣總督府殖產局，《各州小作慣行調查》，頁 285，338-340；臺中州內務部勸業
　　　　課，《農政資料第一輯：小作料、小作期間並二小作權二於スル調查》，頁 12-14。

　　北州這三個地區的租約都是書面租約或是定期租約，才有可
能出現一佃或一限。但是，不可能臺北州這三個地方的租約
都沒有不定期租約，所以我們以此推測臺北州凡是沒有指出
是書面租約或是口頭租約的，指的可能都是書面租約。而如
果是口頭租約，則租期可能都以一年爲多。

（2）新竹州多數地區都流行著現年贌耕（附表 2-4）。

（3）臺中州大甲郡及東勢郡則是隨時得以解約；彰化郡、南投郡
以 1 年爲多；而豐原郡、員林郡及竹山郡則不一定多長；只
有臺中市租期以 5，6-7，8 年爲多；大屯郡則以 3-5、6 年
爲多（附表 2-4）。

表 2-17　1920 年臺南州各地區各種租期租約的百分比

郡市	一作	一年	數年	永久	最普通流行的年限
新豐	0	14	84.5	1.5	4
新化	1	10	88	1	4
曾文	1	58	34	7	3
北門	1.5	25.5	70	3	4
新營	2	30	60	8	3
嘉義	0	11	89	0	3
斗六	0	10	90	0	3
虎尾	0	90	10	0	1
北港	3	34	58	5	3
東石	0	10	90	0	3
臺南	0	10	90	0	2

註　解：原來資料上斗六地方的一年期限的租約占了 90%，而數年期限的租約只占了 10%；
但是同一個表中最普通流行的年限中，斗六地區卻是 3 年。因此，我們認為可能是一
年租約的部分及數年租約的部分數字顛倒了，所以，本表中相關的地方已經更正過了。
資料來源：臺灣總督府殖產局，《各州小作慣行調查》，頁 285。

（4）南部的高雄州潮州郡、屏東郡、東港郡、恆春郡等地租期都
以 5 年為最多。其他郡除了澎湖之外，都以 1，2，3，4，5
年為多，或是都有（附表 2-4）。

（5）南部的臺南州除曾文、虎尾兩郡數年租期的比率在 50% 以
下，其餘的郡都在 50% 以上（表 2-17）。

（6）臺北州的宜蘭郡；新竹州的一些地區；臺中州的南投郡、大
甲郡、豐原郡；臺南州的多數地區及高雄州的潮州郡等地
區，則地主與佃人之間，若無不融洽之事，則租佃關係往往
維持相當久長（附表 2-4）。也就是說如無特別情況發生
時，租約得以持續到相當長的時間。

可見，至遲在 1920 年，租約的租期似乎就有延長的趨勢，尤其
是在臺南州及高雄州更是如此，而臺中州某些地區的租期也已經超過
1 年了。

　　從以上的描述，我們也發現在 1920 年，不少不定期租約之租期就已經超過 1 年了，也就是說，有不少地區在 1920 年後，普通作物的口頭租約之租期已經超過 1 年。例如從附表 2-4，可以看到臺北州的一些地區；新竹州的新竹市、竹南郡、苗栗郡、大湖郡；臺中州的臺中市、大屯郡及彰化郡；高雄州除澎湖郡之外的其他地區租期都在 1 年或 1 年以上，其中的高雄郡通常是 1 至 3 年，岡山郡通常是 1，3，4，5 年，鳳山郡通常是 1，2，3 年，旗山郡、潮州郡、東港郡、屏東郡及恆春郡則以 5 年為多，只有澎湖郡是以 1 年為多。比較表 2-16 以及表 2-17 的數據，我們也可以發現，臺南州全州各郡，除了曾文及虎尾之外，其定期租約的比率都小於租期為數年之租約的比率。可見，臺南州大多數地區不定期租約的租期也都已經超過 1 年了。

　　綜合這些資料，我們推測在 1920 年：

（1）臺灣有些地區，例如臺中州及高雄州等地區，定期租約的比率小於 50%；但是也有不少地區，例如臺南地區全州定期租約平均比率已經超過 50%。

（2）有不少不定期租約之租期超過 1 年，尤其是臺南州、高雄州及臺中州的某些地方。

（3）最後，我們也發現北部地區現年贌耕的租約較中部多；中部地區又較高雄州來得多；而高雄州又較臺南州來得多。也就是說，全臺租期較長的租約以臺南州為最多，高雄州次之。

2. 1930 年代初期以後普通作物佃耕地的租期

　　1930 年代初期以後普通作物之佃耕地租約的租期延長了。這個期間關於租約期限有三項重大的轉變：

（1）有越來越多的口頭租約轉而約定期限。

（2）不約定期限的口頭租約若存在有一佃、一限、一任習慣的地

區，則轉而以一佃、一任或一限爲租期的長度。

（3）租約的形式轉而以書面租約爲多，其中又以業佃會所採行的
書面租約爲最多；因爲業佃會的書面租約大都以 5 年或是 6
年爲多，因此大多數租約的期間延長爲 5 年或 6 年。

前一節指出 1920 年代底以前，普通作物的租約仍以口頭約定爲
多。然而，雖然在 1930 年代初期以後，仍然有不少口頭契約屬於不
定期租約，但是也有不少地區，例如臺北州蘭陽地區的瑞芳、貢寮、
雙溪、宜蘭、礁溪、壯圍、員山、羅東、冬山等地及其他的一些地
方；臺中州的大屯郡的霧峰及大甲郡的大甲、外埔、大安地區；高雄
州的屏東郡鹽埔、旗山郡杉林及潮州郡的枋寮等地；以及臺東廳的臺
東、卑南，關山郡的池上，新港郡的都蘭；花蓮港廳的花蓮市，鳳林
郡鳳林、瑞穗等地以及新竹州大部分的口頭租約就都以定期租約爲多
了。❸

此一時期的調查報告，關於租期這一節都有「不約定租期的場
合，凡是存在有一佃、一任、一限之習慣的地方，則轉而以一佃、一
任或一限爲租期。而在缺乏一佃或一任習慣之地區，則租期只有一
年，稱爲不拘年限。」的描述。❸ 此處之「不拘年限」實與前述的
「現年贌耕」相同，也就是租期只有 1 年的長度。可見，此一時期若
存在一佃或一限這個習慣的地區，則其不定租期租約的租期以一佃或

---

❸ 臺北州內務部勸業課，《臺北州の小作事情と其の改善施設概要》，頁 41；臺灣
總督府殖產局，《臺灣に於ける小作慣行，其の二新竹州管內》，頁 32；臺灣總
督府殖產局，《臺灣に於ける小作慣行，其の三臺中州管內》，頁 33；臺灣總督
府殖產局，《臺灣に於ける小作慣行，其の四高雄州管內》，頁 32；臺灣總督府
殖產局，《臺灣に於ける小作慣行，其の五臺東廳、花蓮港廳管內》，頁 18。

❸ 臺北州內務部勸業課，《臺北州の小作事情と其の改善施設概要》，頁 42；臺灣
總督府殖產局，《臺灣に於ける小作慣行，其の二新竹州管內》，頁 33；臺灣總
督府殖產局，《臺灣に於ける小作慣行，其の三臺中州管內》，頁 34。

是一限爲多。不過，根據 1930 年代的調查報告，採行一佃或一任租期之不定期租約比採行不拘年限者要普遍，這是因爲一佃或一任的習慣普遍地存在於大多數地方。❷⒈⒊⒎ 高雄地方一限或一任以 5 年爲定，其中最多的是 3 年，也有 6 年的。❷⒈⒊⒏

此時，高雄州大部分地區租期的訂定方式是以不附上解約條件，而以佃農故意遲納佃租、荒廢耕地或是地主自營之際，才要求返還租佃地；也就是說，倘若無前述事情發生，大都是默認幾年不變條件之下，繼續佃耕的習慣。❷⒈⒊⒐ 這種習慣是最普遍的，流行的地方有岡山郡岡山、楠梓、燕巢、田寮、阿蓮、路竹、彌陀；鳳山郡鳳山；屏東郡長興、里港；東港郡東港、萬丹、林邊、佳冬；恆春郡恆春、車城、滿州最多。❷⒋⒈

然而，租約以書面立約的比率越來越多，因此明示租期之租約也就越來越多。這以業佃會的書式租約爲多。如前一節表 2-14 所列，到了 1935 年，全島平均已有 67% 的租佃地是採用業佃會書式租約。其中最高的是臺南州，有 83.12% 的佃耕地採行業佃會書面租約。而最低的是臺中州，有 50.75% 的地採行業佃會書式租約。

根據 1930 年代的調查報告，明示租約的場合，租佃期間在水田

---

❷⒈⒊⒎ 1930 年時臺北州管轄 2 市 9 郡，這 9 郡總共管轄了 39 個街庄及一些蕃社；新竹州管轄 1 市 8 郡，而 8 郡總共管轄 42 個街庄及一些蕃社；高雄州管轄 1 市 7 郡，這 7 郡總共管轄了 44 個街庄及一些蕃社。而不拘年限之租約只存在於臺北州的七星郡汐止、士林，基隆郡七堵、平溪，文山郡深坑，新莊郡鶯州；新竹州的新竹郡新埔、六家，桃園郡龜山，大溪郡大溪，竹東郡北埔，苗栗郡苗栗、三叉、通霄、四湖，大湖郡卓蘭；以及高雄州的屏東市，屏東郡里港，潮州郡萬巒等地。以上參見臺灣總督府殖產局，《臺灣に於ける小作慣行，其の二新竹州管內》，頁 33；臺灣總督府殖產局，《臺灣に於ける小作慣行，其の四高雄州管內》，頁 32；臺北州內務部勸業課，《臺北州の小作事情と其の改善施設概要》，頁 42。

❷⒈⒊⒏ 臺灣總督府殖產局，《臺灣に於ける小作慣行，其の四高雄州管內》，頁 33。

❷⒈⒊⒐ 應該就是之前所提到的 5 年、3 年或是 6 年。

❷⒋⒈ 臺灣總督府殖產局，《臺灣に於ける小作慣行，其の四高雄州管內》，頁 32-33。

方面，若是熟田，則以 3 年或 5 年爲最多。此外，我們也可以看到由於業佃會的出現，可能使租期進一步延長爲 5 或 6 年。例如，出現在「臺北州庄（街、市）業佃會規約準則」中的第六條，明確地提出「本會員相互之間在水田及旱田的賃貸期間訂爲六年以上，但是雙方協議要縮短期限者，需要經過理事的承認方才可以」。❷⁴¹ 而且，在「新竹州業佃會的農耕地賃貸借契約規程準則」中的第三條，也列出以下的規定：「賃貸借期間最短爲五年」。❷⁴²

而在「臺中州的郡興農倡和會農耕地賃貸借書式租約規程準則」中的第三條，也是清楚地提出「賃貸借最短期間爲六年，但是如果是長期作物則另外訂定之」。❷⁴³ 此外，「高雄州農會的租佃改善事業實施規程」中的第三條第一項，明確指出租佃改善實施的目的之一是爲了要獎勵長期書面租約；❷⁴⁴ 同時，在第三條第七項更明確地指出「本會獎勵的小作租約期間爲六年以上」。❷⁴⁵ 可見，到了 1930 年代如果採取業佃會的書式租約，其租期已經爲 5 年或是 6 年以上。

既然，前一節已經指出，業佃會的書式租約已經成爲 1930 年代初期以後最被普遍採用的租約形式。因此，我們可以推測在 1930 年代初期以後，普通作物之租約的租期已經延長爲 5 年或是 6 年以上了。

3. 特殊場合的租期

所謂特殊場合是指長期作物以及佃農開荒的場合，臺灣日治時代的長期作物主要是茶樹及果樹。日治時代的租佃制度即便是初約，也

---

❷⁴¹ 臺灣總督府殖產局，《臺灣に於ける小作問題に關する資料》，頁 188。
❷⁴² 臺灣總督府殖產局，《臺灣に於ける小作問題に關する資料》，頁 202。
❷⁴³ 臺灣總督府殖產局，《臺灣に於ける小作問題に關する資料》，頁 206。
❷⁴⁴ 臺灣總督府殖產局，《臺灣に於ける小作問題に關する資料》，頁 211。
❷⁴⁵ 臺灣總督府殖產局，《臺灣に於ける小作問題に關する資料》，頁 212。

給予長期作物特別長的租期，例如造成茶園與造成果園，租期就特別長。其中的造成茶園，租期在 15 年以上，以 30 至 40 年最為普遍；而造成果園的租期則在 10 年以上。[246]高雄州所種的果樹主要是鳳梨，所以鳳梨旱田的租期是在 10-15 年之間。[247]也有些租約之租期延續至茶樹或果樹枯死，稱為「永耕」者。

茶園如果是既成茶園，則其初約之租期通常只有 1 年。例如在新竹州就是以現年贌耕或稱為不拘年限者為多，而臺北州及臺中州則以 1，3，5，10 年都有。不過，根據林滿紅的研究，臺灣在清治時代 1 年可摘葉 7 回；[248]而根據總督府殖產局的調查報告茶樹一年也可採葉好幾次。[249]因此，茶園 1 年的時間可以有好幾次的收穫。

如果佃耕地是由佃農負責新開墾，亦即所謂「開荒」的場合，期間普通為 10 年。例如，《臺灣私法》中就有一段關於開荒之租約的租期敘述，內容如下：「由佃人開墾荒地為田、園、茶園或施設漁塭、堤防、陡門時，通常約定 10-20 年或更長的期間，且佃人得以自由處分自己栽種的茶樹、風圍等。」[250]

---

[246] 臺灣總督府殖產局，《臺灣に於ける小作慣行，其の二新竹州管內》，頁 33；臺灣總督府殖產局，《臺灣に於ける小作慣行，其の四高雄州管內》，頁 33；臺北州內務部勸業課，《臺北州の小作事情と其の改善施設概要》，頁 41。

[247] 臺灣總督府殖產局，《臺灣に於ける小作慣行，其の四高雄州管內》，頁 33。

[248] 林滿紅，《茶、糖、樟腦業與臺灣之社會經濟變遷，1860-1895》（臺北：聯經出版社，1997），頁 150。

[249] 臺灣總督府殖產局，《主要農作物經濟調查其の五（茶）》（臺北：臺灣總督府殖產局，1928），頁 8-9；臺灣總督府殖產局，《主要農作物經濟調查其の十（茶）》（臺北：臺灣總督府殖產局，1929），頁 8-9。

[250] 陳金田譯，《臨時臺灣舊慣調查會第一部調查第三回報告書臺灣私法（第一卷）》，頁 322。

4. 結語

從以上的分析，我們得到以下幾個臺灣日治時代租期長短的特徵。(1) 種植生長期間長短不同作物之佃耕地的租期不同。(2) 在 1920 年，各地區租期 1 年的比率，北部地區較中部多；中部地區又較高雄州來得多；高雄州又較臺南州來得多。(3) 在 1930 年代初期以後明示租期的租約增加了，而且定期與不定期租約之租期都有延長的趨勢。可見，到了 1930 年代初期，無論明示租期或者是不明示租期的租約，其租期都有延長之趨勢。(4) 以續約的方式延長了租期，不少租約因此得以延續相當長的期間。以下，我們接著分析爲何種植生長期間長短不同之作物其佃耕地的租期不同；爲何到 1920 年代底以前，北部的頭期租約期間 1 年者仍較中部爲多，而中部地區又較高雄州來得多；而高雄州又較臺南州來得多；爲何在南部地區，尤其是臺南地區，頭期租約以數年爲多；爲何 1930 年代初期以後定期與不定期租約的租期都有延長之勢；以及爲何要採取續約的方式延長租期，而不一開始就定下一個相當長的租期等問題。

(二) 1920 年代底以前普通作物佃耕地租期之決定

一個理性之租佃制度所訂定租期的長短必須要能夠回收所有投入的報酬，報酬是作物的收益減去成本。而所投入因素的收益是否能夠全部回收與作物的生長期的長短有關，因此，租期長短所涵蓋的收益面的決定因素與作物生長期的長短有關。另外，作物報酬的高低也與成本的多寡有關，成本則決定於生產要素的投入與交易成本的高低兩大因素。[251] North 曾說過將要素投入轉化爲產出需要資源，而這資源

---

[251] North, Douglass C, *Institutions, Institutitional Change and Economic Performance*（Cambridge: the Press Syndicate of the University of Cambridge, 1991）, p.27.

的多寡不僅與技術有關，也是制度的函數，而制度又與交易成本的高
低有關。

　　所謂交易成本是指為了交易而付出去的代價。在交易的過程中，
需要付出哪些交易成本呢？首先，要尋找交易的對象，因此有尋找成
本。然後，如果要訂契約，則需要支付訂約成本。接著，生產出來的
東西要運到市場出售，要支付運輸成本。交易的過程中，需要衡量物
品的物理量及價值，因此要支付度量成本。最後，要迫使交易的雙方
履行義務與權利，為懲罰違約而付出去的成本，稱為執行成本。因
此，成本不僅決定於要素的投入量，也決定於交易成本的高低。所以
與租期長短的訂定有關的成本有：作物要求的技術、所需要投入的成
本以及交易成本。總之，租佃制度租期長短的決定是否符合經濟效率
的原則，視租期是否考慮作物生長期的長短、所要求之生產投入報酬
的回收期長短以及交易成本的高低而定。

　　不同作物的生長期間長短不一樣，而且不同的耕種技術也需要不
同長度的時間，才能回收所有投入的報酬。例如，如果要求的投入是
大規模的資本投入，而且佃農必須自己建設或購置這些資本投入，則
需要相當長的租期才能夠回收這些投資的報酬。相反地，如果這些大
規模的投資可以用承租的方式取得，而且在相當短的時期就可以回收
這些投資的報酬，則租期就可以比較短。同樣地，如果使用較多的肥
料，則需要一個較長的租期，才能回收所有肥料投入的報酬。相反
地，如果農家不太施肥，且又可以承租方式使用資本財，則租期可能
就相當短。

　　除了考慮回收生產投入報酬的時間長短以及生長季節的長短之
外，也需要考慮交易成本的高低。交易成本的高低與租期長短之間的
關係為：租期如果太短，則時常要尋找願意出租與承租土地的人，交
易成本將會比較高，特別是當訊息流通比較緩慢的時代或地區更是如

此；相反地，假如租期太長，則必定比較容易引發糾紛，為了要避免糾紛發生時，影響到權利與義務的履行，則必須要訂定書面租約。因此，與口頭租約的訂約成本相較，如果書面租約的訂約成本越高，則交易成本就越高。

在這些條件的交互作用之下，種植普通作物佃耕地的初次租約在1920年代底以前，中、北部地區以1年為多，而在南部地區，尤其是臺南州地區，則以數年為多；但是種植長期作物佃耕地的租期則視作物是租來的，還是自己種植的而定。如果作物是租來的，則租期只要長到能夠回收作物耕種的投入報酬就可以了；但是如果作物是自己種植的，則租期至少要與作物的生長期一樣長，才會有佃農願意承租土地。因此，一個有效率之租期的訂定必須要能夠考慮以上這些因素，而且當這些因素改變之後，租期也要能隨之調整。

日治時代在1920年代底以前，中、北部地區種植普通作物佃耕地的租期以1年為多，為什麼以1年為多呢？我們將分別從作物的生長季節的長短、交易成本的高低、投入要素報酬的回收期長短等三方面來回答這個問題。

1. 作物生長期的長短

作物生長期長短是租期長短的重要決定因素之一，稻及蔗是臺灣最重要的作物，而稻作1年之內可以收穫至少2次，而蔗作從種植到收穫大約要12-13個月才能收穫一次（表2-18）。因為種植甘蔗需要較長的生長期，因此需要明確且較長的租期，才能吸引佃農承租適種甘蔗的地。

既然，稻作的生長季節大約只需要半年，因此適合種稻之佃耕地的租期只要長過1期稻作的生長期，也就是半年的時間就足夠了。而蔗作從種植到收穫需要12-13個月的時間，適合種蔗的佃耕地租期只

表 2-18　各種作物之種植及收穫月份

作物	臺北		臺中		臺南	
	種植	收穫	種植	收穫	種植	收穫
一期水稻	1	7	1–2	6–7	1	5
二期水稻	6	10–11	7	11	5	10–12
甘蔗	2–3	翌2–4	12–翌4	翌12–後年5	11–翌4	翌11–後年4
花生	2	7–8	3	7–8	4	11–翌2
大豆	–	–	–	–	5	11
小麥	–	–	11	翌5–6	11	翌3
甘藷	4	9	8	12–翌1	6	翌1
甘藷	8–9	翌4			9	翌3

資料來源：臺灣省行政長官公署，《臺灣省五十一年來統計提要》，頁 536-537。

要長過 12-13 個月就足夠了。可見，甘蔗的生長期長過於稻作，因此蔗作佃耕地需要的租期要長過稻作佃耕地。

2. 交易成本的高低

　　如上所述，理論上稻作的佃耕地租期半年就足夠，而蔗作的佃耕地 12-13 個月就足夠，那麼為何稻田較多的北部地區租期以 1 年為多，而蔗田較多的南部地區租期以數年為多呢？這應該是為了要降低交易成本。也就是說，為了避免一次作物收成之後就要尋找新的地主與佃農，為了要降低太過頻繁的尋找成本。例如，現在我們租房子為何大多數租約的租期是 1 年，而不是 1 個月或甚至是 1 周或 1 天？就是為了要降低尋找成本。租期越短，可能尋找成本就越大。因此，在其他條件都相同之下，租期越長，尋找新地主或新佃農的成本可能就愈低。

　　這也就是為什麼北部的臺北及新竹這兩州為期 1 年的租約較臺中州來得多，而臺中州又高於高雄州，高雄州的 1 年期租約則又比臺南

表 2-19　1922-23 年臺灣各地區甘蔗及稻的種植面積

地區	甘蔗			稻作		
	面積 （甲）	占全臺 蔗園(%)	占各州 耕地(%)	面積 （甲）	占全臺 稻作(%)	占各州 耕地(%)
臺北	2517.88	2.04	2.82	52847.69	17.68	59.35
新竹	6528.63	5.30	5.14	62487.60	20.90	49.58
臺中	25819.69	20.90	18.18	64885.30	21.70	45.08
臺南	57836.84	46.93	22.48	57359.97	19.19	22.28
高雄	24745.07	20.08	20.26	52388.61	17.52	41.22
全臺合計	123233.40	100.00	15.92	298953.24	100.00	38.55

資料來源：臺灣總督府殖產局，《臺灣農業年報（大正十一年）》（臺北：該局，1923），頁 14-15；頁 30-31；1924，頁 15；臺灣總督府殖產局，《臺灣糖業統計（昭和四年版）》（臺北：該局，1929），頁 4-5。

州多的原因。因爲在臺灣西部五州當中，北部地區稻作面積比率最高，中部地區種稻比率低於北部地區，而高雄州則又居於臺中州之後，最後是臺南州。表 2-19 的資料指出各州種稻面積占全州耕地面積的比率，以臺北州爲最高，達 59.35%，全州有一半以上的耕地是用來種稻作的；而新竹州則居於其後，全州的稻田也占了將進一半左右；接著是臺中州，全州稻作的耕地占全州耕地的 45.08%；再其次是高雄州，全州稻作面積占了 41.22%；臺南州則在高雄州之後，該州稻作只占了全州耕地的 22.28% 左右。因此，我們可以看到北部的短期租約爲何會較中部爲多，而中部地區爲何又較南部地區來得多，而南部地區高雄州的短期租約比臺南州來得多的理由，這主要是因爲稻作只要半年就可以收成了。

　　從表 2-18 可以看到蔗作從種植到收穫的期間，大約爲 12-13 個月。前面提到臺南州在 1920 年以前許多地方的租期都超過 1 年，其中只有曾文與虎尾等地方，租約所約定的租期超過 1 年者在 50% 以下，其他地方的租約，租期超過 1 年者都有 50% 以上。爲什麼臺南州地區租約的租期比臺灣其他地區要來得長呢？這可能是因爲臺南州

是臺灣最重要的甘蔗栽種地區，而甘蔗需要的生長期間超過 1 年。從表 2-19 所列的各州甘蔗的種植面積占全州總耕地面積的比率及各州蔗園占全臺蔗園面積的比率，可以看到臺南州是臺灣最重要的甘蔗產區，甘蔗的種植面積占全州耕地面積的比率為 22.48%，屬全臺最高；而甘蔗種植面積占全臺蔗園面積的比率更是高達 46.93%，也就是說全臺蔗作面積有將近一半是在臺南州。高雄州則居於其次，全州的耕地中有 20.26% 是屬於蔗田。而臺中又居於高雄州之後，只有 18.18%。而相對應的就是，上一節所提到的臺南州租期較長的租約最多，高雄州次之，而臺中州又次於高雄州。

從交易成本的高低來看，蔗園的租期必須比稻田要長，因此蔗園的租佃期間必須超過 1 年。而全臺租期超過 1 年的租約，以臺南州為最多，高雄州次之，而臺中州則又次於高雄州。這可能是為了要降低交易成本，至少需要 1 年的租期，才不致於在 1 次收穫之後，馬上就租約期滿，立刻面臨要重新尋找新地主與新佃農的可能性。我們沒有看到租佃慣行調查報告清楚明白指出蔗作適種地的租期較稻作適種地長的描述，也無各州種蔗的佃農人數或是種蔗佃耕地的甲數，無法直接證明這個論點是否正確，以上只是從理論上推測而已。

3. 耕種技術要求之投入的性質

以上是從作物生長期間的長短以及交易成本，推論為何 1920 年代底以前租期 1 年的租約以北部最多，中部次之，南部最少。此外，租期的長短還與耕種技術所要求的生產要素報酬回收期的長短有關。第一節的分析已經指出，日治初期蔗作的耕種就已經轉為施肥較多的較集約技術，但稻作直到 1920 年代中期以前仍然是少施肥的技術。

而南部地區以甘蔗為主作，中部地區的甘蔗種植則次於南部地區。因為甘蔗的生長季節較長，需要較長的租期之外，也因為 1920 年

以前，甘蔗的生長技術已經發生轉變了。如表2-3所示，蔗作在日治初期就已經脫離少施肥或甚至不施肥的狀態。而肥料投入的收益比勞動投入收益所橫跨的期間要來得長，因此至少在1914-16年以前，種甘蔗的佃耕地就需要較長的租期。可見，在1920年，南部地區租期較長的租約之所以多過中部地區，而中部地區之所以又多過北部，可能與當時蔗作的生產技術已經轉為較肥料密集的型態也有關。

既然從農耕技術的集約程度來看，日治初期適種蔗作的佃耕地要求的租期要比稻作佃耕地要來得長，這說明了為何在1920年，南部地區普通作物佃耕地的租期超過一年的比重超過中部地區，而中部地區又多過於北部地區。而本章第一節之（一）的分析也指出，臺灣稻作的耕種技術一直到1920年代中期以前，投入以勞動為主，施肥仍然不多，所以在1920年代中期以前，稻作佃耕地需要的租期大概一年就足夠了。既然中、北部地區以種水稻為主，這應該就是何以該些地區在1920年代底以前，一年租期的佃耕地超過南部地區的原因。

（三）1930年代初期以後佃耕地之租期的延長

綜合日治時代三次調查報告的相關資料，我們發現在1920年，不定期租約已經逐漸減少，同時租期也有延長之勢。到了1930年代初期以後，過去定期租約流行之「一佃」、「一限」或「一任」（即3年或5年）的租期，也已經為不定期租約所採行，而且採行「一佃」、「一限」或「一任」租期之不定期租約可能比「不拘年限」或「現年贌耕」之不定期租約要普遍。而且，採用業佃會租約的佃耕地其租期也延長為5年或是6年。可見，日治時代到了1930年代初期以後，租約的租期已有延長之趨勢；而這個趨勢在1930年代中期以後，轉為相當普遍的情形。

與租期長短有關連，而且與租期的這些變遷同時出現的現象是稻

作的技術越來越集約，也就是說，每單位土地所需投入的肥料與水分越來越多。在租期長短的決定上，地主可能希望約定較短的期限，佃農可能希望訂立較長的期限。既然立約雙方的主觀意願不一致，就必須進行磋商，而協議的結果勢必要符合客觀環境的要求。是故，租期的長度至少必須足以使佃農在現有的土地性質、作物種類以及耕作技術下，回收其投入的報酬。租期的加長應該就是適應此種稻作農耕技術的變遷，而作出的調整。

而第一章已經說明了，日治時代臺灣總督府甚少干預租佃制度，租佃制度的運行大都依賴市場力量，所以 1920 年代底以後普通作物的佃耕地租期之所以延長，應該是為了適應農耕技術的轉變。這與本章第一節所說的 1920 年代中期以後稻作農業技術的變革應該有關，以下我們要說明租期的延長與技術變革之間的關係。1920 年代中期以後，臺灣農業技術的變革主要發生在稻作部門，而這主要是蓬萊米的引進與推廣，以及蓬萊米多肥技術擴散到在來米部門的關係。

從表 2-6 所提供的數據，我們知道蓬萊米作每甲收穫量比在來米作高，且每圓成本所獲致的利潤也遠高於在來米作，因此種植蓬萊米可以使業佃雙方都獲得較多的利潤。由於利潤較高，佃農種植蓬萊稻種的意願也就比較高。因為蓬萊種的種植技術較肥料密集，因此佃農欲耕種蓬萊種，就必須有一個確定而且較長的租約。是故，1920 年代底以後為使租佃制度繼續運行順暢，許多不定期且「現年贌耕」或稱「不拘年限」的租約必須改為定期租約，而且租期也要延長。雖然隨著農業技術的變革，租佃制度也相應調整，但是調整的步伐可能不夠快。當蓬萊米作越來越普及時，一些諸如不定期租約及租期只有一年的現年贌耕等，這些舊的租期安排方式已顯得不合時宜，故必須更快速地調整。

業佃改善團體出現的主要目的，是在消除租佃制度中妨礙農業生

產的因素，其中最被重視的是租佃期間過短的不良慣行之下，使得佃農無法安定耕作，因而導致採取掠奪式的農業技術的傾向：因為施肥太少的結果，造成地力的耗竭與生產的減退。[252] 日治時代的文獻就提到，租期太短使得農民無法安定耕作的情形，促使農政單位在推廣農事獎勵設施時，佃農往往不配合。[253] 而且本書第一章也論及日治時代的文獻不斷提到，租期不定或租期太短，造成佃耕地過度使用，加速地力大大地減退，使得佃農的收穫量小於自耕農。因此，地力的維持可以說是促使臺灣總督府對此一時期租佃習慣的重視，尤其是特別重視租期過短這個舊慣的重要理由。

　　可見，1920 年代出現的業佃改善會促成租期的延長，而租期的延長可能使得蓬萊米的引進與普及得以順利進行，也可能促成在來米施用較多的肥料。總之，1930 年代初期以後租期之所以延長，其根本的理由可能在於蓬萊米的引進與推廣，而蓬萊耕種技術較精細，且這種較精細的耕種技術也擴散到在來。為使得佃農願意投資這種較精細化的技術，租期必須要延長。而業佃會的出現，可能促使這種技術的轉變得以加速。至於租期的延長與農民施肥意願的提高是否確實有關聯，這是未來必須進一步研究的課題。

（四）以續約的方式延長租期

　　在第三節之（一）中，我們提到在 1930 年代初期以前中、北部地區種植普通作物佃耕地的租期以 1 年最常見，南部地區則以 3-5 年為最普遍，而在 1930 初期以後各地都改以 5 或 6 年最普遍；而既成

[252] 張怡敏，《日治時代臺灣地主資本累積之研究——以霧峰林澄堂系為個案》，頁 36-37。
[253] 關於這方面的討論，請見張怡敏，《日治時代臺灣地主資本累積之研究——以霧峰林澄堂系為個案》，頁 37-38 的討論。

茶園的租期以 1 年為多。不過,租約期滿之後,通常只要佃農不拖欠地租,便可以續約的方式繼續維持著業佃的關係。有不少地區的地主與佃農便依賴此一方式而維持相當長的業佃關係。

例如在 1930 年代之新竹州、臺中州、高雄州、花蓮港廳與臺東廳的調查報告中,都提到了各地方有不少是同一地主與佃農之間契約永續者。其中,新竹州期間長達 50-60 年之實例者不少。❷❺❹臺中州則期間長達 80-90 年者不少。❷❺❺而高雄州則期間長達百年者不少。❷❺❻在臺北州七星郡內湖地區以及羅東的五結等地區,甚至於在契約之中明示所謂永耕者。❷❺❼

為什麼初次租約的租期只有 1、5 或是 6 年,而不直接就在初期租約上訂立長達 50-60 年或甚至百年以上租期之租約呢?這是為了降低交易成本之緣故。訂立過長的租約會引發哪些交易成本呢?在租約期間,地主可能有出賣土地的需要,而佃農有時也會因為經營不善、或轉業、或遷居,而需要終止租約。假如,耕地租約規定地主在租地期間不能出賣土地,或者是佃農在租佃期間不能終止租約,否則會遭受處罰,那麼訂立過長的租約可能就會引發巨大的交易成本。而日治時代的租約是否有規定地主在出租土地的期間不能出售土地或佃農在租佃期間不能解約,否則要付出任何賠償呢?

日治時代地主出賣土地之後的業佃關係,各地有一定的習慣,以臺北州為例說明之。在該州,地主出售出租地之時,不需要得到佃農的承認。❷❺❽買賣契約成立後,一般新舊地主會通知佃農。而通常買主

---

❷❺❹臺灣總督府殖產局,《臺灣に於ける小作慣行,其の二新竹州管內》,頁 35。
❷❺❺臺灣總督府殖產局,《臺灣に於ける小作慣行,其の三臺中州管內》,頁 35。
❷❺❻臺灣總督府殖產局,《臺灣に於ける小作慣行,其の四高雄州管內》,頁 34。
❷❺❼臺北州內務部勸業課,《臺北州の小作事情と其の改善施設概要》,頁 43。
❷❺❽臺北州內務部勸業課,《臺北州の小作事情と其の改善施設概要》,頁 38-41。

會預先向佃農調查出租地是否良好以及出租地地租的數額，因此即使未通知佃農，佃農要預知買賣的事實，應不困難。當在租佃期間，土地有買賣的場合，業佃之間的關係如何以及原來的租佃契約之效力如何，各地方多少有些差異。[259]由於有舊慣的安排，地主可以隨時出售出租地，不會受到任何的限制，因而不會產生任何的成本。因此，租約的長短不會對地主出售土地產生任何的交易成本。

佃農也常有因為經營不善、或轉業、或遷居，而將租佃權利轉貸給其他人的情況。提出讓渡租佃權利，這方面的事例雖不多，但是都有一定的習慣。[260]從以上的分析中，我們可以看到，與出租地的買賣一樣，由於有這些舊的習慣可以遵循，所以若佃農中途因為無法繼續佃耕租來的土地，而必須將租佃權利轉讓給第三者時，隨時都可以出讓其佃耕權利，幾乎不會對佃農產生任何交易成本。

既然地主買賣土地或佃農轉貸佃耕權，都不會有任何的交易成本發生，因此，年年續約的規定並不是為了解決地主隨時出賣土地或佃農隨時出讓其佃耕權的需要。那麼，為何還要有年年續約的規定，而不一開始就定下一個相當長的租約呢？這可能是因為如第二節之（三）所述，訂定長期租約容易發生糾紛，所以需要訂立書面契約，而從第二節之（一）到（三）的探討中，我們知道書面契約的關係人較多，責任較吃重，尤其是保證人的責任更重，且訂約、續約與解約的程序較繁雜，因此訂約成本及執行成本高於口頭租約。

長期租約除了需要書面契約，導致執行成本及訂約成本等交易成本較高之外，長期租約發生糾紛或解約的可能性較高。訂約期間地主

---

[259]而關於臺北州的情況，請參考葉淑貞，〈日治時代臺灣佃耕地租期長短的決定因素〉《臺灣史研究》（14：1，2007），頁 177-180。

[260]當在租佃期間，佃農將租佃權利讓渡給他人的習慣，請參考葉淑貞，〈日治時代臺灣佃耕地租期長短的決定因素〉，頁 180-181。

表 2-20 臺中州中途毀約數

市郡別	地主總戶數	佃農調查戶數	毀約地主數	毀約佃農數
臺中	83	126	12	2
大屯	1069	1577	301	93
豐原	4133	604	90	1
東勢	504	303	14	–
大甲	1216	868	287	69
彰化	1185	1546	65	170
員林	2639	6459	631	103
北斗	2482	2082	185	14
南投	3577	886	14	14
新高	240	203	3	1
能高	453	344	8	13
竹山	1212	408	10	20
總計	18795	15406	1620	688

資料來源：臺中州內務部勸業課，《農政資料第一輯：小作料、小作期間並ニ小作權ニ於スル調查》，頁 11。

或佃農任何一方隨時都有可能解除契約。定期間租約之中途解約有時由地主提出，有時也由佃農提出。❷

　　雖然，地主與佃農都有可能隨時需要解約，但是日治時代中途解約的比率並不高，以臺中州為例說明之。表 2-20 臺中州的資料顯示該州在 1924 年時，背棄租佃契約的佃農數只占了全部佃農數的 4.47%，而背棄租佃契約的地主數只占了地主總戶數的 8.62%。若臺中州的情況可代表全島的一般情況，則全臺無論地主或佃農背棄租佃契約的比重均不高。

　　而日治時代臺灣中途解約引發的糾紛占租佃糾紛的比率一直都不

---

❷ 地主提出的場合及佃農提出的場合，請參見臺灣總督府殖產局，《臺灣に於ける小作慣行，其の二新竹州管內》，頁 17-19；臺灣總督府殖產局，《臺灣に於ける小作慣行，其の二臺中州管內》，頁 18-19；《臺灣に於ける小作慣行，其の四高雄州管內》，頁 17-18；臺北州內務部勸業課，《臺北州の小作事情と其の改善施設概要》，頁 29-30。

表 2-21　日治時代因中途解約而引發的糾紛之比率

年	(1) 中途解約引發之糾紛（件）	(2) 租佃糾紛總數（件）	(3)=(1)/(2)(%)	(4) 租佃契約總數（件）	(5)=(1)/(4)(%)
1930	129	616	20.94	291832	0.04
1931	161	929	17.33	295884	0.05
1932	132	846	15.60	271772	0.05
1933	201	920	21.85	276776	0.07
1934	179	719	24.90	281864	0.06
1935	100	666	15.01	287757	0.03
1936	63	483	13.04	295891	0.02
1937	58	367	15.80	296314	0.02
1938	39	241	16.18	294295	0.01
1939	130	295	44.07	288363	0.05
1940	47	1502	3.13	292540	0.02
總計	1,239	7584	16.34	–	–

註　解：以上所謂的中途解約引發的糾紛及租佃糾紛總數指的都是業佃會調停的件數。
資料來源：臺灣總督府殖產局，《本島小作改善事業成績概要》（臺北：該局，1941），頁515-516；租佃契約總數參考本章表 2-9 半自耕農與佃農戶數合計該欄的數字。

高，且呈下降的趨勢。表 2-21 的資料顯示在 1930 至 1940 年之間，中途解約所引發的總糾紛數（1239 件）占租佃糾紛總數（7584 件）的比率為 16.34%，最高發生於 1939 年高達 44.07%，最低發生於 1940 年，只有 3.13%。1939 年因為租佃糾紛的總數不高，只有 295 件，但是中途解約的件數卻仍然不少，有 130 件，因此比率就高達 44.07%。而 1940 年的比率之所以最低，乃是因為該年中途解約的件數是歷年次低的，只有 47 件，高於 1938 年而已，可是 1940 年的糾紛件數卻是歷年最多的，高達 1502 件，因此而使得中途解約的比率下降到歷年最低，只有 3.13% 而已。不只如此，中途解約的絕對數字也呈下滑的趨勢。中途解約引發的糾紛占租地契約之總件數的比率就更低了，大抵上都不超過 0.1%，而且在 1935 年以後，除了 1939 年之外，更降低到 0.05% 以下。

日治時代之所以背棄租佃契約的比率不高，而且解約引發糾紛的比率也很低，這是因爲租佃契約所定的初次期間只有1年、3年或是5-6年，若要續約則採行年年再議的方式進行之。倘若契約所約定的期間相當長，而不是以年年續約的方式延長租約期間的話，毀約的比率將會更高，因爲中途解約而產生的租佃糾紛勢必更多。以續約方式延長租約，使得契約中途解約者少，產生的租佃糾紛也就少了。

四、小結

從本章的分析，我們得知日治時代租約所處的外在環境發生重大轉變，特別是 1920 年代底以後。農業技術變得越來越精耕細作這一點，促使租期需要延長，且交易變得越來越頻繁，交易範圍越來越擴及到不熟識者或租佃慣行不同的人之間，使得業佃越來越容易發生糾紛；又一般人受教育的意願提高，促使權利意識逐漸抬頭，而身體變得越來越健康，使一般人較有體力主張自己的權利；這時又有一些思想團體出現，把一些不滿現況的人集結起來。這些轉變導致租佃糾紛日益增加，因而需要有明確的租約形式及一個廉價、效率高且執行力強大的糾紛仲裁機制。業佃會在這時出現了，除了供應租期長達五至六年的書面租約之外，還提供了仲裁服務的機制。

我們也發現 1920 年代底以前，口頭租約較盛行，而 1930 年代初期以後，轉而以業佃會的書面租約爲主流，除了這兩種租約之外，業佃會以外的其他書式租約一直都不太被採行。1920 年代底以前之所以流行口頭租約，乃是因爲當時的租佃糾紛不多，一般人預期未來發生糾紛的機率不高，因此除了一些容易引發糾紛或是涉及較大利益之租佃地的特殊租約之外，大多選擇訂約成本較低的口頭租約。

既然在 1920 年代底以前，一般人權利意識還不強，交易範圍還不是那麼廣，交易活動尙未那麼多的時代，租佃糾紛比較少，因此租

約的執行成本相對上較低。這時多數的業佃爲了節省訂約成本，大都採用口頭租約。1930 年代以來，因爲公共衛生條件的改善、受教育比率的提高及一些思想團體的出現，使得人們的權利意識抬頭，而交易活動又越來越多，交易範圍也越來越廣，使得租佃糾紛越來越頻繁，因此除了需要有內容較完備的書面租約之外，更需要有仲裁成本較低且執行力量強大的仲裁機構。

而使用業佃會書面租約的人，可以享用業佃會提供的仲裁服務，採用其他書面租約訂約的人不只不能享有這樣的服務，且也需要付出較高的訂約成本，故在業佃會書式租約被廣爲使用之後，其他書式租約就漸漸消失了。可見，日治初期之所以口頭租約盛行，1930 年代以後之所以轉而以業佃會書面租約爲主流，乃是因爲各種租約的預期報酬不同所致，而人們一般都會選取預期報酬較高的租約。因而，我們的結論是日治時代租約結構的轉變及人們租約的選擇符合效率的原則。

日治時代租期的長短主要視作物生長季節的長短、當時的農耕技術的型態以及交易成本的高低而定。在日治時代農業技術的精耕細作化，首先發生於日治初期的甘蔗部門；接著於 1920 年代中期以後出現在稻作部門。日治初期蔗作的耕種就逐漸朝向多肥的技術發展，而 1920 年代中期以後的稻作，也因爲蓬萊米的出現，而朝向精耕細作的型態發展。此外，蔗作生長季節超過一年，大過於稻作的半年，因此適種蔗作之佃耕地的租期要超過一年。這也就是爲什麼在 1920 年以前，南部地區租期較長的租約比率高過於中部地區，而中部地區又高過於北部地區的原因。

而在 1920 年代中期以後，因爲引進的蓬萊米收穫量較大，爲了提高佃農租佃土地與投資的意願，租期需要延長。這促使臺灣在 1930 年代以後，租期普遍延長了。而在 1930 年代租期延長當中，業佃會

發揮相當重要的功能。此外，我們也發現日治時代的租約以 1 年或是 3-5 年爲限，指的是頭期租約。事實上頭期租約期滿後，若任何一方沒有違背契約的內容，通常租約得以延期。以續約的方式，有些契約維持相當長久的年代。爲何不一開始就訂立一個相當長的租期，而要以續約的方式延長租期呢？訂定長期租約可能引發一些額外的交易成本。正因爲租約以年年續約的方式延長了租期，因此日治時代租約之解約比率不高；因爲中途解約而發生糾紛的比率也不高。綜合以上的分析，我們發現日治時代租期訂定的主要考慮因素也是效率的原則。

　　從以上的分析，我們可以推論日治時代租佃制度之所以能夠順暢運行的主要原因之一，在於租佃契約的形式、租期長短及租佃糾紛的仲裁制度都能夠適應外在環境的變遷，而作出適當的調整。

第三章
地租的高低及其決定因素

　　上一章說明日治時代佃權的安排相當符合效率的原則，不過租佃制度除了佃權之外，另一個重要的元素就是地租，日治時代地租的決定是否也符合效率的原則呢？什麼水準的地租才符合效率原則呢？這是本章所關心的問題。

　　如同第一章所論述的，大部分學者都主張日治時代的地租水準過高，降低佃農的所得，造成佃農生活貧困。而我們將在本章第一節，比較自、佃耕農家的所得，從該問題的討論，確實可以發現佃耕農家的所得低於自耕農家。而佃農的貧困可能是農業經營效率較低，或資源稟賦太少，也可能是市場力量薄弱所致。如果佃農的經營效率低於自耕農，從而佃農所賺取的利潤會低於自耕農；在資源的稟賦上，佃農沒有土地，不能保有地租所得；而在市場力量上，如果土地租佃市場受到地主的壟斷，訂定過高的地租，剝奪佃農過多的收穫，確實也可以造成佃農的貧困。以上三種因素都可能導致佃農所得低落，生活貧困。

　　一般人經常提及日治時代地租過高，使得佃農缺乏農事改良的資力，無法施以適當的肥料，因而導致土地被掠奪。也就是說，佃耕農

場的經營方法與自耕農場不同，從而導致佃耕農場經營效率低於自耕農場。❷ 不過，筆者卻曾發現日治時代土地所有權之有無並不影響農場的經營方法，❸ 也不影響農場的經營效率。❹ 這個結論說明佃農的貧窮不是經濟效率的問題所產生的。❺

除了經濟效率之外，研究臺灣租佃制度的學者大都認為地租過高，也是導致佃農所得低落的原因。例如村社新在 1922 年就提到：「很多的地主因為農產品價格騰貴，認為是提高地租的絕好機會，因此而提升地租，使得多年來一直負擔過重的貧弱佃農，最近（1920年代初期）忽然負擔又增加，已到了更加窮困的地步了。最近（1920年代初期）佃農面臨的工資、肥料及其他物價都騰貴，因此負擔忽然又增加，使得佃農收入更加減少，造成生活上更加的困難。」❻ 這種經濟的貧窮，使得佃農無力繳納高額的地租，如果繳納的話，一家必定陷入飢餓。❼ 學者甚且指出，因為地租過高，在有些地區，佃農甚至出現不堪於過高的地租，放棄耕地，成為居無定所的流浪人，或變成為苦力。❽

❷ 請參考本書第一章註解 35。

❸ 葉淑貞，〈日治時代台灣之租佃制度與農場經營〉，發表於國立臺灣大學主辦之「臺灣百年經濟變遷」研討會（1995）。

❹ 葉淑貞，〈日治時代臺灣的租佃制度與農場的經營效率：戰後初期土地改革的省思之一〉，《國家科學委員會研究彙刊：人文及社會科學》7：4（1997），頁485。

❺ 葉淑貞，〈日治時代臺灣的租佃制度與農場的經營效率：戰後初期土地改革的省思之一〉，頁 486-490。

❻ 村社新，〈小作問題的歸結（一）〉，《臺灣農事報》185（1922），頁 291。

❼ 村社新，〈小作問題的歸結（三）〉，《臺灣農事報》187（1922），頁 475。

❽ 村社新，〈本島小作の現情と業佃會の使命〉，《臺灣農事報》196（1923），頁183-184；豐田藤一郎，〈地代及小作料に關する一見解〉，《臺灣農事報》210（1924），頁 324；今川淵，〈臺灣に於ける小作慣行の改善と業佃會〉，《臺灣時報》54（1923），頁 18。

　　然而，他們大都未提出合理的地租究竟應該多高，就都直接認為地租過高。雖然，村社新曾經提出界限地租的概念，但是如同本書第一章所指出的，村社新並未探究臺灣當時的界限地租應該是多少。張怡敏的研究則以霧峰林澄堂地主所收取的地租相對於土地價格的比率，在 1931 年以後超過銀行一年的定期存款利率，認為地主收取的地租過高，可見張是以地主出租土地的機會成本作為合理地租應該是多少的判斷標準。❷⁶⁹

　　雖然，張怡敏比前人的分析都合乎經濟理論，但是她只從地主的角度來看，並未同時也從佃農的角度來看。且她以銀行一年定期存款利率作為評判標準，但是銀行存款不是地主唯一的投資途徑，地主也可以買股票，以便賺取股利，或者是直接借款給一般需要資金的人。此外，銀行的定期存款風險較其他投資要來得小，因此存款利率通常低於其他投資的報酬率。

　　而地租為何會過高呢？有人主張這是因為佃農之間相互競爭佃耕地，使得地主得以索取過高的地租所致。例如，涂照彥就認為日治時代臺灣地租之所以過高，原因之一就是因為地主影響租佃市場的力量超過佃農所致。❷⁷⁰ 他提到下列四項因素是導致臺灣地租過高的主要因素：（1）由於土地所有制的發展與小農經營型態的零細化，使得農民之間為了謀求租佃地而相互競爭。（2）是因為製糖會社以租耕的方式獲取原料，更加造成對於租佃地的相互競爭。（3）是蓬萊米發展的結果，使得地主收取更高的地租。（4）是幾乎所有的佃租都是採用實物

❷⁶⁹ 張怡敏，《日治時代臺灣地主資本累積之研究——以霧峰林澄堂系為個案》（臺北：國立政治大學地政學系博士論文，2001），頁 131，143，148。
❷⁷⁰ 涂照彥，《日本帝國主義下的臺灣》（臺北：人間，1991），頁 189-190。

繳納的方式。❷不過，以上四個原因可能還存在著一些問題。❷

　　因此，本章的主旨在於探究以下幾個問題：（1）戰前佃農的所得水準是否確實低於自耕農；若佃農的所得較低，是否因缺乏土地所有權所致；（2）合理的地租到底應該是多少，實際的地租是否確實高過於合理的地租；（3）地租是如何決定的，地主是否確實可以任意決定地租，而製糖會社的競租土地及蓬萊米的發展是否確實造成地租過高。以下第一節將比較佃農與自耕農所得的高低，如果佃農所得低於自耕農，是否確實是因為地租過高所致，或者是因為缺乏土地的所有權；第二節介紹地租的計算方式及與地租相關的租佃習慣，作為後續分析的基礎。第三節將利用第一章所介紹的全島性十一次地租方面的調查，探究全臺及各地區地租高低長期間的變動趨勢如何；第四節將分別從土地對生產的貢獻與地主出租土地的機會成本兩個面向，檢視地租是否過高。第五節將進一步利用迴歸分析，探討地租高低的決定因素，重點在於地租的高低是否與收穫量、地價、製糖會社占有佃耕地面積比率高低、地主壟斷及稻種有關。最後一節為本章的結論。

一、自、佃耕農家所得之比較

　　戰後土地改革的一些相關文獻宣稱土地改革以前佃農生活貧困，而土地改革的功能或目的之一乃是改善了佃農的生活水準。到底土地改革以前佃農家庭的所得是否確實比較低？佃農所得若確實較低，則一定是地租促成的嗎？若是地租促成，則是因為佃農無法保有地租所得？抑或是因為地租過高？本節將利用第一章所介紹的 1925-27 年稻

---

❷ 涂照彥，《日本帝國主義下的臺灣》，頁 189-191。
❷ 至於存在什麼樣的問題，請參考葉淑貞，〈日治時代地租高低的決定因素〉，《臺灣銀行季刊》62：2（2011），頁 215-216 或本章第五節的討論。

作農場的生產投入資料及 1931-33 年米作與蔗作農家的經濟調查資料，比較自耕農家與佃耕農家的所得，並探究何種因素促成其間的差異。

（一）農家所得的組成分子

農家所得（Y）由農業所得（Y_a）與非農業所得（Y_{na}）組成，而農業所得的高低可能與耕地的大小（A）或單位面積所得（y_a）有關。農家每單位耕地之所得來源可以分成利潤（π）以及自有生產因素投入之報酬，而利潤的高低則決定於收益與成本。試將這些因素與所得之間的關係，以數學式子列示如下：

$$Y = Y_a + Y_{na}$$
$$Y_a = A * y_a$$
$$y_a = \pi + R_f$$
$$= (PQ - WZ - R_A) + R_f \tag{1}$$

式中 Q 與 Z 分別代表農產量與土地以外之生產因素的投入量；而 P、W、R_A、R_f 則分別表示農產品價格、土地以外之生產因素的價格、地租以及自有生產因素的報酬。

從上式可以看到，農業所得的多寡繫之於耕地大小、利潤高低以及自有生產因素量，因此農家的資源稟賦多少將影響農家所得的高低。在資源的稟賦上，自耕農擁有土地所有權，可以保有地租收入；佃農缺乏耕地所有權，無法保有地租收入。若將自有生產因素分成土地（A）與非土地（X_f）兩種，佃農只能保有自有之非土地投入因素的報酬（$W * X_f$），反之自耕農則可以保有兩種自有生產因素的報酬（$R_f = R_A + W * X_f$）。既然佃農與自耕農的農業所得來源不盡相同，

我們以 T 與 O 表示佃農與自耕農,分別列出兩者的單位面積所得組成:

$$y_a^O = (P^O Q^O - W^O Z^O - R_A^O) + W^O X_f^O + R_A^O$$
$$y_a^T = (P^T Q^T - W^T Z^T - R_A^T) + W^T X_f^T$$

把成本扣除地租,則自耕與佃耕農場每單位耕地所創造的利潤並無顯著的差異。[273]若將扣除地租之成本稱為調整成本(亦即 WZ),收益扣除調整成本之餘額可以稱為調整利潤($\pi' = PQ - WZ$),則自、佃耕農場之單位面積所得組成可以改寫為:

$$y_a^O = (\pi'^O - R_A^O) + W^O X_f^O + R_A^O$$
$$y_a^T = (\pi'^T - R_A^T) + W^T X_f^T \qquad (2)$$

我們把調整利潤與非土地自有生產因素的報酬合計稱為調整所得,則如果自、佃耕農場每單位面積之非土地自有生產因素報酬有無顯著差異,則兩種農場的調整所得將會相等:

$$\pi'^O + W^O X_f^O = \pi'^T + W^T X_f^T \qquad (3)$$

因此,兩者之單位面積農業所得之差距變為:

$$y_a^O - y_a^T = R^T \qquad (4)$$

---

[273] 葉淑貞,〈日治時代臺灣的租佃制度與農場的經營效率:戰後初期土地改革的省思之一〉,頁 486。

既然佃農所支付之地租為正值，則他從每單位面積所獲致之所得低於自耕農。

接著為了進一步了解這樣的所得差距是否符合效率的原則，我們將符合效率原則的均衡地租寫為 R^{*T}_A，並將式 4 改寫為：

$$y^O_a - y^T_a = R^{*T}_A + \left(R^T_A - R^{*T}_A \right) \tag{5}$$

根據式 5，我們發現佃農所得低落可能一方面是因為地主剝削，以致於繳納過高的地租額（$R^T_A - R^{*T}_A > 0$）；另一方面則是因為土地非自有，無法保有土地的貢獻額（R^{*T}_A）。因此佃農缺乏耕地所有權對所得低落的影響效果可以分成兩方面：地主剝削效果以及所有權缺乏淨效果。當 $R^T_A - R^{*T}_A > 0$，則有地主剝削效果。此時若要提高經濟效率，應該降低地租水準，而降低的幅度便是超過均衡地租的部分。如果降低的額度超過此一水準，或甚至免除佃農繳納地租的義務，則反而會降低經濟效率。

若在此種情況之下，佃農的所得因而提高了，則可以說所得的提高乃是重分配的效果，並不是效率提高的效果。在自、佃耕農場的經濟效率相當，而地租又未曾超過均衡水準的情況下，任何形式的土地改革若提高了佃農的所得，只是一種所得重分配的效果。本章的主旨之一在於分析日治時代的地租是否超過均衡的水準，目的是要了解在這樣的情況之下，若採行任何形式的土地改革，對農家所得的影響是否只是一種所得重分配效果。

（二）農家所得高低之分析

根據上一小節所推演之所得組成分子及其與農家總所得之間的關係，本小節要利用第一章所述之 1930 年代初期農家經濟調查所獲得

的資料，分析日治時代佃農與自耕農所得的高低，並檢閱所得之差距是否源自於土地所有權之有無。第一章描述過，日治時代臺灣總督府曾對農家的經濟進行過好幾次的調查，1930 年代初期的調查比較完整詳細，因此，本文便討論 1930 年代初期的狀況。

農家經濟調查的最終目的在於了解農家的所得與消費狀況，因此缺乏自有生產因素投入報酬的資料。[274] 為了解自、佃耕農的農業利潤與自有生產因素報酬等兩部分所得的異同，我們採用第一章介紹之臺灣總督府在 1925-27 年進行的四期稻作經濟（即投入與產出）調查的資料。表 3-1 列了這四期稻作自、佃耕農場每甲地各種所得組成金額以及所得總額，其中的所得總額數字顯示佃耕農場每甲所得平均比自耕農場低了約 133-137 圓，而且此一差距非常顯著。

構成所得總額之利潤乃是收益扣除成本的餘額，而自耕農場的地租成本並非實際金額，是設算金額，因此我們將此一概念的利潤稱為「設算利潤」，佃耕農場利潤的平均值也低於自耕農場的設算利潤。總督府並非以自耕農場耕地的生產力設算地租，而是採用地主購地出租之機會成本的估計值，亦即土地價格以及利率的假設值而設算。此一方法所估得之地租額明顯且一致地低於佃耕農場的地租，有可能是地價或利率的低估所致。[275]

為了避免自耕農場設算地租可能的低估，我們從成本中扣除（設算）地租與土地稅（稱為調整成本），以此計算出「調整利潤」以及「調整利潤成本比」（調整利潤除以調整成本）。[276] 結果佃耕農場無論是調整利潤或調整利潤成本比都高於自耕農場，不過其間的差距非常

---

[274] 從收益扣除雇入或買入生產因素的費用，餘下的便是所得。
[275] 關於這方面的討論，請見本書第四章的詳細論述。
[276] 關於調整成本及調整利潤的詳細定義，請見第四章第一節的討論。

有限。

　　從表 3-1 的資料，可以發現佃耕農場的利潤雖然低於自耕農場的設算利潤，但是其調整利潤卻略微高於自耕農場，而且根據樣本組二，兩者之調整利潤成本比分別是 1.2645 及 1.2839，十分接近，這些指標顯示佃耕農場與自耕農場的經營效率應該相當接近。除了相對於標準差來說，兩種農場的平均調整利潤接近之外，兩種農場自有生產因素投入的設算報酬也十分接近，因此上一小節式 3 所列的等式關係成立。從此可以得到，自耕與佃耕農場的調整所得相當接近，並無顯著的差異。這說明佃耕農場單位面積所得之所以低於自耕農場，乃是

表 3-1　自、佃耕稻作農場的農業所得之組成（1925–27）

年	樣本組一		樣本組二	
	自耕	佃耕	自耕	佃耕
收益（圓/甲）	354（121）	351（104）	355（121）	358（120）
成本（圓/甲）	294（100）	308（ 88）	296（100）	311（ 89）
調整成本（圓/甲）	159（ 69）	155（ 59）	162（ 71）	157（ 60）
地租（圓/甲）	129（ 55）	151（ 49）	119（ 55）	152（ 49）
（設算）利潤（圓/甲）	59（ 89）	43（ 73）	59（ 90）	47（ 91）
調整利潤（圓/甲）	194（ 97）	196（ 86）	194（ 98）	200（101）
土地以外之自家投入	79（ 35）	78（ 33）	79（ 37）	78（ 35）
所得（圓/甲）	258（ 94）	121（ 78）	258（ 94）	125（ 95）
調整所得（圓）	273（ 95）	274（ 96）	273（ 95）	278（111）
耕地面積（甲）	3（ 2）	4（ 3）	3（ 2）	4（ 3）
總所得（圓）	744（518）	470（534）	760（579）	474（556）
總調整所得（圓）	789（543）	1035（999）	806（602）	1043（1002）

註　解：所謂樣本組一及樣本組二的意義，請參考葉淑貞，〈日治時代臺灣的地租水準〉，《臺灣史研究》8：2（2001），頁 127 的介紹。而總所得乃是從全部稻作耕地所獲致的所得；調整所得為調整利潤與自家生產因素所得之和；括弧內的數值為標準差。

資料來源：臺灣總督府殖產局，《主要農作物經濟調查其／一　水稻》（臺北：該局，1927），頁 11-19；臺灣總督府殖產局，《主要農作物經濟調查其／三　水稻》（臺北：該局，1927），頁 9-16；臺灣總督府殖產局，《主要農作物經濟調查其／六　水稻》（臺北：該局，1928），頁 11-21；臺灣總督府殖產局，《主要農作物經濟調查其／九　水稻》（臺北：該局，1928），頁 11-18。

因爲缺乏地租所得所致。因此，如果佃農納租的義務被免除，則其從每甲土地獲致之所得便與自耕農相當，分別是 273 及 274 圓，或分別是 273 及 278 圓，佃農略微高於自耕農。

　　以上稻作農場的收支只包含稻作部分，一般農家雖然可能以某種作物爲主作，但是通常都還種有多種其他作物，也有非農業來源的所得。接著，我們根據 1930 年代初期的米作與蔗作農家經濟調查資料，從農家的全盤生產活動，分析農家所得的組成以及自、佃耕農家所得差距的來源。原始調查資料將農家分成自耕、半自耕與佃耕 3 種。從表 3-2 的整理，可以看到佃農或半自耕農之家庭所得較低確實

表 3-2　自、佃耕農家的所得組成（1931-34）

年	米作農家			蔗作農家		
	自耕	半自耕	佃耕	自耕	半自耕	佃耕
農家所得	1134（529）	772（504）	518（385）	796（478）	623（569）	520（363）
農業所得	697（317）	569（391）	370（346）	591（397）	375（337）	449（294）
地租	31（ 48）	202（137）	390（182）	41（ 50）	387（379）	620（592）
調整農業所得	870（401）	836（537）	776（478）	689（396）	793（697）	1084（869）
每人農業所得	75（ 33）	69（ 41）	49（ 43）	62（ 53）	29（ 11）	44（ 20）
每人調整農業所得	94（ 41）	97（ 59）	95（ 59）	73（ 56）	60（ 15）	98（ 39）
每甲地農業所得	220（101）	196（117）	123（ 67）	97（ 54）	66（ 49）	72（ 37）
每甲地調整農業所得	273（110）	268（143）	251（ 86）	116（ 52）	145（102）	174（ 77）
非農業所得	437（421）	303（221）	480（166）	205（173）	281（330）	71（ 77）
非農業用地（甲）	2.1（2.4）	0.3（0.3）	0.5（0.6）	0.9（1.1）	2.0（2.9）	0.4（0.6）
非農業收入	550（498）	220（229）	158（177）	436（367）	459（597）	150（168）
財產收入	352（486）	42（ 85）	24（ 61）	141（217）	308（568）	32（ 88）
勤勞收入	98（191）	144（182）	82（166）	203（255）	90（122）	68（ 79）
財產收入百分比	64	19	15	32	67	21
勤勞收入百分比	18	65	52	47	20	45

註　解：調整所得為所得、地租、稅之和；括弧內的數值為標準差。
資料來源：臺灣總督府殖產局，《農家經濟調查其ノ一　米作農家》（臺北：該局，1934），頁
　　　　　35，52-55，64，66，77，92-94，104，106，117，134-135，146，148；臺灣總
　　　　　督府殖產局，《農家經濟調查其ノ三　蔗作農家》（臺北：該局，1936），頁5，15-
　　　　　17，22-23，33-34。

與土地之有無有關係。米作農家的所得，無論是總所得、農業所得、以及非農業所得，都以自耕為最高，佃耕為最低；而且不同身分農家之間的所得差距都十分明顯。蔗作農家的總所得也是以自耕農為最高，佃農最低；然而農業所得則是半自耕農最低。如果把農業所得加上地租支出，則無論蔗作或是米作農家的農業所得皆以自耕農為最低。可見，佃農農業所得之所以最低確實是因為需繳納地租所致。

　　至於非農業所得，無論米作或是蔗作農家中的自耕農之所以最高，都是因為財產收入較高所致；半自耕農及佃農之所以較低，則都是因為財產收入較低所致。從以上自、佃耕農場所得組成之比較，我們發現一個事實：無論農業所得或非農業所得之差距主要在於地租之有無以及財產之有無或多寡。可見，土地之有無確實是促成佃農或半自耕農之家庭所得較低之要因。既然，佃農之所以較窮，是因為必須繳納地租，那麼當時的佃農是否繳交過高的地租呢？這是本章第三節要討論的問題。

二、與地租有關的租佃習慣

　　佃農承租土地，不僅需要支付地租，也還會有其他一些負擔，地主出租土地也需要支付一些費用。而各自需要支付或承擔的費用有哪些，與租佃習慣有關。因此，本節接著要介紹與地租有關的租佃習慣，以作為本書後續討論的基礎。

　　佃農承租土地時，除了必須支付地租給地主之外，可能還直接或間接付出其他的代價。佃農往往必須繳納押租金給地主，雖然解約之際地主會返還佃農押租金，但是在租佃期間中，地主並不對押租金支付利息。是故，佃農因為納付押租金而喪失的利息收入，實際上應該算為租地成本的一部分。地主對出租的土地可能也需負擔某些費用，例如參與土地的改良、無息貸款給佃農或無租出借其他附屬物給佃

農。因此應該扣除這些費用或成本之後，所剩餘的地租才是地主出租土地的淨收入。若要計算業、佃租佃土地的實際收益與成本，我們必須先討論相關的租佃習慣。本節便依次介紹地租之計算方式、地主之負擔以及佃農之其他負擔等三方面相關的租佃習慣。

(一) 地租的計算方式

日治時代地租的計算有兩種方式。一是按收穫物的一定比率，將收穫物分配給地主及佃農。此一制度現在一般稱為分益租（share tenancy）制度，日治時代稱為定率小作制度。另一種方式是按耕地面積，支付一定量的實物或現金給地主，此一制度稱為定額租（fixed rent）。日治時代習慣上只有新開墾田、看天田、河岸田、低地田、浸水田、果樹園、山地等佃耕地才行分益租制度，一般的佃耕地多行定額租制度。㉗

分益租制度與定額租制度的最大不同在於締結契約之際，地主是否確知將獲得多少地租，或佃農是否確知將納多少地租。若採用分益租制度，地租的高低決定於收穫量的多寡。因此必須等到收穫後，才能確知地租的數額。反之，在定額租制度的場合，地租的數額與佃耕地面積的大小有關，與收穫量的多寡無關，因此在收穫之前，地租的數額已然確定。

若從風險負擔的角度來看，分益租制度使業、佃雙方共同分攤風

㉗臺灣總督府殖產局，《臺灣に於ける小作慣行，其の二新竹州管內》（臺北：該局，1933），頁1；臺灣總督府殖產局，《臺灣に於ける小作慣行，其の三臺中州管內》（臺北：該局，1935），頁1；臺灣總督府殖產局，《臺灣に於ける小作慣行，其の四高雄州管內》（臺北：該局，1941），頁1；臺灣總督府殖產局，《臺灣に於ける小作慣行，其の五臺東廳、花蓮港廳管內》（臺北：該局，1941），頁1；臺北州內務部勸業課，《臺北州の小作事情と其の改善施設概要》（臺北：該課，1937），頁18。

險，定額租制度將風險推給佃農獨自承擔。當收穫量提高時，在定額租制度下，全部增加的收穫量都將悉數歸佃農所有；而在分益租制度下，佃農只能保有增加量的一部分。同理，當收穫量減少時，在定額租制度下，全部的虧損都由佃農如數承擔；但是在分益租制度下，佃農只需負擔一部分的減產損失。

　　理論上說來，當所得較低時，個人比較不願冒風險，為何日治時代多數的佃耕地採行定額租制度，由佃農獨自承擔風險呢？仔細分析採行分益租制度以及定額租制度之耕地的性質，我們可以推測定額租制度可以激勵佃農從事投資並努力耕作。採行分益租制度的佃耕地大多是新開墾田、看天田、河岸田、低地田、浸水田、果樹園以及山地，這些耕地的收穫都相當不穩定。❷⁷⁸ 反之，以上這些田地以外的良田熟畑，只要耕作者進行適當的投資以及耕作，便得以有相當穩定的收穫量。因此，我們可以看到收穫量不穩定的佃耕地行分益租制度，地主與佃農共同分擔風險。反之，收穫穩定的佃耕地，由於風險較小，乃多行定額租制度，由佃農獨自承擔風險。

　　既然收穫較穩定，只要佃農努力耕作，進行適度的投資，並施以適量的肥料，產量便得以提高，而提高的產量全歸佃農所有。反之，若佃農不努力耕作，未進行適度投資，不施以適量的肥料，則將減產，而減產的損失也完全由佃農獨自承受。也就是說，除非遇有天災，否則良田熟畑的產量多少，在相當程度之內，決定於耕作者的投入量、經營效率以及採用的技術。因此，良田熟畑採行定額租制度可以激勵佃農努力耕作，或是防止佃農怠惰，並促使佃農使用適宜的經營方式以及技術。

---

❷⁷⁸臺灣總督府殖產局，《臺灣に於ける小作慣行，其の二新竹州管內》，頁 1；臺灣總督府殖產局，《臺灣に於ける小作慣行，其の三臺中州管內》，頁 1。

　　然而，收穫量不穩定之佃耕地，其收穫量之高低未必與佃農的投入量或耕作技術有密切的關係。即使佃農努力耕作，或使用適宜的技術，佃耕地的收穫量也未必就能提高。在這種情況下，若將風險全數推給佃農承擔，勢必無人願意承租；而且即使承租以後，也未必願意使用適當的技術，並努力耕作。因此地主即使不願意承擔全部的風險，也必須分擔部分的風險。在這種情況之下，地租的訂定便按收穫量的一定比率分配，以便雙方共同分攤風險。不僅如此，地主也往往分擔耕作費用，以便更進一步激勵佃農努力耕作。

　　從 1930 年代的調查報告，我們發現無論臺北州、新竹州、臺中州、高雄州、臺東廳以及花蓮港廳，凡是田的開墾由：

（1）地主負擔，則於開墾之後，三年至五年之內按收穫量的一定比率納地租。

（2）佃農負責，則三年至五年之內完全免納地租。一直到三年或五年後，收穫穩定了，才改行定額租制度。[279]

（3）而果樹園的地租，也是按收穫量的一定比率繳納，不過比率的高低視地主是否分攤耕作費用而定。若苗木、肥料等耕作費用全由佃農負擔，則地租大致定為收穫量的 20%–30%；若地主負擔一半的苗木與肥料費用，則待至有收穫物之後才開始納租，而地租定為收穫量的 50%。[280]

---

[279] 臺灣總督府殖產局，《臺灣に於ける小作慣行，其の二新竹州管內》，頁 35-36；臺灣總督府殖產局，《臺灣に於ける小作慣行，其の三臺中州管內》，頁 36；臺灣總督府殖產局，《臺灣に於ける小作慣行，其の四高雄州管內》，頁 34-35；臺灣總督府殖產局，《臺灣に於ける小作慣行，其の五臺東廳、花蓮港廳管內》，頁 19；臺北州內務部勸業課，《臺北州の小作事情と其の改善施設概要》，頁 43。

[280] 臺灣總督府殖產局，《臺灣に於ける小作慣行，其の二新竹州管內》，頁 37-38；臺灣總督府殖產局，《臺灣に於ける小作慣行，其の四高雄州管內》，頁 35；臺北州內務部勸業課，《臺北州の小作事情と其の改善施設概要》，頁 45。

　　除了新開墾地及果園之外，還有一些不良的田地也都採行分益租制度，業佃不只按一定比率分配收穫物，也共同負擔經營費用。試以臺南州北港郡所採行的分益租制度為例，該郡地處近海地帶，地多鹽分且臨強風，每年收穫不穩定，因而大多採行分益租制度。[281]該地位於嘉南大圳的三年輪作區之內，故有甘蔗、雜作（花生、甘藷）及水稻等三類作物的輪種。凡是分益租制度的租佃地，無論種植何種作物，地主與佃農不僅都按一定的比率分配收穫物，而且也共同分攤耕作費用。其中購買肥料以及種苗大都折半分攤，稅課及嘉南大圳水租大都由地主負擔，而耕作勞力則大多全由佃農負責。[282]

　　以上的分析說明良田熟畑能夠且得以行定額租制度，乃是因為其收穫量較穩定，定額租制度可以激勵佃農努力耕作。新開墾田或是劣等田畑之所以而且必須行分益租制度，乃是因為其收穫量不穩定，分益租制度使地主與佃農共同分攤風險，避免打擊承租人的投資意願，以吸引承租者。這樣的推理隱含了地主在乎其出租地之收穫量的假設。地主之所以在乎出租地的收穫量，乃是因為收穫量的高低是決定地租高低的重要因素。

　　從附表 3-4 可以看到，歷次的調查報告都指出地租的高低主要決定於收穫量及過去的地租，其次也考慮耕作的難易與鄰地的地租；而在臺東廳及花蓮港廳，押租金之有無也是一個考慮因素。[283]地租既然

[281]臺灣總督府殖產局，《臺灣ニ於ケル小作問題ニ關スル資料》（臺北：臺灣總督府殖產局，1930），頁 139。

[282]關於各項耕作費用負擔，以及各種正副產物的分配，詳細情況可參考附表 3-1、3-2、3-3。

[283]臺灣總督府殖產局，《臺灣に於ける小作慣行，其の二新竹州》，頁 35；臺灣總督府殖產局，《臺灣に於ける小作慣行，其の三臺中州》，頁 35；臺灣總督府殖產局，《臺灣に於ける小作慣行，其の四高雄州》，頁 34；臺灣總督府殖產局，《臺灣に於ける小作慣行，其の五臺東廳、花蓮港廳》，頁 19；臺北州內務部勸

決定於收穫量及過去的地租，如果過去的地租也以相同的準則決定，則地租主要還是決定於目前及過去的收穫量。

根據調查報告，日治時代地租的種類與數額的決定，乃是按佃耕地的地目，而有一定的慣例或準則。凡行分益租的田地概以收穫物納租。地租數額的決定一般以收穫量或收穫物之價值的相關訊息作為基準。水田既然納實物地租，便以收穫量為地租高低之決定基準。旱田納現金，但是所種的作物比較雜多，故以耕地買賣價格或收穫量為地租高低之參考標準。茶園納現金地租，故多以收穫物之價值的相關訊息，作為地租的決定基準。其中既成茶園以春期收穫之粗製茶量及當年的茶價、或以茶的株數及當年茶價、或以年收穫量作為地租之決定準則。而造成茶園在最初 3-6 年免納地租，以後多以茶株數目為地租高低之標準。❷⁸⁴ 如果種植的茶樹數目越多，則收穫量應該也會越高，所以應該還是以收穫量的高低為基準。

收穫量的高低既然會影響地租額，地主自然關心出租地的收穫情況。為了提高出租地的收穫量，地主不只採行能夠激勵或不打擊佃農投資意願之地租訂立方式，也配合其他提高收穫量或其他不使收穫量降低的措施。例如地主常參與土地的改良、無息貸款給佃農、補助佃農耕作費用、或參與資本財的投資，下一小節將詳細討論這些措施。又為了不使收穫量降低，地主也常親自或由管理人（代理人）巡視出租地，了解作物收成狀況，並調查佃農施肥是否進行適當、耕作是否努力、對於耕地與各種附帶資本是否善盡保護之責。❷⁸⁵ 而且契約中都訂有「佃農未對租佃地適度耕耘施肥，致使地質變得瘠薄的場合，地

業課，《臺北州の小作事情と其の改善施設概要》，頁 43。
❷⁸⁴ 同上註前兩項文獻之頁 35-38，以及上註最後一文獻之頁 43-45。
❷⁸⁵ 臺灣總督府殖產局，《各州小作慣行調查》（臺北：該局，1926），頁 64-68，128，231-233，311，365。

主得以隨時任意解約」的條件。[286] 可見，地主十分關心出租地的收穫情況，此乃因為收穫量多寡關係著地租的高低。

（二）地主的負擔

地主出租土地時，往往也協助佃農的生產活動，例如進行土地改良、提供資本設備、貸與或補助佃農生產資金。此外，地主在出租土地時，也無租提供一些附屬物給佃農，例如田寮、佃農自家用的菜園等。又，土地既然是地主所有，地主必須繳納土地稅，也負擔部分的水租。由於這些資助或費用，一方面地主的租地收入減少，另一方面佃農的負擔便減輕了。在求算佃農的租地成本或地主的租地收入時，應該要考慮這些因素。

檢閱歷次租佃慣行調查，可以發現租約也要求地主給予佃農經營上的一些協助，最普遍的是地主負擔佃耕地的保存及改良設施費。一般比較巨大而昂貴的保存改良設施由地主負責，簡易而花費較低的由佃農負擔。工程的大小多以工程的種類來劃分，其中因災變而埋沒缺潰之耕地的修復、堤防及埤圳的新設等一類的工程由地主負責，圳路及水橋的疏浚、畦畔的修理等一類的小工程由佃農自行負擔。[287] 也有少數地區以工程所需人力多少來界定工程之大小，例如臺北州海山郡三峽及新竹州新竹郡湖口，以需要 10 人以上之工程為大工程；新竹州苗栗郡三義地區，則以 20 人以上之工程為大工程；新竹州新竹市

---

[286] 見臺灣總督府殖產局，《各州小作慣行調查》各州廳所附的租約範本，或葉淑貞，〈臺灣日治時代租佃制度的運行〉，發表於中央研究院臺灣史研究所籌備處與國立臺灣大學歷史學系主辦之「臺灣史研究百年回顧與專題研討會」（1995），附表一與附表二的租約範本。

[287] 臺灣總督府殖產局，《臺灣に於ける小作慣行，其の二新竹州管內》，頁 64-65；臺灣總督府殖產局，《臺灣に於ける小作慣行，其の三臺中州管內》，頁 58-60；臺北州內務部勸業課，《臺北州の小作事情と其の改善施設概要》，頁 65。

之租約，多以 30 人以上之工程為大工程。這些大工程通常由地主負責修建。

　　除了參與土地的改良之外，地主也常提供防風林或協助建設水車、水橋、埤池、水井等資本設備。其中水車、水橋、埤池及水井多由地主提供，倘若需要新設，則由雙方協議分擔不同的部分，或折半均分建造費用。則在解約時，若採用前一種方式，佃農得以攜走所負責的部分；若採用後一種方式，新的佃農補償舊佃農負擔的部分。❷❽❽防風林的種植也是由地主與佃農協議進行，合作的方式可能是地主造作堤防，佃農種植竹林；或是地主負擔苗木，並補助一部分的現金支出。

　　地主除了無息提供這些資本設備給佃農使用之外，佃農也得以採伐田寮附近的林木，以供自家使用，❷❽❾並且可以無租使用田寮。地主除了負責建造田寮之外，也負擔大修繕的材料費以及工錢，至於田寮內部的設備以及小的修繕則由佃農自己負責。又當佃農承租的土地中，有水田以及旱田的情況，除了蔗園之外，多數的旱田附屬於水田，無須繳納地租，除非旱田的面積很大。此外，地主也常無租提供小塊菜園給佃農，種植自家使用的蔬菜。旱田、菜園以及田寮雖形式上不必支付地租，但實際上乃是依附於水田之中，一併納租。因此當我們在計算水田的地租時，事實上應先設算旱田、菜園以及田寮的地租，扣除這部分地租，剩餘的部分應該才是水田的地租。

　　地主也常給予佃農種子、肥料及資金的貸放及補助。這些協助一般是出於自願，而不是迫於租約之規定。只有在很少數地區或少數時

---

❷❽❽臺灣總督府殖產局，《臺灣に於ける小作慣行，其の二新竹州管內》，頁 62-63；
　　臺灣總督府殖產局，《臺灣に於ける小作慣行，其の三臺中州管內》，頁 62-63；
　　臺北州內務部勸業課，《臺北州の小作事情と其の改善施設概要》，頁 64-65。
❷❽❾臺北州內務部勸業課，《臺北州の小作事情と其の改善施設概要》，頁 64。

期，租約才做出這類規定。例如在臺北州及新竹州蓬萊米栽培之初，爲鼓勵蓬萊米之栽種，有些租約規定地主補助部分肥料；臺中州彰化郡福興、南投郡南投、能高郡國姓、竹山郡竹山等地區，栽培新作物的場合，或佃耕地惡劣的場合，也可見到地主補助佃農的規定。地主貸放佃農種子，貸借或補助耕種及生活所需之實物或現金給佃農之事情，通常出之於自願。其中貸借之慣習相當普遍，而且已行之久遠。對於這些貸放，通常不收利息。不過，地主給予佃農補助之事，則是在 1920 年代末期租佃改善事業施行以後，才逐漸增加。❷⁹⁰

地主也需要支付一部分的水租。臺灣一般農家無論佃農或自耕農可以利用租賃方式，取得需要的灌溉用水，爲此所支付的費用稱爲水租。水租分爲特別水租及普通水租，一般說來特別水租由地主負擔，普通水租由佃農或雙方共同支付。正因爲地主常負擔部分水租或自行籌建水利設施，因此佃耕地中水田的比率較之自耕地要高。以日治時代在 1920-21、1932 及 1939 年進行的三次「耕地分配及經營」調查的結果來看，直到 1932 年，佃耕水田的面積都是自耕水田的兩倍以上；反之，佃耕旱田則小於自耕的旱田。自耕水田占總耕地之比率只有 15%-17% 之間，而佃耕水田則有 32%-34%（見表 3-3）。

除了水租之外，地主往往還需負擔各種土地稅、農會的會費以及土地整理組合費，這些費用合稱爲公租公課。佃農除了負擔部分水租之外，不必再負擔這些費用。綜合以上的討論，地主出租土地需負擔水租、土地稅、資本財的利息、田寮及附屬旱田之租金等等項目的成本。

---

❷⁹⁰ 以上資料從臺灣總督府殖產局，《臺灣に於ける小作慣行，其の二新竹州管內》，頁 58-59；臺灣總督府殖產局，《臺灣に於ける小作慣行，其の三臺中州管內》，頁 58；臺北州內務部勸業課，《臺北州の小作事情と其の改善施設概要》，頁 60-61 整理而得。

表 3-3 自、佃耕地之結構

年	總面積（甲）	自耕水田（%）	自耕旱田（%）	佃耕水田（%）	佃耕旱田（%）
1921	691,367	15.09	26.76	33.77	24.38
1932	780,227	16.94	29.51	33.84	19.71
1939	853,561	24.33	19.35	38.51	17.81

資料來源：臺灣總督府殖產局，《耕地分配及經營調查》（臺北：該局，1921），頁 4；臺灣總督府殖產局，《耕地分配竝ニ經營調查》（臺北：該局，1934），頁 2-3；臺灣總督府殖產局，《耕地所有竝經營狀況調查》（臺北：該局，1941），頁 6-7。

（三）佃農的負擔

佃農承租土地除了支付地租之外，也需納付押租金，有時還得預先繳納地租。而繳納地租的種類，行定額租的田地，水田原則上皆納稻穀，所納穀租稱為田租或小租；旱田茶園及果樹園則納現金。但納穀的場合由於特殊的原因，經地主同意可用現金代納，所納現金地租稱為結粟、結租、坐粟、坐租。[291] 旱田、既成茶園及造成茶園納現金，所納現金地租分別稱為園租、園底、園稅；茶頭稅、茶租、茶頭租；以及山稅、山底租。[292]

而押租金是立契約時，佃農交給地主的地租保證金。當佃農積欠地租時，地主在解約之際，得以從押租金扣留欠租金額，或是扣留佃農應付而未付之田寮修繕等費用，餘下的再還給佃農。地主在租佃期間中，得以無息使用這筆資金。佃農繳納押租金因而喪失的利息收

---

[291] 例如佃耕地種的是甘蔗，或種的不是租約規定的稻種，業佃居住地相隔遙遠等等情況下，都可能需要用現金繳納，見臺灣總督府殖產局，《臺灣に於ける小作慣行，其の二新竹州》，頁 41；臺灣總督府殖產局，《臺灣に於ける小作慣行，其の三臺中州》，頁 42；臺北州內務部勸業課，《臺北州の小作事情と其の改善施設概要》，頁 47。

[292] 關於地租的種類，請參考臺灣總督府殖產局，《臺灣に於ける小作慣行，其の二新竹州》，頁 38-43；臺灣總督府殖產局，《臺灣に於ける小作慣行，其の三臺中州》，頁 38-43；臺北州內務部勸業課，《臺北州の小作事情と其の改善施設概要》，頁 45-49。

入，實際上應算為租地成本的一部分。

押租金的授受與否通常決定於納租的方式以及地域的差別。第二章已經指出押租金的收授在中北部相當普遍，但在南部卻不太流行。而納租的方式有耕作開始之前預先繳納的前納式，以及耕種途中或收穫後再繳納的後納式。在前納式的場合，自然沒有收授押租金的必要。水田租約多行後納，因此大多收授押租金；旱田、茶園以及果樹園租約則前納與後納均有，故只在後納的情況下才需要繳納押租金。

押租金的訂定視佃耕地是水田或旱田而不同。水田的押租金在新竹州及臺中州有些地方是按耕地的面積而定，其金額在新竹州一甲地50圓、100圓、200圓，而在臺中州則一甲地10圓、30圓或50圓。[293] 旱田的押租金在臺北州及新竹州多按地租的某個比率而定，這個比率大致是20%-50%。[294] 在臺中州則按耕地的面積而定，一甲地大約納付10-50圓。[295] 茶園的押租金多以茶的株數訂定，臺北以一萬株3圓為最普遍，[296] 而新竹州則以一萬株10-20圓為最普遍。[297]

除了押租金之外，預先繳納的地租也間接地增加了佃農的負擔。前納的場合，佃農將損失利息收入，因比喪失的利息收入也應該算為租地成本的一部分。此外，地租的繳納有一次納清者，稱為全納；也有分數次納全者，稱為分納。水田若屬單期作田，則全納；若為兩期作田，則二回分納。而旱田也分全納以及二回分納，第一回分納的比率大多為50%。茶園一年收穫四次，故有全納、二回分納、三回分納

[293] 臺灣總督府殖產局，《臺灣に於ける小作慣行，其の二新竹州管內》，頁73；臺灣總督府殖產局，《臺灣に於ける小作慣行，其の三臺中州管內》，頁71。

[294] 臺灣總督府殖產局，《臺灣に於ける小作慣行，其の二新竹州管內》，頁74；臺北州內務部勸業課，《臺北州の小作事情と其の改善施設概要》，頁73。

[295] 臺灣總督府殖產局，《臺灣に於ける小作慣行，其の三臺中州管內》，頁71。

[296] 臺北州內務部勸業課，《臺北州の小作事情と其の改善施設概要》，頁73。

[297] 臺灣總督府殖產局，《臺灣に於ける小作慣行，其の二新竹州管內》，頁75。

的方式；二回分納時，各次分納的比率大多爲 50%；三回分納則各次
分納比率多爲 50%、25% 與 25%。既然各次繳納的比率未必相同，
在求算地租占收穫量的比率時，必須以年地租及年收穫量爲基準，求
得結果才不致於產生偏差。

（四）結語

綜合本節的討論，我們得到以下幾個重點。第一、戰前佃農確實
比自耕農要貧窮，但是佃農之所以較貧窮，可能是因爲缺乏土地所有
權，而必須繳納地租，也可能是因爲地主收取過高的地租所致。第
二、日治時代地租的計算方式符合效率的原則。良田熟畑行定額租制
度，因爲其收穫量較穩定，定額租制度可以激勵佃農努力耕作。新開
墾田或是劣等田畑行分益租制度，因爲其收穫量不穩定，分益租制度
使地主與佃農共同分攤風險，以吸引承租者，並避免打擊承租人的投
資意願。這樣的推理隱含了地主在乎其出租地之收穫量的假設。地主
之所以在乎出租地的收穫量，乃是因爲收穫量的高低是決定地租高低
的重要因素。

第三、地主出租土地所獲得的收入有地租、押租金的利息、或預
收地租的利息等三部分。既然地主在乎出租地的收穫情況，所以也會
負擔出租地的土地改良費、堤防、埤圳、防風林、水車、水橋、水井
等資本財的部分費用，貸與佃農之資金，並支付部分水租。需要把這
些投資的利息或是支出算入地主出租土地的支出，除此之外，地主也
需繳納各種稅課，出租土地所獲得的淨收益就是總收入減去以上各種
成本的餘額。最後一點是，佃農承租土地的總成本除了地租，還有押
租金的利息以及預納地租的利息。不過，佃農無租使用田寮、附屬旱
田或菜園、無息使用地主提供的資本財、或無息使用借貸金、無價使
用田寮周圍的竹木、無價或較低價使用灌溉用水。因此，必須從總成

本扣除以上各種利益，所得到的淨額才是佃農承租土地的淨成本。

三、地租的水準

地租是地主得到的份額，而地租以外之餘額則是佃農承租土地，進行耕種得到的份額。本書把地租占收穫量之比例稱爲地租率，而將佃農所得份額占收穫量的比例稱爲佃農分得率。以下將用第一章第三節所介紹的十一次調查結果作爲計算全臺及各州廳地租的依據，這十一次調查所涵蓋的期間分別是 1902、1914、1919、1924、1927、1937-42 年。

（一）資料的處理

地租方面的這十一次調查存有一些問題，其中的土地分類、平均地租的計算及衡量單位這三個問題，與本節的地租之計算有關係，必須要先處理，才能進行分析。

在土地分類上，除了 1927 年的調查之外，其他都只將土地分成水田與旱田，而 1927 年次調查報告則再將水田分成雙期與單期，旱田分成普通旱田與茶園。因此，在下一小節估計全臺地租額或地租率的平均值時，將只分別估算水田與普通旱田。❷❸此外，1937 年總督府以外的 10 次報告又將各類地目分成上、普通、下或是上、中、下三個等級❷❾；1937 年總督府則不做此細分，而是按稅則細分成 20 個等則；而 1938-42 年則把所有水田的等則，按 4-6、7-8、9-12 則分成三個等級，而把旱田按 5-8、9-10、11-13 則分成爲三個等級，應該是相

❷❸ 本書將之簡稱爲旱田，因此本書所謂的旱田，實際上就是地租調查報告上的普通旱田。
❷❾ 1927 年分爲上、普通、下，而其他年代則分爲上、中、下。

當於 1927 年的上、普通、下或是其他年次的上、中、下三個等級。
所以大多數的調查報告乃是將田地先分成水田與旱田兩大類,然後各
類再分成上、普通(或是中)、下三個等級。

然而,根據 1924 與 1927 年次調查報告的說明,所謂等級只是就
各塊土地在市街庄或大字之內所居的等級而言,並非在全臺所有土地
所居的等級。因而,甲庄上等地的收穫量可能低於乙庄普通等地的收
穫量,而且甲庄上等地的收穫量與乙庄上等地的收穫量可能有相當大
的差距。若是這樣的話,則求算不同地區同等級土地收穫量或地租額
之平均數比較不具意義,然而這十一次中的四次調查報告卻都只列示
全島與各州廳(1914、1919、1924)或市、街、庄(1927)各等級土
地的平均值。爲了讓所求出之數值具有意義,若要求算這四次全州廳
或是全臺平均地租(或收穫量、地租率)時,我們將先求各州廳或各
市街庄三等級之平均值,然後再從該些平均值,求得全臺之平均值。

平均值的求算方法有加權平均及簡單平均兩種。若要求算加權平
均值,需要有各州廳各等級土地之調查個數,但是這幾次的調查報告
卻只有 1924、1927 及 1937 年的調查報告有樣本數的資料,可以求得
眞正的加權平均值。1902、1914、1919 年的調查報告,缺乏任何種類
或等級土地調查數目之線索,其中的 1914 與 1919 年又只列出各州廳
各等級水田平均值與旱田平均值。對於 1914 及 1919 這兩年,我們只
能求出各州廳三等級水田簡單平均值與旱田簡單平均值,代表各州廳
的平均水準;然後再從中求出全島水田平均值及旱田平均值,代表全
臺地租、收穫量、或地租率的平均水準,我們將之稱爲近似的加權平
均值。

而 1902 年那次提供的是各堡一個平均值,因此該年的求算方式,
是先從各堡的數值求算各廳的平均值,作爲各廳的數值;然後再計算
各廳的簡單平均數,作爲全島的平均數。至於 1938-42 年各州廳地租

金額的求算比較複雜，以下詳細說明之。

　　雖然該些年代的調查報告正文陳列的都是各州廳的上、中、下等級的平均實物地租的數值，但是文末附了一個表格，這個表格也列有全臺三級田地平均實物地租。[300]

　　我們求各州廳的上、中、下等級的簡單平均，發現與全臺合計平均值不同，從此我們判斷這應該是加權平均值。不過，這個表格的水田地租只有實物地租，因此必須把實物地租化爲以圓爲單位的貨幣地租。正文有一個全臺平均地租金額的表格，[301]可利用這個表格所列的全臺平均的貨幣地租除上文末附的全臺平均實物地租，得到每單位稻穀的價格。最後假設全臺各州廳的稻穀價格都與全臺平均都相同，因此把各州廳的實物地租乘上這個價格後，就可以得到各州廳貨幣地租的金額。

　　此外，水田地租額或收穫量的衡量單位有容量石、重量斤與金額圓三種，在比較這些變數的長期變動趨勢時，爲了避免物價波動的影響，最好採用以容量或重量爲單位的資料。在十一次的調查報告中，1902、1914、1919、1924 年列有容量石爲單位的資料；1927 及 1938-42 年列有重量爲衡量單位的資料；但是這十一次卻都列有金額的數值，因此本文使用金額爲單位的數值。

　　既然使用的是金額的貨幣單位，就牽涉到不同時期購買力的問題，因此必須將不同時期的名目金額化爲實質金額。水田地租多以稻穀繳納，雖然可以只用稻米價格加以平減；不過，旱田地租多以現金繳納，爲了與旱田地租使用相同的平減指數，筆者延用先前估計之農

---

[300] 臺灣銀行調查部鑑定課，《本稻田畑賣買價格及小作料調（昭和十七年）》（臺北：該課，1944），頁 19-20。
[301] 臺灣銀行調查部鑑定課，《本稻田畑賣買價格及小作料調（昭和十七年）》，頁6。

產品批發物價指數，消除物價波動的影響。❷ 該指數以 1927-29 年為
基期，物品範圍涵蓋了日治時代臺灣每年生產的所有農產品。然而該
指數只到 1940 年，至於 1941-42 年物價指數，本文利用 1940 年該指
數對吳聰敏 1940 年的 GDP 平減指數的比例，將吳聰敏的 1941-42 年
的平減指數化成為農產品之 WPI。❸

同時，當探討不同時代各地區地租水準高低時，必須要把行政區
域化成一致。本章討論的年代橫跨了 1902-42 年，日治時代行政區劃
經過數次的變革，分別發生在 1895 年 5 月 21 日，8 月 24 日，11 月 13
日；1896 年 4 月 1 日；1897 年 6 月 10 日；1898 月 6 日 20 月；1901
年 5 月 1 日，11 月 11 日；1909 年 10 月 25 日及 1921 年 9 月 1 日。❹
與本章討論的年代有關的有 1901 年、1909 年及 1921 年這三次。為了
求得區域的一致性，以下要介紹這三次的行政區劃，並討論本章如何
將其整理成為一致性的範圍。

1901 年 11 月的行政區劃將全臺分成為 20 個廳，廳下再分成為
堡。這 20 個廳分別是宜蘭、深坑、基隆、臺北、桃仔園、新竹、苗
栗、臺中、彰化、南投、斗六、嘉義、鹽水港、臺南、蕃薯寮、阿
猴、恆春、鳳山、臺東及澎湖等。1909 年那次的行政重劃將全臺改
為 12 個廳，分別是宜蘭廳、臺北廳、桃園廳、新竹廳、臺中廳、南
投廳、嘉義廳、臺南廳、阿猴廳、花蓮港廳、臺東廳及澎湖廳等行政
區域；而 1921 那次則先將全臺劃分為 5 州 2 廳，即臺北州、新竹州、

❷ Yeh, Shu-Jen, *Economic Growth and the Farm Economy in Colonial Taiwan, 1895-1945*（Ph.D. Dissertation, University of Pittsburgh, 1991），pp.208-209。

❸ 吳聰敏，〈1910 年至 1950 年之間臺灣地區國內生產毛額之估計〉，《經濟論文叢刊》19：2（1991），頁 166；吳聰敏指數 1940 年的數值是 125.96%，而 Yeh 的指數則是 133.83%。

❹ 吳聰敏、葉淑貞、古慧雯，《日本時代台灣經濟統計文獻目錄》（臺北：吳聰敏，2004），頁 IVX。

臺中州、臺南州、高雄州、花蓮港廳、臺東廳；澎湖廳最初屬於高雄州，後來也獨立成爲另一個廳，因此總共是 5 州 3 廳。

而地租調查報告書上最低的行政層級分別是 1902 年以堡爲單位；1914 及 1919 年以廳爲報告書的最低層級。1924 年及 1938-42 年則都是以州廳爲報告層級；但是 1924 年的文末附了一個以市郡別爲單位的表格。1927 及 1937 年總督府則是以田地作爲報告的單位。

雖然各次的重劃，行政區域都有相當大的轉變，但是我們可以使用最後一次的 5 州 3 廳爲標準，而將前兩次的行政區域化爲相同或相近的區域範圍。亦即臺北州包含 1901 年的宜蘭廳、深坑廳、基隆廳以及臺北廳；新竹州包括有 1901 年的桃仔園廳、新竹廳與苗栗廳；臺中州則含有彰化廳、臺中廳、南投廳、斗六廳；臺南州則有嘉義廳、鹽水港廳、臺南廳；高雄州則含括有鳳山廳、阿猴廳、蕃薯寮廳、恆春廳；臺東廳則劃分爲臺東廳與花蓮港廳；澎湖廳仍然是澎湖廳。而 1921 年與 1909 年的對照，則臺北州含有宜蘭廳及臺北廳；新竹州含有桃園廳及新竹廳；臺中州涵蓋有臺中廳與南投廳；臺南州包含了嘉義廳與臺南廳；高雄州則是原來的阿猴廳；而臺東廳、花蓮港廳及澎湖廳則仍然與前次相同。當然這樣的劃分不完全等於實際的情況，但是因爲我們的資料只有1927及1937年提供有街庄市級的資料；因此我們無法將地租的資料，做完全正確的區域重劃。

(二) 全臺平均地租率的變動

所謂地租率是指地租除以收穫量，代表佃農負擔高低的一種指標。日治時代水田的地租率相當穩定，大致維持於 46%-51% 之間。旱田的地租率低於水田，只有 25%-36% 之間（表 3-4）。表 3-4 的數據顯示，水田地租率在 1919 及 1924 年超過 50%，但是在其他三個年代則都低於 50%；且在 1902-37 年間水田平均年地租率是 48.98%。而

旱田地租率從 1902 年的 24.97% 上升到 1924-27 年之間的 27.50%；此後在 1937 年更是上升到 35%；1902-37 年間的平均地租率為 28.64%。可見，水田地租率是旱田地租率的 1.71 左右。

佃農分得率是地租率的餘額，因此佃農分得率的變動趨勢必與地租率呈相反的型態。既然水田地租率在 1919 年以前的階段呈上升之勢，而在 1919 年以後的階段則轉為緩降之勢。那麼相反地，佃農分得率在 1919 年以前應呈下跌之勢，而在 1919-37 年之間轉為緩漲之態。從表 3-4 可以看到，水田佃農分得率從 1902 年的 54%，下降到 1924 年的 49.71%；然後轉而逐漸上升，至 1937 年達 50.64%。旱田佃農分得率從 1902 年的 77%，下降到 1924 年的 65%，1937 年仍然維持於 65%。可見，水田佃農分得率介於 48%-54% 之間，而旱田佃農分得率則介於 64%-77% 之間。

在 1902-37 年間，有收穫量可以計算出地租率及佃農分得率的 5 年當中，佃農從水田收穫量分得的份額有 2 年低於地主所得，有 2 年高於地主，但有一年與地主相當；而佃農分得率平均每年為 50.94%，略微高於地主所獲得的 49.06%。可見，長期看來承租水田之佃農的分得率略微高於地主。而佃農從旱田收穫量分得的份額都遠高於地主，幾乎是地主份額的 2-3 倍。總之，地主從水田分得的比率高於從旱田分得之比率，這個比率大約是 1.71（＝ 48.98/28.64）；相反地，佃農從水田分得的比率低於從旱田分得之比率，這個比率大約只有 0.71（＝ 51.01/71.36）而已。

至於地租金額的變動趨勢如何呢？全臺無論水、旱田的地租都在 1938 年達到最高：水田每甲地為 327.04 圓，而旱田則每甲高達 118.6 圓，是唯一超過百圓的一年。且無論水、旱田的地租也都在 1902 年達到最低：水田只有 107.91 圓，而旱田只有 38.55 圓。長期說來，水田地租呈現上升的趨勢。在 1927 年以前低於 200 圓，而在 1937 年以

表 3-4　全臺平均實質地租及地租率

年	水田地租				普通旱田地租			
	地租	收穫量	地租率(%)	佃農分得率(%)	地租	收穫量	地租率(%)	佃農分得率(%)
1902	107.91	235.58	45.81	54.19	38.55	154.39	24.97	75.03
1914	166.56				67.02			
1919	151.15	290.23	51.09	48.01	52.08			
1924	159.97	318.10	50.29	49.71	48.70	177.25	27.48	72.52
1927	177.02	370.68	47.75	52.25	77.18	281.18	27.45	72.55
1937	254.69	515.98	49.36	50.64	87.74	251.40	34.90	65.10
1938	327.04				118.60			
1939	251.24				98.02			
1940	238.58				95.43			
1941	270.18				96.64			
1942	242.66				90.32			
1902–37	169.55	346.11	48.99	51.01	61.88	216.06	28.64	71.36
1938–42	265.94				99.80			

註　解：實質數值的求得參見本章上一小節的介紹。表中各年的地租率是由表中的地租除以收穫量，因此數字與葉淑貞，〈日治時代臺灣的地租水準〉，頁 121 的數字不太一樣，那裡的數字是各地地租率的平均數；而 1902-37 年及 1938-42 年的收穫量及地租則是各年的平均值，地租率則是各段期間平均每年的地租除以收穫量，佃農分得率則為 100 減去地租率。

資料來源：1902 年水田地租及收穫金額取自於臨時臺灣土地調查局，《田收穫及小租調查書》（臺北：該局，1905），頁 1-446；旱田地租及收穫金額則取自於臨時臺灣土地調查局，《畑收穫及小租調查書》（臺北：該局，1905），頁 1-483；1914 及 1919 年分別取自於臺灣總督府殖產局，《耕地賣買價格小作料公課及收益に關する》（臺北：該局，1916），頁 7 及 9；臺灣總督府殖產局，《耕地賣買價格小作料公課及收益に關する》（臺北：該局，1920），頁 75 及 77；1924 年參考日本勸業銀行臺北支店，《第一回臺灣田畑賣買價格及收益調（大正十四年六月）》（臺北：該店，1925），頁 11、17、18；1927 年參考臺灣總督府殖產局，《耕地賃貸經濟調查其ノ一》（臺北：該局，1930）頁 107-547；臺灣總督府殖產局，《耕地賃貸經濟調查其ノ二》（臺北：該局，1930），頁 121-306；1937 年參考臺灣總督府殖產局，《耕地賃貸經濟調查》（臺北：該局，1939），頁 55-115 及 169-228；1938-42 年參考臺灣銀行調查部鑑定課，《本島田畑買價格及小作料調》（臺北：該課，1944），頁 19-22。物價指數見吳聰敏，〈1910 年至 1950 年之間臺灣地區國內生產毛額之估計〉，頁 166 及 Yeh, Shu-Jen, *Economic Growth and the Farm Economy in Colonial Taiwan, 1895-1945*, pp.208-209。

後提高到超過 200 圓。在 1937-42 年的 6 年中只有 1940 及 1942 這兩年的地租低於 250 圓，其他年代則都高於 250 圓，甚至在 1938 年高達 327.04 圓，是歷年來最高的一年（見表 3-4）。旱田的地租額遠低於水田，在 1902 年的金額，大約只是水田的 36%（38.55/107.91）而已；以後則除了 1924 年略微低於 50 圓之外，其他年代都超過 50 圓，到了 1938 年以後更是都增長到 90 圓以上，因此可以說，臺灣水、旱田的地租額，長期說來大抵都呈現持續上升的趨勢。

若將水田與旱田合併來看，我們發現水、旱田地租的變動至少有兩個相同的特點。第一個共同點是水、旱田地租的變動趨勢完全一致。當水田地租上升時，旱田地租也上升；水田地租下降時，旱田地租也下降。此外，水、旱田地租都在 1902 年處於最低，而 1938 年都達到最高。

既然，地租率乃是地租額相對於收穫量的比例，其變動可能來自於地租，也可能源自於收穫量，因此接著比較收穫量與地租的變動率。水田收穫量在 1902-19 年間平均每年上漲 1.36%，但是地租的漲幅卻高達 2.35%，因而促使地租率從 45.81% 攀升至 51.09%（表 3-4）。接著在 1919-24 年，收穫量平均每年繼續提高 1.92%，地租額則漲幅只有 1.17%，低於收穫量，因而造成此一期間地租率的微幅下滑。在 1924-27 與 1927-37 年間，收穫量平均每年分別漲了 5.50% 與 3.91%，地租則平均每年分別成長 3.55% 與 4.39%，因而造成 1927 年地租率的下滑及 1937 年的微幅上升。

至於旱田在 1902-24 年間，收穫量平均每年只成長 0.67%，但是地租額的增長速度卻高達 1.20%，因而促成地租率從 24.97% 上升至 27.48% 以上。而在 1924-37 年間，收穫量轉而快速成長，每年的速度為 3.22%；但是，地租則以更高的速度提升，每年約為 6.16%，因而造成此一期間地租率的大幅上揚，從 27.48% 提升為 34.90%。

（三）各地區的地租水準

　　如前一小節所述，日治時代全臺水田的地租率相當穩定，大致維持於 45%-51% 之間。旱田的地租率低於水田，只有 25%-36% 之間；可見，其變動幅度比水田地租率變動幅度大。而各州廳的地租及地租率的變動情形如何呢？先討論水田地租。從表 3-5a 所列及圖 3-1 到圖 3-6 所繪製之各州廳的地租變動圖，可以看到下面幾個特點：

（1）在 1902-42 年間，實質地租各州廳都以 1938 年為最高，而且都以 1902 年為最低（表 3-5a）。

（2）各區域的地租大致上中部地區最高，除了 1902 及 1919 年之外，臺中州的地租一直都是最高的；其次是北部地區。南部地區一直都在中、北部地區之後，不過 1939 年以後，逐漸與北部地區接近了。東部地區除了 1927 及 1937 年高過於南部地區之外，其他年代都居於最末位（圖 3-1）。

（3）各區域之內地租的排序大致上是：北部地區大致上是臺北州高於新竹州（表 3-5a 及圖 3-2）；南部地區的排序大致上是高雄州大於臺南州（表 3-5a 及圖 3-3）；而東部地區在 1940 年以前，大致上是花蓮港廳高於臺東廳（表 3-5a 及圖 3-4）。

（4）1938 年以後高雄州的地租超過新竹州的水準，而躍居第三位，有時甚至是僅次於臺中州，而占第二位（表 3-5a 及圖 3-5）。從圖 3-5 及表 3-5a，可以看到高雄州的地租在 1937 年以前，在全臺的排名大概都只有第四名，居於臺中州、新竹州及臺北州之後。不過 1937 年以後，該州的地租轉而躍升至第三名或甚至第二名，超越新竹州或臺北州，特別是新竹州，更都落後於高雄州之後。

（5）在 1927 年以前大致上東部地區的地租居於最末位，但是 1937 年以後，臺南州轉變成為最末位（表 3-5a 及圖 3-6）。

圖 3-1　北、中、南、東部各區域的平均地租

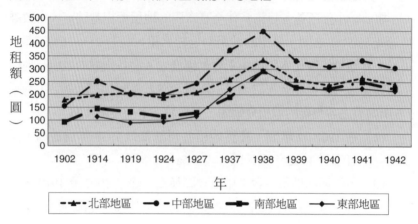

資料來源：同於表 3-4。

圖 3-2　臺北州及新竹州的地租

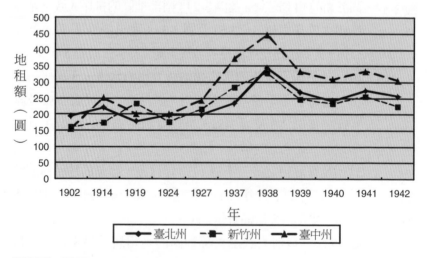

資料來源：同於表 3-4。

圖 3-3　臺南州及高雄州的地租

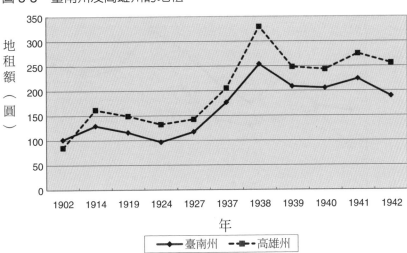

資料來源：同於表 3-4。

圖 3-4　臺東廳及花蓮港廳的地租

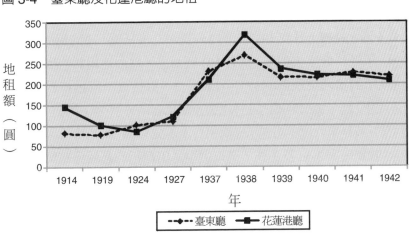

資料來源：同於表 3-4。

圖 3-5　新竹州及高雄州的地租

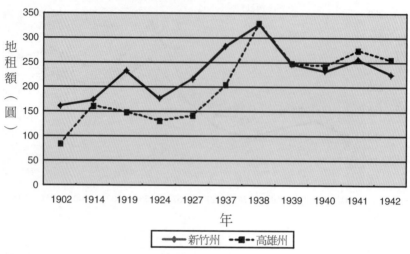

資料來源：同於表 3-4。

　　若比較臺南州及東部地區地租的排名，可以看到在 1937 年以前臺南州高於東部地區，但是在該年以後，臺南州則轉而都低於東部地區。從圖 3-6 及表 3-5a 可以看到，臺南州水田地租額從 1927 年的 151.6 圓，持續上升到 1938 年的 254 圓，之後呈現下降的趨勢，直到 1942 年降到低於 200 圓，只有 193 圓而已。然而地租額的排序卻從 1927 年的第四位跌為 1937 年的最末位，以後就一直維持於這個地位。相反地，東部地區的花蓮港廳及臺東廳則分別從最末兩位，爬升為第五或是第六位，超越了臺南州（表 3-5a 及圖 3-6）。

　　若比較表 3-5a 及 3-5b，可以發現旱田地租的區域分布與水田有一致之處，也有不一致之處。一致之處是中、北部地區在 1927 年以前，臺北州及臺中州相互更迭居於首位；但是不一致之處至少有兩點，那就是臺南州的旱田地租在 1927 年以後轉而與臺北州相互更迭，而居於首位；其次是新竹州旱田地租一直都居於最末位，甚至是

圖 3-6　臺南州及東部地區地租

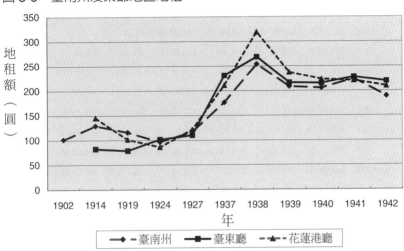

資料來源：同於表 3-4。

落於東部地區之後；各州廳水田都在 1938 年達到最高，但是旱田地
租各地出現最高點的年代不完全相同，其中新竹州及澎湖廳則在 1937
年達到最高，臺北州、臺中州、高雄州及花蓮港廳也都在 1938 年達
到最高，而臺東廳及臺南州則遲至 1939 年才升到最高。

　　以上的分析說明了 1937 年以後，臺灣不同區域水田地租的變化，
有一個顯著的趨勢，那就是區域之間地租的不平衡成長，使得某些地
區的排序發生顯著的改變。在 1927 年以前水田地租以東部為最低，
臺東廳大致上居於最末位，而花蓮港廳則居倒數第二位；接著是南部
地區，該區中的高雄州大致上居於第四位，而臺南州則居於第五或六
位；中北部最高，臺中州一直都是第一位，臺北州及新竹州相互交
錯，處於第二、三位。

　　然而，1937 年以後則呈現不同的分布情形。1937 年以後地租額
仍然以臺中州為最高；臺北州居於臺中州之後；但是新竹州則落於高

表 3-5a　全臺各州廳水田的實質平均地租（圓）

年	臺北州	新竹州	臺中州	臺南州	高雄州	臺東廳	花蓮港廳
1902	194.98（1）	161.81（2）	154.99（3）	101.07（4）	84.74 （5）		
1914	219.63（2）	173.59（3）	251.36（1）	129.25（6）	161.53（4）	85.25 （7）	145.31（5）
1919	178.45（3）	233.15（1）	201.34（2）	116.0 （5）	149.04（4）	78.69 （7）	101.35（6）
1924	196.90（2）	176.79（3）	199.66（1）	96.20 （6）	132.21（4）	101.57（5）	85.87 （7）
1927	199.33（3）	216.51（2）	243.39（1）	117.09（6）	142.42（4）	110.38（7）	121.54（5）
1937	233.81（3）	283.50（2）	373.40（1）	176.37（7）	205.09（6）	230.84（4）	211.00（5）
1938	343.78（2）	327.89（4）	446.69（1）	253.82（7）	329.48（3）	268.68（6）	318.91（5）
1939	269.65（2）	246.55（4）	332.30（1）	208.41（7）	248.13（3）	216.31（6）	237.36（5）
1940	241.53（3）	233.11（4）	308.63（1）	205.31（7）	243.31（2）	215.11（6）	223.08（5）
1941	286.50（3）	267.68（4）	348.46（1）	233.75（6）	286.98（2）	237.73（5）	230.11（7）
1942	262.11（2）	230.66（4）	311.65（1）	193.44（7）	262.05（3）	224.44（5）	214.28（6）
1938–42	280.72（2）	261.18（4）	349.55（1）	218.95（7）	273.99（3）	232.45（6）	244.75（5）

註　解：括弧之內的數字是各地區高低的排序；其他註解及資料來源，同於表 3-4。

表 3-5b　全臺各州廳旱田的實質平均地租（圓）

年	臺北州	新竹州	臺中州	臺南州	高雄州	臺東廳	花蓮港廳	澎湖廳
1902	53.66 （1）	25.87 （5）	30.61 （4）	38.98 （2）	37.12 （3）			
1914	69.48 （2）	18.77 （6）	71.64 （1）	58.87 （3）	55.46 （4）	31.64 （5）		
1919	70.88 （1）	33.17 （6）	65.17 （2）	56.67 （4）	56.59 （5）	28.67 （7）	25.66 （8）	62.86 （3）
1924	66.01 （2）	31.54 （6）	69.84 （1）	53.26 （4）	56.11 （3）	37.54 （5）	26.26 （7）	
1927	75.57 （3）	48.09 （5）	84.08 （2）	98.14 （1）	77.82 （4）	40.57 （7）	36.25 （8）	46.42 （6）
1937	85.30 （4）	49.34 （6）	104.62 （2）	107.41 （1）	98.23 （3）	36.56 （8）	38.93 （7）	77.27 （5）
1938	141.58 （1）	45.05 （8）	115.84 （4）	129.63 （2）	124.12 （3）	49.65 （7）	64.36 （5）	57.00 （6）
1939	135.75 （1）	41.71 （8）	115.31 （4）	134.94 （2）	121.85 （3）	56.42 （6）	63.79 （5）	49.07 （7）
1940	105.36 （3）	37.36 （8）	104.61 （4）	127.77 （1）	113.58 （2）	51.56 （6）	59.78 （5）	26.15 （7）
1941	92.72 （3）	29.14 （8）	86.10 （4）	108.62 （1）	102.66 （2）	43.05 （7）	51.66 （6）	58.28 （5）
1942	87.85 （3）	33.50 （8）	81.53 （4）	99.85 （1）	97.33 （2）	41.71 （7）	47.40 （5）	44.24 （6）
1938–42	112.65 （2）	37.35 （8）	100.68 （4）	120.16 （3）	111.91 （2）	48.48 （7）	57.40 （5）	46.95 （7）

資料來源與註解：同於表 3-5a。

雄州之後，而成為第四位；高雄州則轉進為第二或第三名；相反地，臺南州則退居全臺最末位；而東部地區的臺東廳則居於倒數第二位；花蓮港廳則進為第五位。也就是說，在 1937 年以後南部地租高低的排序有兩極化的變化，高雄州進升為全臺第二或第三位，而臺南州則退居全臺最末位。

從以上的討論，我們可以整理出日治時代地租的變動大致上有以下幾個特點：

（1）無論全臺或各州廳的水田地租都在 1938 年達到最高，1902 年則是最低的。旱田地租則全臺平均及臺北州、臺中州、高雄州及花蓮港廳也都在 1938 年達到最高，新竹州及澎湖廳則早在 1937 年就達到最高，而臺東廳及臺南州則在 1939 年才升到最高。

（2）水田地租率大致繞著 50% 上下微幅波動；旱田地租率遠低於水田，介於 25%–36%，不過波動幅度較水田大。此外，在不同時段裡，無論水田或是旱田的收穫量及地租的變動率都不同，因而促成地租率的起伏不定。

（3）地主從水田分得的比率高於從旱田分得之比率；相反地，佃農從水田分得的比率低於從旱田分得之比率。

（4）從 1937 年以後，臺灣各地的地租發生區域結構性的轉變，南部地區地租的變化呈現兩極化的現象，臺南州地租的排序後退，而高雄州地租的排序則前進。

四、地租是否過高

上一節的分析指出全臺水田地租在 1902-37 年之間平均大概只有 169.55 圓，而 1938-42 年則大幅上揚到 265.94 圓，可見地租長期說來是增長的。這樣的地租水準是否過高呢？這決定於合理的地租到底是

多高。如果我們把合理的地租定義爲有效率的地租，則根據經濟學的定義，從佃農的角度來看，合理的地租應該是稱爲土地邊際產值之最後一單位土地的貢獻。而若從地主的角度來來看，合理的地租應該是地主購買土地，出租給別人耕種的機會成本。這個機會成本一年至少要等於地主若不把資金用來購買土地，而把它存起來，所可獲得的利息收入。因此，以下本節就利用這兩個理論，探究日治時代的地租是否過高。

（一）從土地的貢獻評斷地租的高低

從上一節的分析，我們發現除了 1902-37 年這段時期，地主份額與佃農份額皆與收穫量同方向起伏，地主並未獨享增產的成果，也需分攤減產的損失。至於業佃分得率的高低則視水、旱田而定，水田地主的分得率（亦即地租率）介於 46%-51%，旱田地主的分得率則只有 25%-35%。此一地租率高於歐美各國以及日本，因此王益滔認爲臺灣戰前的地租率太高，同時因爲 1930 年代的租佃糾紛中有 57% 係與地租相關，是故該些文獻認爲過高的地租是戰前租佃糾紛的重要肇因之一。⑤

然而，某一地區的地租是否過高並非決定於該地區地租的絕對水準，更非決定於該地區與他國間地租的相對水準。地租是農業生產過程中，對土地提供的勞務所支付的報酬，因此地租是否太高，視其有無超過土地對產量之邊際貢獻值而定。根據經濟理論，生產者達到利潤極大的均衡條件爲生產因素的實質報酬等於其邊際生產量。而在此一條件下，如果生產函數型態爲 Cobb-Douglas 型式，則地租率等於

---

⑤ 王益滔引述日本學者田邊勝正的研究，英格蘭 1918 年前後之地租率為 14.8%-20.9%，見王益滔，〈臺灣之佃租〉，《財政經濟月刊》2：2（1952），頁 21。

土地投入之函數係數。本小節根據這一理論，評定臺灣的地租及地租率是否過高。

1. 均衡地租與均衡地租率

　　某一單位土地投入對產出的貢獻為當其他生產因素的投入量固定時，因該單位土地的投入而多增加出來的產出。該些多增加出來的產出，若以實物量衡量則稱為邊際產量，而若以貨幣價值衡量則稱為邊際產值。在均衡時，對於該單位土地所提供的勞務，生產者應該支付等同於邊際產值的成本。根據此一理論，均衡的地租額（量）應該等於邊際產值（量），從而將均衡（或適當）的名目地租（R^*）、實質地租（$\delta*$）、與地租率（τ^*）定義如下：

$$R^* = P * MP_A$$

$$\delta^* = \frac{R^*}{P} = MP_A$$

$$\tau^* = \frac{MP_A}{AP_A} \tag{6}$$

　　式 6 的 MP_A、AP_A、P 分別代表土地的邊際產出、土地的平均產出、產出的價格，而所謂土地的平均產出就是本書所稱的（單位面積）收穫量。

　　除了可以利用式 6 推求適中的地租率，也可以藉由迴歸分析中的係數，來判斷各生產因素對產出變動的解釋能力中，土地的相對重要性有多大。此外，如果生產函數屬於 Cobb-Douglas 型態，則也可以推得均衡地租率等於生產函數中的土地係數，更可推得土地所有者所應分得之產出的比率也等於生產函數中的土地係數。倘若生產函數又

屬於一階齊次式，也就是說生產技術屬於固定規模報酬的型態，則各生產因素所應得份額之總和正好等於總產出。為了說明這些理論，我們需先設定生產函數的迴歸模型。

不少農業方面的相關文獻，多將迴歸式的函數型態設定為 Cobb-Douglas。Sharif and Dar 在估計 1981-82 年孟加拉的稻作生產函數時，便將迴歸式設為 Cobb-Douglas。[306] 也有許多文獻通過檢定程序，確定稻作生產技術比較接近 Cobb-Douglas 型態。傅祖壇等人研究臺灣戰後 1988 年農場的生產邊界函數，發現雖然果樹的生產技術比較接近 Translog 型態，但是稻作的生產技術卻較接近 Cobb-Douglas。[307] 既然，傳統上在估計稻作生產函數時，多將迴歸式設定為 Cobb-Douglas 型式，本章以稻作為討論對象，因此也將迴歸模型設定為 Cobb-Douglass 型式，而最小平方模型則設為：

$$\ln Q_j = \beta_0 + \beta_1 \ln L_j + \beta_2 \ln F_j + \beta_3 \ln K_j + \beta_4 \ln A_j + \in_j \qquad (7)$$

式中 j 代表農場 j，而 Q 為產量；L 為勞動投入；F 為肥料投入；K 為農具的投入；A 則代表土地的面積；而 $\in_j$ 為隨機誤差項。[308]

式7的 β_4 為土地的產量彈性，從而可以求得該係數等於式6的 τ^*。

$$\beta_4 = \frac{\partial \ln Q}{\partial \ln A}$$

---

[306] Sharif, Najma R. and Atul A. Dar, "An Empirical Study of the Patterns and Sources of Technical Inefficiency in Traditional and HYV Rice Cultivation in Bangladesh, " *The Journal of Development Studies* 32: 4（1996），pp.612-629.

[307] 傅祖壇、詹滿色及劉錦添，〈生產邊界估計方法、函數型式與個別農場技術效率──台灣稻作與果樹農場之實證〉，《經濟論文叢刊》20：2（1982），頁129-153。

[308] 至於為何選用這些變數，作為生產函數的自變數，請參考第四章的討論。

$$= \frac{\partial Q / \partial A}{Q / A}$$

$$= \frac{MP_A}{AP_A}$$

$$= \tau^* \tag{8}$$

式 8 說明當生產函數爲 Cobb-Douglas 型式時,土地的函數係數等於均衡的地租率。當地租係按土地的邊際產出支付時,地主從土地的投入所應分得的份額爲土地的面積與邊際產量之乘積,因此均衡的地主分得率爲 $[(A\,\partial Q / \partial A)] / Q$。從而地主分得率與土地係數的關係爲:

$$\frac{A(\partial Q / \partial A)}{Q} = \frac{MP_A}{AP_A}$$

$$= \beta_4$$

既然各種生產因素的均衡分得率都等於各自的函數係數,當生產技術爲固定規模報酬的型態時,所有生產投入分得率的合計值等於 1,亦即:

$$\sum_{i=1}^{4} \frac{X_i(\partial Q / \partial X_i)}{Q} = \sum_{i=1}^{4} \beta_i = 1$$

因此,當生產技術爲固定規模報酬的型態時,產量正好等於所有生產因素均衡份額之和:

$$\sum_{i=1}^{4} X_i(\partial Q / \partial X_i) = Q$$

在 199 頁「地租是否過高的檢定」節,我們將根據本小節所闡述

的各種衡量指標，來評斷日治時代臺灣的地租或地租率是否過高。

2. 生產函數的估計

　　爲了得知稻田的邊際產量，以便檢定地租是否過高，我們需先估計生產函數，並檢定函數型態是否屬於一階齊次式。以下將使用臺灣總督府殖產局，對 1925 年二期、1926 年一期、1926 年二期、1927 年一期稻作之生產投入的調查結果，估計生產函數。[309]

　　這些資料分布於三個年代之接連四期稻作。在如此短暫的期間中，生產函數不致於發生顯著的變動，因此可將四期稻作的所有樣本點混合納入同一迴歸式之中。不過，由於氣候的差異，在同年之中的不同生長季節，稻作的生產函數卻有顯著的變化。爲了考慮生長季節的影響，本章乃分別估計一期作與二期作的生產函數。

　　原始資料所提供的樣本數總共有 363 個；一期作與二期作分別有 159 與 204 個。然而，其中有 39 個樣本點有問題，可能導致無法估計或偏誤的估計值。第一類的問題是肥料支出金額爲 0，無法取自然對數；這類的樣本點共有 30 個。第二類的問題是新品種的問題。在 1925 年第二期作，臺南州與高雄州蓬萊米的栽培地仍然很少，分別只有 255 甲與 70 甲。殖產局指出該兩州接受調查的 8 個蓬萊米作農場都還不熟習該作物之栽培，投入產出或收支皆相當異常，因此以下在推估稻作生產函數時，我們將這 8 個農場剔除。第三類的問題是資料記錄有誤。1927 年一期作的調查報告指出該期所調查的農場之中，

---

[309] 臺灣總督府殖產局，《主要農作物經濟調查其ノ一　水稻》，頁 2-9，11-47，82-153；臺灣總督府殖產局，《主要農作物經濟調查其ノ三　水稻》，頁 2-7，9-45，70-115；臺灣總督府殖產局，《主要農作物經濟調查其ノ六　水稻》，頁 2-9，11-49，84-153；臺灣總督府殖產局，《主要農作物經濟調查其ノ九　水稻》，頁 4-9，11-4，74-117。

表 3-6 稻作生產函數之估計值（1925–27）

生長期	樣本組	迴歸係數					規模報酬	R^2
		常數項	土地	勞動	肥料	農具		
一期作	第一組	7.65	0.71	0.19	0.04	0.04	0.98	0.92
		(30.95)	(13.56)	(3.45)	(2.50)	(1.17)		
	第二組	7.59	0.69	0.21	0.04	0.04	0.98	0.92
		(26.57)	(11.16)	(3.21)	(2.42)	(1.16)		
二期作		7.79	0.61	0.13	0.09	0.15	0.98	0.91
		(30.74)	(9.74)	(2.15)	(5.48)	(4.41)		

註　解：括號內的數值為 t 值。
資料來源：請見註 309。

有一個農場的產量異常地高。❸⓾ 殖產局在求算此一期作調查農場的各項投入產出平均數時，都將此一農場剔除。我們判斷此一農場主可能在該期作的記帳上出錯，因此也將此一樣本點去除。將這些樣本點去除之後，一期作與二期作的樣本點剩下 150 與 174 個。

另外，在 1926 年第一期稻作生長期間發生稻熱病，有 29 個農場蒙受嚴重歉收的損失。對於這些農場，報告列有實際的收穫量以及常年的收穫量。為了避免這些觀察值不正常的樣本點，造成估計值的偏誤，我們估計兩組第一期作的生產函數。第一組迴歸式之樣本包含有該 29 個樣本點，但是以常年收穫量取代實際收穫量。第二組迴歸式之樣本不包含該 29 個樣本點，因此樣本點個數只有 121。估計結果列於表 3-6。從該表可以看到，土地的迴歸係數值為 0.61-0.71 之間，而且是顯著地異於 0，其 t 值至少有 9.74。

利用表中所列之各投入因素的係數值，再加上產量標準差的數

---

❸⓾ 該期作一般農場每甲地的成本支出大抵是 200-400 元，而收穫量大多為 3,000-6,000 斤。該農場每甲地之投入成本並非特別高（為 354 圓），但是收穫量卻有 11,060 斤，為一般農場之 2-4 倍。在其他三次調查中，此一農場每甲地的產出依次只有 2,293、6,650 及 4,333 斤，遠小於此期的產量。

表 3-7 稻作投入因素的 *Beta* 係數絕對值（1925–27）

生長期	樣本組	土地	勞動	肥料	農具
一期作	第一組	0.71	0.19	0.08	0.04
	第二組	0.69	0.20	0.08	0.04
二期作		0.60	0.14	0.17	0.15

資料來源：請見註 306。

值，我們可以計算出各投入因素的 *Beta* 係數值，以便得知各個生產因素對於產量的邊際影響力的大小，計算結果列在表 3-7。❸ 表中的數據顯示，土地的 *Beta* 係數絕對值介於 0.6 到 0.7 之間，是影響力最大的解釋變數。勞動對一期作產出的解釋力量次於土地，其 *Beta* 係數絕對值在 0.19-0.2 之間，所以土地的影響力為一期作第二重要因素勞動的 3.5 倍左右。然而對二期作產出的解釋力量次於土地的因素則是肥料，其 *Beta* 係數絕對值為 0.17，所以土地的影響力依然是二期作第二重要因素的 3.5 倍左右。而其中解釋能力最差的因素分別是一期作的農具與二期作的勞動，它們的 *Beta* 係數值分別為 0.04 與 0.14，因此土地的影響力是一期作最不重要因素的 18 倍左右及二期作最不重要影響因素的 4.29 倍。可見無論一期或二期作，土地對產出變動的解釋能力遠高於其他投入因素。因此，我們認為土地是稻作產出的最重要決定因素。

---

❸ 根據式 7 所設的迴歸模型，各解釋變數所對應之 *Beta* 係數定義為：

$$Beta_i = \hat{\beta}_i \frac{s_{Xi}}{s_Q}$$

式中 $\hat{\beta}_i$ 為 β_i 之估計式，s_{Xi} 為各投入因素之標準差，而 s_Q 為產出之標準差。當某一投入因素所對應之 *Beta* 係數的絕對值越大時，該投入因素對產出變動的相對影響力越高。以上可以參考張素梅及葉淑貞，〈日治時代台灣農家儲蓄行為之分析〉，《經濟論文叢刊》24:4（1996），頁 527。

3. 地租是否過高的檢定

　　根據前幾個小節所描述的理論，本小節將以土地的貢獻額與貢獻率，分別評定本章第三節之（二）所計算之 1902-42 年之地租額及地租率是否過高，並對地租過高之假設進行檢定。

　　根據式 6 的定義，我們將地租是否過高之虛無假設與對立假設設定如下：

$$H_0 : R \leq R^* \text{（或 } \delta \leq \delta^* \text{）}$$
$$H_1 : H_0 \text{ 不爲眞} \tag{9}$$

並將地租率過高之虛無假設與對立假設設定如下：

$$H_0 : \tau \leq \tau^*$$
$$H_1 : H_0 \text{ 不爲眞} \tag{10}$$

　　上兩式之中的 R、δ、τ 分別代表實際的名目地租額、實質地租額、地租率。

　　在檢定的過程中，我們需要知道均衡（或適中）的地租（R^*）與均衡的地租率（δ^*）。根據式 8 均衡的地租率等於土地的函數係數，而從表 3-7 的資料，我們看到土地的函數係數值介於 0.6-0.7 之間，其中一期稻作的係數值都高於二期稻作。若與戰後比較，則土地函數係數在戰前與戰後相當。戰後的 1988 年爲 0.6043-0.7054 之間。[312] 因此，如果追求利潤極大化的假設成立，則均衡的地租率至少應該有 60%。

---

[312] 傅祖壇、詹滿色及劉錦添，〈生產邊界估計方法、函數型式與個別農場技術效率──台灣稻作與果樹農場之實證〉，頁 141。

表 3-8 稻作農場的地租及地租率（1925–27）

項目	一期作	二期作
邊際產量（斤）	3,463	2,553
均衡地租（圓）	252	194
均衡地租率（%）	71.42	60.84
實際地租（圓）	163（49.71）	130（49.63）
實際地租率（%）	47.33（13.58）	46.26（11.32）
樣本點數目	73	85
實際地租之 t 值	-15.29	-11.90
實際地租率之 t 值	-15.25	-11.85

註　解：括弧內的數字為標準差；實際地租 t 值與實際地租率 t 值乃是在式 9 與式 10 的虛無
假設成立下，所求出之值。
資料來源：請見註 307。

又從土地的迴歸係數，可以推算出土地的邊際產量，從此求得均衡的
地租水準。根據式 8 的推演，土地的迴歸係數等於土地的產量彈性，
從土地的產量彈性值可以推算出土地的邊際產量如下：

$$MP_A \equiv \frac{\partial Q}{\partial A} = \beta_4 * \left(\frac{Q}{A}\right) = \beta_4 * AP_A$$

依據上式所示，利用土地單位面積收穫量以及土地之生產函數係
數，便可以求出土地的邊際產出。1925-27 年間，佃耕農場之土地邊
際產量大約介於 2,600-3,500 斤左右（見表 3-8）。

利用以上所求得之均衡地租率與均衡地租（即邊際產量或邊際產
值），我們對式 9 與式 10 之地租（率）是否過高之假設進行檢定。
首先利用 1925-27 年佃耕稻作農場的資料，檢定 1925-27 年的狀況。
該些年佃耕農場平均每甲地實際地租為 130 圓與 163 圓，只是均衡地
租的 65%-67%；平均實際地租率只有 46%-47%，約為均衡地租率的
66%-76%（見表 3-8）。這些數據顯示實際地租遠低於均衡地租，實

表 3-9　1902–42 年水田的地租與地租率

年	每甲地收穫量	邊際產量	實質地租	地租率（%）	樣本數
1902	16.99 石	11.15 石	7.69 石（　3.44）	44.10（　6.79）	186
1919	38.65 石	25.37 石	19.66 石（　7.55）	51.09（　8.80）	30
1924	34.62 石	22.72 石	17.41 石（　12.17）	50.29（　4.40）	21
1927	356.60 圓	234.04 圓	173.85 圓（　45.87）	49.47（　7.13）	296
1937	519.75 圓	341.11 圓	254.69 圓（126.88）	49.36（11.40）	1521
1938–42	491.43 圓	322.53 圓	285.34 圓（　52.50）		35

註　解：凡以圓為單位的數值都經過 1927-29 年之農產品 WPI 平減過。邊際產量等於每甲收
　　　　穫量乘以土地的產量係數，而土地的產量係數為 1925-27 年一期作與二期作最小平
　　　　方土地係數的加權平均數（其值為 0.6563），權數為各期作佃耕農場的個數（見表之
　　　　樣本點數目）。括弧內的數字為標準差。
資料來源：同於表 3-4a。

際地租率也遠低於均衡地租率。而由於實際地租之 t 值與實際地租率
之 t 值都介於 -12 與 -16 之間，「實際地租超過均衡地租」的假設或「實
際地租率超過均衡地租率」的假設都很不可能被接受。

　　利用 1925-27 年之土地生產函數的係數，也可以求得 1902-42 年
的邊際產出。該些年缺乏完整之個別農場或總合性的投入產出資料，
我們乃假設該些年水田耕地的產量彈性與 1925-27 年的稻作接近。由
於旱田作物與稻作的生產技術大異其趣，旱田與水田的土地產量彈性
必定也迴異，因此只能計算 1902-42 年的水田邊際產出。計算結果得
到水田的邊際產量從 1902 年的 11.15 石提高到 1919 年的 25.37 石，
然後卻跌為 1924 年的 22.72 石；而邊際產值則從 1927 年的 234.04 圓，
提升至 1937 年的 341.11 圓，最後又下降到 1938-42 年的 322.53 圓（見
表 3-9）。

　　接著檢閱 1902-42 年水田的實際地租及 1902-37 年實際地租率是
否高過於均衡地租及均衡地租率。從表 3-9 所整理的資料可以看到，
無論在何年，實質地租總是小於邊際產量（或實質邊際產值）。其
中，差距最大者發生於 1902 年，地租只為邊際產量的 69%；而差距

最小者出現在 1938-42 年，地租也只有邊際產量的 88.47%。地租率也總是低於土地的產量彈性：在 1925-27 年一期與二期稻作土地產量彈性之加權平均數為 0.6563；而在 1902-37 年地租率介於 44%-51% 之間，只有產量彈性值的 67%-78%。

　　進一步檢定實際地租是否顯著地小於等於均衡地租，實際地租率是否顯著地小於等於均衡地租率。從表 3-9 的資料所求得之實際地租 t 值介於 -4.14 與 -26.59 之間，而實際地租率 t 值則介於 -13.22 與 -56.10 之間，因此我們判定式 9 及式 10 的對立假設很不可能被接受，也就是說，地租率超過合理地租率，地租水準大過合理地租水準的假設，都很不可能被接受。

（二）從租地的機會成本評斷地租是否過高

　　地主若不購買土地出租他人，而是將購地之資金投入其他市場，則他雖然無法收到地租，但是卻可以有其他的收入，因此地主放棄的其他收入就是購地出租的機會成本。其他收入有很多種，到底要用哪一種收入作為評判標準，則視地主若不把資金用於購地，則會用到哪些其他用途上。地主可以把資金存到銀行，因此可以一年的銀行存款利息作為評判標準。不過，銀行的利息是無風險的收入，假如地租有可能無法收回，則地主購地出租的機會成本大過於銀行的利息收入。也就是說，地主購地出租的機會成本至少等於銀行一年的利息收入，本小節便從此一觀點來評斷地租是否過高。

1. 地租、地價與利率的關係

　　對於購置土地並將土地出租的人來說，土地價格為其購地成本，而地租扣除地主為出租土地所擔負的成本便是地主的淨收入。在高度競爭市場，在均衡之下，土地的各期淨收入之現值應該等於土地的價

格。假設土地可以出租無限期（$t = \infty$），則土地價格（P_A）、得自土地的淨收入（R'）、利率（r）三者的關係如下：

$$P_A = \sum_{t=1}^{\infty} \frac{R'_t}{(1+r_t)^t}$$

如果各期的土地淨收益與利率皆相同，都固定為 R' 與 r，則上式可以改寫為：

$$P_A = \frac{R'}{r}$$
$$R' = r * P_A \qquad\qquad (11)$$

式 11 的 R' 為地主從出租土地所獲致的淨收入，而 $r * P_A$ 則為地主購地出租所招致的機會成本。在式 11 給定的關係中，令地主出租土地所支付的成本為 C，則均衡地租（R^*）與均衡的淨收益（R'^*）可以定義為：

$$R^* - C \equiv R'^* = r * P_A \qquad\qquad (12)$$

從式 12 的關係，我們得到地主所獲致之均衡淨收益應該等於利率與地價的乘積，而均衡淨收益則是扣除各項租地成本後之均衡地租。

2. 利率

式 12 告訴我們利率應該等於土地的淨收益相對於地價的比率，因此若要利用式 12 評斷地租是否過高，我們需要知道利率的水準。即使是利率也有很多種，例如金融機構的利率，分成存款與貸款兩種，後者一般高於前者；而金融機構的借貸利率大多低於非金融機

構。既然市場上有多種不同的利率,若要知道哪一種利率才直接影響地主租地的機會成本,則需要探討地主若不將資金用於購地,則可投資於何種途徑,但是我們缺乏該方面的資料。我們設想有些地主可能將資金存入銀行或街庄信用組合,可能也有一些地主自己經營借貸事業,爲了知道兩種利率差異有多大,以及何種投資可能比較盛行,我們先討論農村的金融狀況。

日治時代臺灣總督府曾對農家舉債狀況進行過兩次大規模的調查,這些調查皆稱爲「農業金融調查」,所整理出來的調查報告收錄於「農業基本調查書」。第一次調查展開於 1933 年,調查區域括及全臺各州廳的各街庄,調查農家數高達 37,543 戶。第二次調查進行於 1940 年,調查區域僅限五個州的街庄,調查戶數只有 5,995。雖然涵蓋區域與樣本數目不同,但是調查報告的內容卻相當一致,都有各州郡街庄的總負債額、債主別負債額、利率別負債額、原因別負債額、家族人數別負債額等項目。

從調查報告所整理出來的債主別負債額,我們發現農家的借款主要來自於個人借貸業者(稱爲個人金貸業者)、其他、勸業銀行、產業組合(表 3-10)。來自於地主的債款雖然只有 3%-5%,然而此處所謂地主應該是指舉債者的地主,而不是指所有出租土地的人,因此無法顯示所有地主在農村融資上所占的重要性。此外,個人金貸業者指的應該是獨資型態的借貸業,而其他之中的一大部分可能是舉債人的親朋。如果我們相信地主是農村資力較雄厚者,則個人金貸業以及其他等兩種債主中的一大部分應該就是地主,因此地主在農村的融資上可能扮演重要的角色。

除了將相當的資金直接借給農民之外,地主也可能將多餘資金的一部分存入銀行或類似的金融組織。從上一段的討論我們發現勸業銀行以及產業組合也是農民的重要債主,因此我們推測該兩個金融組織

表 3-10　農村金融狀況

第一部份：債主別負債百分比			第二部份：利率別負債百分比		
債主	1933	1940	年利率別	1933	1940
個人金貸業	26.80	11.07	0%	12.83	13.74
其他	22.00	9.09	1%–7%	1.80	44.80
勸業銀行	16.43	24.66	7%–10%	25.09	31.19
產業組合	12.96	19.90	10%–15%	38.17	7.90
普通銀行	4.65	11.64	15%–20%	17.68	2.28
製糖業	6.71	13.09	20% 以上	4.43	0.09
地主	3.28	4.71			
農會	1.36	3.48			

註　解：債主別除了表中所列項目之外，還有經營米、茶、豬、蕃薯簽、肥料、雜貨等商人，
　　　　但是這些項目在 1933 及 1940 年合計分別只有 2.79% 及 2.11%。
資料來源：臺灣總督府殖產局，《農業金融調查》(1935)，頁 4-7；臺灣總督府殖產局，《農業
　　　　金融調查》(1941)，頁 4-7。

是吸納地主存款的主要去處。在總督府財務局編輯的《臺灣金融年
報》中，我們找到了勸業銀行以及農村信用組合的定期存款利率，在
1927 年兩者的水準分別是 6% 與 6.21%。[313]而在1927 年的《耕地賃貸
經濟調查》報告中，編者在求算地主從佃農支付之押租金可能得到的
利息收入時，所選用的利率是臺灣銀行一年期存款利率，水準也是
6%。[314]可見一般金融機構的一年期定期存款利率，在1927 年時約為
6%。

　　然而，在 1925-27 年的四期《稻作經濟調查》報告中，編者在設
算自耕農的地租時，所使用的利率卻是 8%，編者並未說明為何採用

[313]臺灣總督府財務局，《臺灣金融年報》(臺北：臺灣總督府財務局，1937)，頁 23
　　及 26。
[314]這裡所謂的 6% 是台銀一年期定期存款利率（見臺灣總督府殖產局，《耕地賃貸
　　經濟調查其ノ一》，凡例頁 2；臺灣總督府殖產局，《耕地賃貸經濟調查其ノ
　　二》，凡例頁 2），因此這不是農村一般所面臨的存款利率。

8%。⓯我們推測 8% 可能是當時農村普遍面臨的存款利率。⓰地主的資金中若有相當部分直接借給農民，則農村舉債者所支付利率之高低，應該也是地主考慮是否購地出租給佃農的重要因素，因此農村的借款利率也影響著地主出租土地的機會成本。根據表 3-10 所列的資料，1933 年農村最盛行的借款利率大致是 10%-15% 之間。該年最盛行的三種利率依次是 10%-15%、7%-10%、15%-20%；各種利率別負債額占總債額之百分比分別是 38.17%、25.09%、17.68%。1940 年的利率水準較 1933 年低。該年最盛行的三種利率依次是 7% 以下、7%-10%、10%-15%；其中利率 7% 以下的債額占了將近 45%。

根據總督府的這些調查結果，我們認為在 1930 年代，農村最普遍的舉債利率是 10%-15%。前述的討論指出 1930 年代中期之農村存款利率低於 1920 年代下半期，而 1937 年的存款利率又低於 1933 年的水準。如果借款利率受到存款利率的影響，則可以反推 1920 年代下半期農村盛行的借款利率可能高於 10%-15%，而 1937 年農村最盛行的借款利率則低於 10%-15%。如果我們以 1927-33 與 1933-37 年金融機構存款利率的下降幅度，估計 1927 與 1937 年農村盛行的放款利率，所得結果分別為 13.70%（=10*6/4.38）-20.55%（=15*6/4.38）以及 8.33%（=10*3.65/4.38）-12.5%（=15*3.65/4.38）。

而由 1927 年農村最普遍的存款利率 8% 除以該年金融機構的存款利率之比率 6%，乘上 1937 年金融機構的存款利率 5%，得到 1937

⓯臺灣總督府殖產局，《主要農作物經濟調查其ノ一　水稻》，調查書解說頁 1；臺灣總督府殖產局，《主要農作物經濟調查其ノ三　水稻》，調查書解說頁 1；臺灣總督府殖產局，《主要農作物經濟調查其ノ六　水稻》，調查書解說頁 1；臺灣總督府殖產局，《主要農作物經濟調查其ノ九　水稻》，調查書解說頁 1。

⓰這個利率不可能是貸款利率，因為在 1933 年農村最普遍的貸款利率為 10%-15%（見表 3-10），而根據各年金融年報，可以看到 1920 年的利率高於 1930 年代。

年農村最普遍的存款利率應該是 6.67%。由農村借款利率所求得的利息，應該是地主購地資金之機會成本的上限，而農村普遍的存款利率所算出的利息，則是地主購地資金之機會成本的下限。

3. 地租是否過高之檢定

式 12 顯示當土地買賣市場為高度競爭時，利率等於出租土地的均衡淨收入相對於土地價格的比率。本小節立基於此一關係，利用上一小節所討論之 1920 年代下半期與 1930 年代中期的利率水準，檢定 1927 與 1937 年的地租是否過高。

我們將檢定的虛無假設與對立假設分別定為：

$$H_0 : \frac{R'}{P_A} \leq r$$

$$H_1 : H_0 \text{ 不為真} \tag{13}$$

根據式 13 的假設，當顯著水準為 α 時，只要

$$r \geq \frac{\overline{R'}}{P_A} - t_\alpha * s\left(\frac{R'}{P_A}\right) / \sqrt{n} \tag{14}$$

則式 13 的虛無假設便成立。式 14 的 $s\left(\frac{R'}{P_A}\right)$ 為 $\frac{R'}{P_A}$ 的標準差，n 為樣本數。為了利用該式檢定地租是否過高，我們乃分別計算顯著水準等於 5% 與 10% 之 $\left(\frac{\overline{R'}}{P_A} - t_\alpha * s\left(\frac{R'}{P_A}\right) / \sqrt{n}\right)$ 的數值，並且將之列於表 3-11 最後兩列。

表 3-11 所謂的淨收益之平均數乃是指地租加上押租金利息之後，扣除地主負擔之公租公課、管理費用、耕作費之平均數。在前面第二

表 3-11　地主之淨收益對地價之比率（%）

項目	1927 年				1937 年	
	雙期水田	單期水田	普通旱田	茶園	水田	旱田
平均數（$\bar{X}$）	7.10	6.73	7.18	8.91	7.98	6.96
標準差（s_X）	2.12	2.12	2.41	1.81	2.49	3.55
樣本數（n）	204	101	243	39	1521	1381
$\bar{X} - t_{0.05}*s_{\bar{X}}$	6.85	6.39	6.93	8.43	7.88	6.80
$\bar{X} - t_{0.10}*s_{\bar{X}}$	6.91	6.46	6.98	8.54	7.90	6.83

註解：$X = R'/P_A$；$s_{\bar{X}} = s_X/\sqrt{n}$。
資料來源：同於表 3-4 之 1927 與 1937 年。

節之（三）我們討論到地主出租土地的收入，除了地租之外，還有押租金的利息、預收地租的利息。而地主出租土地所負擔的成本有土地改良費、堤防、埤圳、防風林、水車、水橋、水井等資本財的利息，貸與佃農之資金的利息以及水租。然而此處我們所用的資料，卻只包含地租、押租金的利息、公租公課、管理費用以及地主負擔之耕作費。也就是說資料所包含的出租土地的成本，少於實際出租土地的成本。這樣會造成檢定的什麼影響呢？如果我們利用低估成本（也就是高估收益）的檢定結果，是接受虛無假設，則如果使用正確的成本資料，虛無假設更會成立。

在 1927 年，土地收益對地價比率（以下簡稱爲收益比）之全臺平均值，雙期水田、單期水田、普通旱田與茶園分別爲 7.10%、6.73%、7.18%、8.91%。若與前一小節所推估之農村盛行的存放款利率相比，四種耕地之收益比都遠小於放款利率（10%-15% 以上），而除了茶園之外，其他三種耕地之收益比也都小於盛行之存款利率（8%）。再比較存放款利率與表 3-10 最後兩列的數字，我們發現式 14 所列的關係也都成立。這顯示無論 $\alpha = 5\%$ 或 $\alpha = 10\%$，地租並未過高的虛無假設都無法被拒絕。從以上的檢定，我們推論 1927 年地主所獲得的地租可能並未高過出租土地的機會成本。

在 1937 年，水田的收益比提高爲 7.98%，旱田的收益比下降到 6.96%。而且我們求得只要利率水準不小於 7.9%（或 6.8%），則在顯著水準爲 5% 或 10% 時，地租並未過高的假設仍然可以被接受。前一小節所推估之 1937 年農村普遍的存款利率水準可能只有 6.67%，放款利率可能爲 8%-13%。因此 1937 年的臨界値雖然高於存款利率，但是卻低於放款利率，也不能完全推翻地租未過高的假設。何況銀行存款利率是無風險的利率，而地主地租的收入有可能無法收回，因此租地的收益占地價的比率應該要高於銀行的存款利率。

從這一節的討論中，我們得到以下幾個重點。（1）土地對產出變動的相對影響力是所有的解釋變數中最高，其對產出的影響力至少是第二重要解釋變數的 3.5 倍左右。（2）若以土地對生產的貢獻來定義適中的地租，則臺灣戰前的實際地租過高的假設並不能成立。（3）而若以地主購地出租的機會成本定義適中的地租，則地租過高的假設是否能成立視討論期間是何時及所採用的利率種類而定。如果採用農村最盛行的借債利率，或者討論時期是 1927 年，則此種假設不能成立；然而若採用信用機構的存款利率，且討論期間是 1937 年，則此種假設便得以成立。以上的結論說明了，我們無法毫無保留地認爲日治時代的地租高過於均衡地租的假設。

五、地租的決定因素

一般人大都認爲日治時代地租過高，而地租爲何會如此之高，少有人探究其間的原因。本章開頭之處論及涂照彥提出四個原因中的每一點可能都有問題，例如蓬萊米發展結果使得地主收取更高的地租，可能是因爲蓬萊米的收穫量較高所致。如果確實是這樣的話，那麼我們應該說是收穫量的多寡決定了地租的高低，而不是稻的品種決定了地租的高低。

　　而佃租採用實物地租之所以會造成地租過高，可能指的是當稻米價格提升時，同樣的實物地租換算成為貨幣地租，地租金額就會提升。但是這時佃農的收穫金額也提升了，而且採用實物地租，在米價下跌時，佃農與地主都同時會蒙受損失。可見，採用實物地租與地租是否過高並無一定的關聯性。

　　至於，製糖會社競租土地及小農經營型態的零細化，使得佃農之間為謀求租佃地而相互競爭這一點，也不一定。因為在每個地區，地主若不只是一個人，則地主之間也同樣會有競爭存在。至於競爭多大，地主對地租的影響力大於或是小於佃農，這是可以透過實證分析得知的，因此本節就是要透過迴歸分析，找出日治時代地租的最重要決定因素是什麼。

　　而涂照彥也提到由於土地所有制的發展與小農經營型態的零細化，使得農民之間為了謀求租佃地而相互競爭。這意味著地主人數少於佃農，因此地主得以操控地租。而從表 3-12 的資料，我們可看到 1932 年全臺北州有 18,748 個不從事耕作的地主，而全臺北州的佃農及半自耕農則有 33,584 人，因此佃農數目確實多過於不從事耕作之地主數。❸⓱雖然，佃農之數目大過不從事耕作之地主，但是可能有些地主，不但出租土地給別人，而且自己從事耕作，因此，這裡所謂的不從事耕作之地主小於所有的地主數目。即使地主人數少於佃農人數，但是只要有其他人競租土地，則地主就不可能有操控租佃市場的能力。以臺北州為例，該州各地都有為數不少的地主，每個地主可能也都面臨著其他地主的競爭，不具有絕對操控地租的能力。

　　除了地主人數的多寡可能影響地主決定地租的能力之外，也可能因為市場訊息的不流通，使得地主有能力操控地租。根據表 3-12 的

---

❸⓱臺北州內務部勸業課，《臺北州の小作事情と其の改善施設概要》，頁 17。

表 3-12　1932 年 1 月底臺北州不耕作地主及自佃耕農的情況

市郡別	總戶數		不在地戶數		不在地地主出租的田地（甲）			
	不耕作地主	佃耕及半自耕農	地主	佃農	水田	旱田	其他	總計
臺北市	3961	1794	2142	4818	6531.00	1903.00	232.00	8666.00
基隆市	921	544	341	550	598.18	253.21	16.46	867.85
七星郡	1951	5709	359	556	569.62	328.49	19.93	918.04
淡水郡	881	8537	104	161	198.17	50.03	21.18	269.38
基隆郡	2491	3801	279	384	284.81	76.31	6.28	367.41
宜蘭郡	2387	4894	326	627	728.72	237.00	14.94	1090.66
羅東郡	1105	2982	208	360	290.94	156.57	11.48	558.99
蘇澳郡	165	637	82	102	127.52	9.88	1.59	138.99
文山郡	1573	2393	2393	228	234.25	52.47	5.43	292.13
海山郡	2287	3722	3722	565	707.38	290.01	21.09	1018.48
新莊郡	1026	3163	3163	557	536.75	228.21	181.51	1046.57
合計	18748	33584	4834	9298	11331.79	4171.66	544.73	16052.18

註　解：所謂不在地佃農戶數指的是承租不在地地主之耕地的佃農數目；而所謂的不在地地主指的是地主所居住的郡市別與佃耕及佃農所在的郡市別不同者。
資料來源：自佃耕農戶數參考臺灣總督府殖產局，《耕地分配竝ニ經營調查》（臺北：臺灣總督府殖產局，1934），頁 5；不在地地主及佃農參考臺北州內務部勸業課，《臺北州の小作事情と其の改善施設概要》，頁 17；不耕作地主參考臺灣總督府殖產局，《耕地分配竝ニ經營調查》，頁 36-37。

資料，該年臺北州的不在地地主數總共有 4,834 人，只占全部地主戶數的 9.78%；而這些地的佃農戶數占臺北州全部佃農戶數之比例也只有 29.67%，其所耕之地也只占了全部佃耕地之 27.38%。[318] 可見，直到 1932 年，臺北州的地主與佃農以居住於臺北州相同郡市街庄爲多，因此彼此都有許多相互認識的人，消息的流通應該相當暢通。

也就是說，若以臺北州爲例，既然該州的地主不只一個人或是少

---

[318] 這些佃農所耕作的地總共有 16,052.18 甲地，而臺北州在該年的總佃耕地共有 54,958 甲地。前者取自於臺北州佃農耕作地的面積，請參考《臺北州の小作事情と其の改善施設概要》，頁 17；而後者則引自於臺灣總督府殖產局，《耕地分配竝ニ經營調查》，頁 2。

數人，而且大多數的地主與佃農都居住於相同的郡市街庄。是故，地主要操控租佃市場的價格是有困難的。臺灣日治時代地租爲何會如此之高，可能也與地主的操控因素關係不大。

而根據總督府租佃習慣的調查報告，我們發現決定地租高低的因素主要有收穫量的多寡、作物價格的高低、地目及區域等因素。我們將總督府對各地租佃習慣調查報告中與決定地租有關的事項整理於附表 3-4。從附表 3-4 可以看到，同一地區，不同地目的地租雖然都與收穫量有關，但是地租的比率差異很大，水田大都爲收穫量的 50% 左右，但是旱田的地租一般是佃耕地買賣價格的 10%，或是收穫量的 30%。茶園的地租若是既成茶園，則地租以春期收穫粗製茶量及該年的茶價爲基礎，也就是說以收穫金額爲準。❸⓲ 造成茶園則在最初栽植茶樹的 3 或 6 年之間免繳地租，以後則以種植茶樹株樹爲基礎，收取固定金額。如果種植的茶樹數目越多，則收穫量應該也會越高，所以應該還是以收穫量的高低爲基準。而造成果園則以定率租爲準，因此還是與收穫量呈固定的比率。

至於不同地區，但同一地目，例如同樣是旱田，其地租的決定方式也多少有些差異。臺北州的旱田是收穫量的 30%，或是旱田買賣價格的 10% 左右；而新竹州則是收穫量的 20%-30%；臺中州則是收穫量的 20%-40%。此外，還有其他少數地方，也考慮人的因素，例如佃農與地主如果是好朋友或是親戚的話，一般說來地租會低一些。臺中州、臺東廳及花蓮港廳水田的地租，除了決定於目前的收穫量之外，還與過去的地租有關。如果，過去地租的決定因素也與目前地租的決定因素相同，則目前地租之高低決定於現在及過去收穫量之高低。

---

❸⓲ 所謂既成茶園及造成茶園的意義，請參考註 205 的介紹。

　　花蓮港廳及臺東廳地租的高低除了決定於過去的地租之外，還考慮下列因素：⓼（1）土地的生產力（2）水利交通的方便與否（3）鄰地同類地地租之高低（4）押租金之有無。

　　前兩個因素與收穫量之高低有關，而最後一個因素則與租地的成本有關。

　　從附表 3-4 可以看到，各地方的地租也都考慮鄰地地租的高低，從這一點看來，我們也可以推測地主對地租並無完全壟斷的力量，其間還是有競爭存在，所以在決定地租時，不能一意只想求得高的地租，也需要參考鄰地的地租。此外，從附表 3-4 所列的地租決定因素中，我們發現地租最主要的決定因素是地目及收穫量。除了收穫量及地目之外，區域因素可能也與地租的高低有關。雖然從附表 3-4 可以看到，各個地區之間地租決定因素大體上類似，但是本章第一節之（三）提出押租金之有無、耕作之難易以及地租採前納或後納等等因素都會影響地租的高低。這些因素與地方習慣有關係，因此在其他條件相同時，不同區域的地租水準可能也相異。

　　此外，各地的氣候與土壤條件不同，各地的開發時間不一，田地開墾的成熟度可能也不一樣，例如東部地區開發較晚，可能收穫量較低，因此地租較低；各地的交通條件也互異，例如東部地區的交通條件較其他地區不方便，因而地租可能也較低。此外，各地競爭承耕土地的人數不同及出租土地的人數不同，也就是說租佃地的供給及需求強度不同，更是可能直接影響地租的高低。

　　根據林玉茹的研究，1927 年東部地區的地租低於全臺平均地租。1927 年全臺水旱田地租分別是 173.85 圓及 71.81 圓，而 1942 年則分

⓼臺灣總督府殖產局，《臺灣に於ける小作慣行，其の五臺東廳、花蓮港廳管內》，頁 19。

別是 254.69 圓及 87.74 圓，但是 1937 年臺東廳及花蓮港廳的水田地租分別是 187.6 及 119.12 圓，而旱田地租則分別是 15.2 及 22.67 圓，可見，東部地區的平均地租低於全臺的平均。[321] 這說明不同區域之間地租高低可能不同。然而，不同區域地租之所以不同，可能與地價或收穫量有關，而土地開墾的成熟度如何、交通條件如何、自然條件，都可能與收穫量及地價有關。可見，不同區域地租的差異，可能部分導因於不同區域之地價或收穫量不同所致。

以上的分析說明，臺灣日治時代地租高低的決定因素，還有待更加詳實的分析。本節的主旨就在於探討臺灣地租高低與地價、收穫量、田地性質、區域因素、製糖會社承租地比率之高低、各地佃耕地比率高低及不同稻作品種之間是否有關係；若有，則其關係如何呢？以下第（一）小節使用市街庄及稻作農場的資料，探討地租高低之決定因素；第（二）小節探討稻作農場地租高低的決定因素；第（三）小節爲本節的結語。

（一）市街庄爲觀察對象之地租的影響因素

本章上一節的討論，說明了如果地租的決定符合經濟效率原則的話，那麼各地地租與各地的地價及收穫量關係密切，而不同時間的地租，也會隨著地價及收穫量的變動而相異。除了收穫量及地價之外，地目、佃耕地的供需狀況、區域因素及製糖會社承租土地之狀況等都可能會影響地租之高低。以下應用迴歸分析，探究地租高低的決定因素，使用的是 1927 及 1937 年各街庄的資料，討論的重點在於地租高低是否與收穫量及地價有關之外，還要探究除了這兩個因素之外，還

---

[321] 林玉茹，〈軍需產業與邊區移民政策的轉向：戰時臺灣拓殖株式會社在東臺灣的移民事業〉（臺大經濟系專題討論，2007），頁 15。

有哪些因素會影響地租的高低，以及地租的決定因素當中各對地租高低的解釋能力有多大。而之所以使用 1927 及 1937 年的地租調查報告，主要是因為在十一次的全島性地租調查報告中，只有這兩年的調查報告不只提供街庄級的資料，且還調查了稻種以外的其他我們所關心之大部分自變數的資料。

1. 影響地租的其他因素

　　如本節前言所述，影響地租的因素除了地價及收穫量之外，田地性質、區域因素、製糖會社承租地比率之高低及各地佃耕地比率之高低，都可能決定地租的高低，只是不知是否與一般人所認定的影響方向相同，更不知其影響力是否顯著。

　　按田地的性質，可以分成水田與旱田，而水田又可以分成雙期作田與單期作田，供水多寡不同的耕地可以種植不同的作物。水田供水較多，可以種植稻作等水田作物，而旱田供水少，只能種植陸稻、甘藷、玉米、各種豆類、花生及水果等各種旱地作物。水田的供水時間若足夠長，則一年可以種植二期或甚至三期水稻，若供水時間不夠長，則只能種植一期的稻作。此外，1927 及 1937 年的調查報告也將旱田分成普通旱田與茶園。耕地之地目不同，地租額高低也互異。平均說來，水田高於旱田；雙期作田大於單期作田；而普通旱田超過茶園。

　　表 3-4 的資料顯示，在 1902-42 年間水田地租額介於 107-328 圓之間，而旱田地租額則只有 38-119 圓；後者大約僅及前者的 36%。而根據 1927 年的調查，該年各種地目之平均地租依次是：雙期水田 210.31 圓；單期水田 95 圓；普通旱田 76 圓；以及茶園 28 圓。㉒雙期

㉒臺灣總督府殖產局，《耕地賃貸經濟調查其ノ一》，頁 107-547；臺灣總督府殖產

水田的地租為單期水田的 2.2 倍，普通旱田之地租為茶園的 2.7 倍，單期水田的地租也高於普通旱田。雖然，不同地目的耕地有不同的收穫量，但是地租的差異，並非全然都起因於收穫量的不同。

地租率既然是地租相對於收穫量的比例，如果不同地目的地租率相當接近，則地租的差異全部來自於收穫量這個因素。表 3-4 的資料顯示水田的地租率在 45%-51% 之間，而旱田的地租率卻只有 25%-35%。既然旱田的地租率遠低於水田，表示旱田與水田之地租差額超過旱田與水田收穫量的差額。此外，1927 年普通旱田與茶園的地租率分別為 27.45% 與 23%，兩者地租差額幅度也超過收穫量之差額；而雙期水田與單期水田的地租率相當接近，約為 49%-50%。[323] 這顯示雙期與單期水田地租差額與收穫量差額之幅度相當，不過普通旱田與茶園之間或水田與旱田之間，地租的差額都大於收穫量的差額。

從地租調查報告上，可以得知水田的地價及收穫量可能都高於旱田，而雙期作水田的地價與收穫量可能也都高於單期作水田。[324] 因此我們求得 1927 及 1937 年地目別與地價及收穫量之間的相關係數，如果我們令雙期水田為 1，其他地目別的田地為 0，得到田地別與收穫量的相關係數分別是 0.44 及 0.70；而如果令單期作田為 1，其他地目別的田地為 0，則得到田地別與收穫量的相關係數分別為 -0.31 及 -0.16。如果在求算地價與地目別之間的相關係數時，我們對地目別做相同的處理，可以得到雙期水田與地價的相關係數分別為 0.54

局，《耕地賃貸經濟調查其ノ二》，頁 121-306。

[323] 資料來源同上註。

[324] 全臺 1927 年雙期作田、單期作田及旱田的平均地價分別是 2852.41、1283.21、951.97 圓；而平均收穫量則分別是 432.18、194.60、276.85。以上資料請參考臺灣總督府殖產局，《耕地賃貸經濟調查其ノ一》，頁 17-100；107-342；435-477；483-588；臺灣總督府殖產局，《耕地賃貸經濟調查其ノ二》，頁 23-119；129-306。

與 0.76；而單期水田與地價的相關係數則為 -0.13 及 -0.12。可見，1937 年地目別與收穫量及地價之間的相關係數都高於 1927 年，該年兩個相關係數分別高達 0.70 及 0.76，雖有線性重合的問題，但問題並非十分嚴重。

　　土地分配不平均也可能造成地租的差異。當耕地的所有權相當集中於少數人，則多數想耕種的人可能缺乏耕地或耕地不足。當土地競租力量越激烈時，地租可能被抬得越高。欲比較不同街庄之土地分配狀況，可以使用各地土地分配之吉尼係數（Gini coefficient），或是最高與最低土地級距倍數。無論是採用前者，或是後者，我們都需要有各個地區各土地（或最高最低土地）級距之土地面積。日治時代總督府殖產局曾經於 1921、1932 及 1939 年進行過三次土地分配調查，隨後並從這些調查整理出三個年次的報告。㉟雖然在我們所關心的 1927 及 1937 年，土地分配的資料缺乏，但是如果土地分配狀況變化緩慢，則可以使用前後數年的土地分配資料，來反應某一年的分配狀況。因此我們似乎可以選用 1932 年的資料，代表 1927 年的狀況，並使用 1939 年的資料，代表 1937 年的分配狀況。

　　然而，這兩年的土地分配調查報告只刊載了各級距土地之戶數，卻無對應級距之土地面積，因而無法求得該年的吉尼係數或最高與最低級距土地倍數。不過，如果再仔細檢閱該兩年次的報告，我們發現了一種可能表徵佃耕地供需狀況的指標，這個指標是各地租佃地占總耕地的比率。從調查報告所記錄之各街庄水田與旱田租佃地的面積及水田與旱田耕種地（報告上稱之為經營地）的總面積，可以求出此一指標的數值。

㉟報告書名稱分別是《耕地分配及經營調查》、《耕地分配竝二經營調查》、《耕地所有竝經營狀況調查》。

不過,調查報告未進一步將水田細分為雙期與單期,也未分普通旱田與茶園。因為水、旱田的地租有很大的差距,而我們的重點之一在於估計水、旱田對地租的影響,因此在估計迴歸係數時,就使用水、旱田的佃耕地占水旱田總耕地的比重代表耕地供需的狀況。❸

地租是租佃市場中佃耕地的供給與需求相等時所決定出來的,佃耕地的多少對地租可能產生正或負的影響。如果是正的影響,代表決定地租的供給面的力量小於需求面的力量;相反的,如果是負的,那代表需求面的力量小於供給面的力量。然而,地主是供給出租地者,佃農是需求出租地者。因此,如果佃耕地的比率與地租的關係是正的,可能代表佃農對地租的影響力大過於地主;相反的,佃耕地的比率與地租的關係如果是負的,可能代表佃農對地租的影響力小於地主。

在本章一開始之處,我們提到涂照彥認為製糖會社的競租土地是造成地租提高的因素之一,如果涂照彥的說法是正確的,則某一地區製糖會社承租的土地占該地租佃地越多,則其他條件相同時,該地區地租將會越高。因此,只要有 1927 及 1937 年製糖會社租佃地的資料,我們就可以使用這些資料驗證這個論點是否正確。然而,為了要配合耕地分配調查資料的年份,以避免製糖會社承租土地之面積數大過於某地之總佃耕地,我們必須使用土地調查年份之 1932 及 1939 年的製糖會社土地資料。但是經過深入的查詢後,發現 1936-39 年的《臺灣糖業統計》中所列的都是 1935 年的資料,直到 1940 年的《臺灣糖業統計》才又列出該年的耕地資料,因此,我們製糖會社租佃地

---

❸ 有些地區出租的水田有單、雙期作田,而我們的土地分配資料卻只有水、旱田,無單、雙期水田的資料,因此在整理地租調查報告上的相關資料時,凡是一地區調查較多的雙期租佃地,則我們只納入該地的雙期作田,而如果單期作田較多,則我們納入該地的單期作田。

的資料分別使用的是 1932 及 1940 年的數據。[327]

此外，隨著時間的經過，當其他因素固定時，地租是否變得越來越高呢？這也是我們所關心的。因此，以下我們也要比較從 1927 年到 1937 年時間這個因素，是否對地租有顯著的影響，若有的話，影響是正的或是負的。

2. 市街庄為觀察點的迴歸模型

從以上的分析中，我們得知地租可能的影響因素，下一小節擬應用迴歸分析探討收穫量（Q）、土地價格（P_A）、地目別（D_A）、佃耕地占總耕地之比重（TL）、各區製糖會社租進土地占各區總租佃地比率（CLR）、區域（D_l）及時間（T）等因素對地租額（R）對於街庄地租的影響。本小節先說明資料的處理與模型的設定。

先說明各虛擬變數如何控制以及其他資料處理的事項。基於前一小節所描述之 1932 及 1939 年耕地分配調查報告之資料的性質，我們去除了以下一些樣本點：

（1）凡是雙期水田在水田耕地占優勢之地區，例如臺北、新竹、臺中三州之全州以及高雄州、臺東廳、花蓮港廳之一部分，我們只納入雙期水田作為樣本點，而將占少數的單期水田去除。

（2）凡是單期水田在水田耕地占優勢之地區，例如臺南州之絕大多數水田區以及高雄州、臺東廳、花蓮港廳之一小部分水田區，我們只納入單期水田作為樣本點，而將占少數的雙期水田去除。

---

[327] 臺灣總督府殖產局，《臺灣糖業統計》（臺北：該局，1933），頁 4-7，70-71；臺灣總督府殖產局，《臺灣糖業統計》（臺北：該局，1943），頁 6-9，70-71。

（3）茶園只分布於臺北與新竹州的部分街庄，既然茶園在旱田中居少數，因此去除茶園，只納入普通旱田作爲樣本點。

根據以上的資料處理原則，我們只選擇雙期水田、單期水田、與普通旱田作爲觀察對象，1927及1937年的樣本點數分別有493及508個。

前述的分析顯示旱田的地租平均說來，比單期或雙期水田都要低，我們因而選擇旱田作爲參考組，並設定兩個地目（D_A）之虛擬變數（D_{A1} 與 D_{A2}）。各變數之數值所代表之意義如下：

$$D_{A1} = 1，如果屬於雙期水田，$$
$$= 0，如果不爲雙期水田；$$
$$D_{A2} = 1，如果屬於單期水田，$$
$$= 0，如果不爲單期水田。$$

其次，本節一開始敘述到區域因素可能也會影響地租高低，因此接著要探討區域因素對地租的影響。既然討論區域因素，如何劃分區域就是重要的問題了。我們以下在進行迴歸分析時，將全臺分成四個區域，即北部、中部、南部及東部。所謂北部包含了臺北州與新竹州；中部則是臺中州；南部則是臺南州及高雄州；東部含括了花蓮港廳與臺東廳。

爲何會將臺灣分成這四個區域？按開發時間的晚近；可以將臺灣分爲東部及西部地區。東部地區的開發較晚，大致上是日治時代以後才大量開發。而按耕種作物種類之不同，西部地區可以分成北部、中部及南部等三個區域。北部地區的新竹州與臺北州大致上除了種水稻之外，還種有茶樹，因此總督府在1927年進行茶園地租調查時，只調查了這兩州的茶園。中部地區除了種水稻之外，還種甘蔗及果樹；

果樹種植較多是中部的特色。南部地區則以甘蔗種植爲主，尤其是臺南州的甘蔗園更是全臺面積最多的。❸❷❻

　　根據第二節之（三）的分析及圖 3-1 所示，中、北部水田的地租高於其他地區，中、南部旱田的地租也高於其他地區，而東部地區無論是水田或旱田平均地租都低於其他地區，因此我們選擇東部地區作爲參考組，並設定三個區域（D_L）虛擬變數（D_{L1}、D_{L2}、D_{L3}）。

　　各變數之數值所代表之意義如下：

$$D_{L1} = 1，北部地區，$$
$$= 0，非北部地區；$$
$$D_{L2} = 1，中部地區，$$
$$= 0，非中部地區；$$
$$D_{L3} = 1，南部地區，$$
$$= 0，非南部地區。$$

而時間的虛擬變數設定如下：

$$D_t = 1，1937 年，$$
$$= 0，1927 年。$$

　　根據以上時間虛擬變數的設定，若迴歸係數是正的，則代表 1937 年的地租高於 1927 年；若是負的，則代表 1927 年的地租高於 1937 年。

　　雖然收穫物的賣價以及農村流行的利率也都可能影響地租，但我

❸❷❻ 葉淑貞，〈日治時代臺灣佃耕地租期長短的決定因素〉，《臺灣史研究》14：1（2007），頁 164。

們缺乏這兩年各街庄的該些資料，因此以下的迴歸分析未納入這兩個變數。㉙在各解釋變數之間，土地價格與收穫量可能有高度相關。對於一個自耕農來說，均衡的土地價格應該等於土地淨收穫現值之總和，而自耕地價格之變動會牽動佃耕地之地價。收穫量與地價若確實具有高度相關，可能因而造成線性重合的問題。為了確知線性重合問題是否嚴重，我們求算這兩年所有各街庄地價與收穫量的簡單相關係數，得到的數值高達 0.82。這個數值表示在這個期間，土地的收穫量與地價之間確實有線性重合的問題。為了解決這個線性重合的問題，我們把地價及收穫量單獨放進不同的迴歸式中，分別嘗試兩個迴歸式的估計，這二組迴歸式分別設定如下：

$$ln\,Rent_j = \alpha_0 + \alpha_1 \ln R_j + \alpha_2 \ln TL_j + \sum_{i=1}^{2} \beta_i D_{Aij} + \sum_{i=1}^{3} \gamma_i D_{Lij}$$

$$+ \theta \ln CLR_j + \lambda D_{tj} + \in_j \qquad (15)$$

$$ln\,Rent_j = \alpha_0 + \alpha_1 \ln P_{aj} + \alpha_2 \ln TL_j + \sum_{i=1}^{2} \beta_i D_{Aij} + \sum_{i=1}^{3} \gamma_i D_{Lij}$$

$$+ \theta \ln CLR_j + \lambda D_{tj} + \in_j \qquad (16)$$

迴歸式中的 ln 代表自然對數，j 代表街庄，而 $Rent_j$、R_j、P_{aj}、TL_j、CLR_j、D_{tj} 則代表某一街庄實質地租、實質收穫金額、實質地

㉙雖然 1927 年的調查有水田收穫量及金額，可以求出稻穀的價格，但是旱田無這些資料；1937 年連水田，也無這些資料。至於利率的資料，1927 年的調查出示了押租金的金額及利息，可以求出利率，但是南部地區大多數佃耕地，不收押租金，因此南部地區無法求出各地的利率；而 1937 年則無押租金任何利息的相關資料。

價、各街庄佃耕地占總耕地的比率、各地所有製糖會社租進來的土地占同一街庄總租佃地之比率及時間的虛擬變數。

3. 市街庄為觀察點之估計結果

本小節將應用最小平方法，估計式 15-16 的各項迴歸係數，探討各自變數是否對地租具有顯著的影響力，影響的方向如何，以及何者的影響力較大。討論的重點在於地價及收穫量何者對地租的影響力較大、各地租佃地占總耕地比率、製糖會社租佃地比率對地租的影響力如何以及東部地區地租是否確實低於其他區域，估計結果列於表 3-13。

比較表 3-13 兩組迴歸式的 R^2 與 $\bar{R}^2$，我們發現地價對於地租的影響大過於收穫量，因為含有地價的迴歸式 1（式 16）的 R^2 與 $\bar{R}^2$ 分別是 0.8734 及 0.8722，而含有收穫值的迴歸式 2（式 15）的 R^2 與 $\bar{R}^2$ 分別是 0.7791 及 0.7773。從 R^2 與 $\bar{R}^2$ 值的大小，我們判定地價對於地租的影響大過於收穫金額對地租的影響。

兩組迴歸式各自變數係數的正負號，只有北、中部這兩個區域變數不同，其他的都相同。其他符號相同的自變數中，雙期水田、單期水田、南部地區、時間及製糖會社承租土地占各地租佃地比率（CLR）這些變數的係數都是正的，至於各個變數是否顯著地異於 0 呢？除了第一條迴歸式的北部地區、第二條迴歸式的單期水田、中、南部地區、以及兩條迴歸式的 $lnTL$ 這些個變數的係數之外，其他都相當顯著地異於 0。至於顯著性有多高呢？除了第一條迴歸式的 CLR 之外，其他在顯著水準為 1% 時，都無法接受該些係數為 0 的假設。可見，第一條迴歸式的三個區域變數都是正的，但是北部地區不顯著，而其他兩個區域變數，在 α=1% 之下，仍然顯著地異於 0；而第二條迴歸式的三個區域變數中的北、中部是負的，而南部則是正的，不過只有北部及南部地區這兩個係數，在顯著水準為 10% 之下顯著

表 3-13 街庄為觀察點的地租額迴歸式的估計結果

自變數	迴歸式 1 (式 15)			迴歸式 2 (式 16)		
	係數值	Z 值	BETA 係數	係數值	Z 值	BETA 係數
常數項	-1.2055	-7.82**		-1.3455	-12.34**	
lnR 或 $lnPa$	0.9499	35.34**	0.6288	0.8204	53.98**	0.5431
D_{A1}	0.5087	14.70**	0.2037	0.2139	7.57**	0.0877
D_{A2}	0.3763	9.02**	0.0985	0.0384	1.21	0.0116
D_{L1}	0.0361	0.66	0.1332	-0.0801	-1.92	0.0233
D_{L2}	0.1923	3.41**	0.0640	-0.0701	-1.61	0.0109
D_{L3}	0.3378	6.31**	0.1341	0.0687	1.66	0.1869
$lnTL$	-0.0360	-1.32	0.0454	-0.0287	-1.39	0.0008
CLR	0.0014	2.03*	0.0194	0.0012	2.10**	0.0000
T	0.2444	9.81**	0.0985	0.2145	11.37**	0.0422
R^2	0.7791			0.8734		
$\bar{R}^2$	0.7773			0.8722		
樣本數	1001			1001		

註　解：*代表 $\alpha = 5\%$ 之下，顯著地異於 0；而 **代表在 $\alpha = 1\%$ 之下，仍然顯著地異於 0。
資料來源：地租、收穫量、地價及區域，參考臺灣總督府殖產局，《耕地賃貸經濟調查其／
　　　　　一》，頁 1-100 及 107-342；臺灣總督府殖產局，《耕地賃貸經濟調查其／二》，頁
　　　　　23-119，121-401；臺灣總督府殖產局，《耕地賃貸經濟調查》，頁 7-115，123-
　　　　　228；而 TL 的資料參考臺灣總督府殖產局，《耕地分配並二經營調查》，頁 6-18 及
　　　　　臺灣總督府殖產局，《耕地所有並經營狀況調查》，頁 76-91；製糖會社承租土地則
　　　　　參考臺灣總督府殖產局，《臺灣糖業統計》（臺北：該局，1933），頁 4-7，70-71；
　　　　　臺灣總督府殖產局，《臺灣糖業統計》（臺北：該局，1943），頁 6-9，70-71。

地異於 0。既然各個區域變數未必是正的，這代表東部地區的地租未
必總是低於其他地區。

　　若根據 BETA 係數值的大小判定哪些變數對於地租的邊際影響力
較大，哪些較小，得到迴歸式 1 中數值的大小依次為收穫值、雙期作
田、南部地區、北部地區、時間、單期作田、中部地區、TL、CLR。
而迴歸式 2 中數值的大小依次為地價、南部地區、雙期作田、時間、
北部地區、單期作田、中部地區、TL 及 CLR。可見，地價、收穫
值、田地性質、南部及時間都對地租有重要的影響力，而 CLR 及 TL

對地租的影響力都不大。

綜合以上的分析，我們得到1927-37年地租決定因素的性質如下：
（1）地價、收穫量、田地性質、南部地區及時間等都是重要的決定因
素；（2）地價的影響力大過於收穫量的影響力；（3）製糖會社租佃地
比率的高低確實對於地租有正向的影響，顯示涂照彥所謂製糖會社租
耕制度造成土地的激烈競租，因而提升了地租，這個說法確實是正
確；不過，其對於地租的邊際影響力不大，都是最後一名；（4）區域
因素中無法顯示東部地區的地租絕對都低於其他地區；（5）TL 係數
對於地租的影響都是負的，但在顯著水準為 10% 之下，都不顯著地
異於 0，而且其 BETA 係數的排名都是倒數第二名，顯示佃耕地的比
率對於地租的影響力不大。可見，供給面因素對地租的影響力大過於
需求面因素，也就是說，地主對於地租的影響力可能大過於佃農，不
過其影響力並不顯著。

（二）稻作農場為觀察點之估計結果

本章開始之處提到涂照彥說蓬萊米發展的結果，使得地主收取更
高的地租，不過上一小節的迴歸分析得到收穫量高低是地租的重要決
定因素，本書第二章也提到蓬萊米的收穫量較高。因此，我們懷疑種
植蓬萊米的田地之所以地租較高，可能是因為該稻種收穫量較高所
致。如果是這樣的話，還是收穫量的高低，而不是稻種影響地租。到
底是蓬萊米或是收穫量影響地租呢？這是本小節要討論的重點之一。

1920 年代中期以後臺灣蓬萊米逐漸普及，總督府為了解蓬萊米的
投入與產出，曾經做過四次稻作農場投入產出的調查，而 1930-31 年
又對稻的成本進行過兩次調查。這幾個調查都含有蓬萊米及其他稻種
的資料，也都有佃耕及自耕的數據。而因為地租是農場生產成本中的
一項，因此也都調查了地租。利用這些資料可以進一步分析蓬萊稻種

對於地租是否確實有正向的影響。這些資料橫跨 1925-27 年及 1930-31 年，因為 1930-31 年是經濟大蕭條時期，因此我們也可以檢驗經濟不景氣是否會影響地租。此外，這些資料都列有收穫量及米價，所以也可以檢驗米價是否對地租有顯著的影響。

因此，設定兩個迴歸模型如下：

$$ln\,Rent_j = \alpha_0 + \alpha_1\,ln\,Q_j + \alpha_2\,ln\,TL_j + \alpha_3 + Var_j + \alpha_4 Crop_j + \alpha_5\,ln\,P_{rj}$$

$$+ \sum_{i=1}^{3}\beta_i D_{Lij} + \lambda D_{tj} + \in_j \qquad (17)$$

$$ln\,Rent_j = \alpha_0 + \alpha_1\,ln\,R_j + \alpha_2\,ln\,TL_j + \alpha_3 + Var_j + \alpha_4 Crop_j + \sum_{i=1}^{3}\beta_i D_{Lij}$$

$$+ \lambda D_{tj} + \in_j \qquad (18)$$

式中 ln 及 $Rent_j$ 的意義如式 15 與式 16 所示，R_j、Q_j、P_{rj}、TL_j 分別代表收穫金額、農場稻穀的收穫量、稻穀的售價及稻作農場中種稻土地之比率，而 Var_j、$Crop_j$ 及 D_{tj} 分別代表稻作種類、期作別及時間的虛擬變數。各虛擬變數設定如下所示：

$$Var_j = 1，蓬萊米，$$
$$= 0，非蓬萊米；$$
$$Crop_j = 1，是二期作，$$
$$= 0，一期作；$$
$$D_t = 1，1925\text{-}27 \text{ 年，}$$
$$= 0，1930\text{-}31 \text{ 年；}$$
$$D_{L1} = 1，北部地區，$$

$$= 0，非北部地區；$$
$$D_{L2} = 1，中部地區，$$
$$= 0，非中部地區；$$
$$D_{L3} = 1，南部地區，$$
$$= 0，非南部地區。$$

　　迴歸結果列於表 3-14。從表中可以看到，將收穫值分開為收穫量及米價兩個變數，納入迴歸式 1（式 17），結果其 R^2 與 $\bar{R}^2$ 分別是 0.5270 及 0.5093，而只含收穫值的迴歸式 2（式 18）的 R^2 與 $\bar{R}^2$ 分別是 0.5254 及 0.5097。從 R^2 與 $\bar{R}^2$ 值的大小，我們發現兩條迴歸式解釋地租高低的能力差不多。可見，地租雖然是以稻米繳納，不過收穫值或是收穫量及米價對地租的影響力卻是相當的。❸

　　從表 3-14 也可以看到，兩個迴歸式係數的正負號，除時間之外，其他全都相同。而且各變數對地租的影響力，除了經營面積、期作別及第一條迴歸式的時間之外，其他變數的影響力都是正向的。至於各變數對地租是否具顯著的影響，除了稻種、經營面積及第一條迴歸式的時間外，其他變數都有相當顯著的影響。其中，兩條迴歸式的南部地區、第二條迴歸式的時間及期作別對地租的影響，在顯著水準為 5% 之下是顯著的；而其他變數，無論在哪個迴歸式，對地租的影響都更顯著，在 $\alpha = 1\%$ 之下，仍然顯著地大於 0。

　　而各變數對地租影響力的大小如何呢？從表中的 *BETA* 係數絕對值的大小，可以看到在迴歸式 1 中影響力的大小，依次是收穫量、米價、中部地區、北部地區、南部地區、期作別、時間、經營面積及稻種。而迴歸式 2 中影響力的大小，則依次是收穫金額、中部地區、北

---

❸ 根據本章第一節的討論，水田地租原則上繳納稻穀。

表 3-14 稻作農場地租的決定因素

項目	迴歸式 1（式 17）			迴歸式 2（式 18）		
	迴歸係數	t 值	*BETA* 係數	迴歸係數	t 值	*BETA* 係數
常數項	1.6224	2.160*		1.6967	5.277**	
收穫量	0.5260	7.802**	0.7746			
米價	0.4564	3.830**	0.4004			
收穫金額				0.5140	8.196**	0.5756
經營面積	-0.0430	-1.872	0.0585	-0.0421	-1.849	0.0573
稻種	0.0189	0.459	0.0172	0.0080	0.222	0.0072
期作別	-0.1287	-3.750**	0.1217	-0.0660	-2.035*	0.0567
北部	0.3358	3.712**	0.3190	0.3217	3.688**	0.3056
中部	0.4140	4.364**	0.3318	0.4028	4.312**	0.3228
南部	0.2098	2.322*	0.1814	0.2007	2.234*	0.1736
時間	-0.0881	-0.968	0.0785	0.0815	2.389*	0.0726
R^2	0.5270			0.5254		
R^2	0.5093			0.5097		
樣本數	250			250		

註　解：*代表 α = 5% 之下，顯著地異於 0；而 ** 代表在 α = 1% 之下，仍然顯著地異於 0。
表中的地租及收穫金額都是以吳聰敏的 GDP 平減指數平減過的實質數值。

資料來源：臺灣總督府殖產局，《主要農作物經濟調查　其／一水稻》，頁 2-7，12-13，15-17；
臺灣總督府殖產局，《主要農作物經濟調查　其／三水稻》，頁 4-7，10，12；臺灣
總督府殖產局，《主要農作物經濟調查　其／六水稻》，頁 2-7，12-13，18；臺灣總
督府殖產局，《主要農作物經濟調查　其／九水稻》，頁 6-9，12，16，18；臺灣總
督府殖產局，《米生產費調查其／一（昭和五年第二期作）》（臺北：臺灣總督府殖產
局，1931），頁 6-7，10-11，17-19；《米生產費調查其／二（昭和六年第一期作）》
（臺北：臺灣總督府殖產局，1932），頁 6-7，10-13。

部地區、南部地區、時間、經營面積、期作別及稻種。從這兩個式子
的 *BETA* 係數絕對值，可看到米價、收穫量、實質收穫金額，都是實
質地租的重要影響因素，其次是區域、期作別及時間因素，而經營面
積及稻種則是較不重要的影響因素。

　　至於各變數對地租影響方向的意義是什麼呢？經營面積對地租的
影響是負向的，代表佃耕地越大的農家支付的地租越少，不過其影響
力只有 α = 10% 之下才是顯著的。這顯示佃耕地供給面的影響力大

過於需求面，因此地主可能對地租的影響力大過於佃農，不過影響力不太顯著。

　　時間這一項變數在稻米價格固定之下是負的，不過並不顯著；而在只固定收穫金額這一迴歸式中卻是顯著的，不過其影響力只高於經營面積、稻種及期作別。這顯示若固定米價，則 1930-31 年這個經濟不景氣時代對實質地租沒有影響，不過若不固定米價，則 1930-31 年經濟不景氣時代的地租確實顯著地低於 1925-27 年的水準。這說明了在經濟不景氣的時代，地租之所以較低，可能主要是因為米價較低之故。

　　而三個區域變數都是正的，代表當其他條件固定之下，東部地區稻田的地租顯著地低於其他地區。而收穫金額、收穫量及米價對地租的影響也都十分顯著地大於 0，這代表收穫金額越高的佃農所支付地租也越高；且如果將收穫金額分成為收穫量及米價，它們各自對實質地租的影響也都具有顯著的正向影響。至於期作別這一變數對地租的影響是顯著的負向，表示二期作的地租比一期作要來得低，這表示地租可能並非每期作平均分攤的。

　　接著，要進一步察看蓬萊米對於地租的影響。耕種蓬萊米田地的實物地租其實是低於非蓬萊米稻作，前者每期作地租平均為 2045 斤稻穀，而後者卻有 2,107 斤稻穀。不過，蓬萊米的收穫量卻高於非蓬萊，兩者分別是 4,959 及 4,474 斤。蓬萊米的價格也大於非蓬萊，分別是每百斤 7.03 圓及 5.90 圓。因此，蓬萊米及非蓬萊的收穫值分別是 361.84 圓及 278.07 圓，而地租金額則分別是 143.07 及 124.32 圓。可見，因為蓬萊米的價格較高，因此雖然其實物地租較在來米為少，但是其地租金額卻高於非蓬萊。

　　不過，從迴歸結果可以看到，如果固定其他因素，則蓬萊的地租與非蓬萊的地租幾乎是相同的，其間的差距非常不顯著，t 值只有

0.459 到 0.222 而已。因此，稻種對地租的影響力很不顯著，且其影響力幾乎都居最末位。可見，蓬萊種之所以地租金額較高，可能是因為收穫金額較高的關係，而蓬萊米的收穫金額之所以較高，則同時來自於收穫量較多及價格較高所致。

總之，對稻田地租的影響力，以收穫量、收穫金額及米價最重要，其次是區域因素、期作別及時間，而經營地面積的大小或稻種則是較不重要的因素。

六、小結

綜合以上各節的討論，摘述本章主要的發現如下。首先，我們發現佃農及半自耕農之所以所得較低，確實是因為缺乏土地的關係，不過本章第三節的討論，發現地租並未過高。因此，我們可以說佃農及半自耕農所得之所以較低，是因為缺乏土地所有權，因而必須繳納地租，並非是地主剝削的結果。

其次是，大多數良田熟畑行定額租制度，劣等田畑則行定率租制度，而良田熟畑之所以行定額租主要是為了激勵佃農努力耕作。此外，地主也常對佃耕地進行各種投資。從此，我們推得這是因為地主在乎其出租地之收穫量，地主之所以在乎出租地的收穫量，乃是因為收穫量的高低是決定地租高低的重要因素。

而在地租或地租率的分析中，我們得到以下幾個重要的結論。（1）無論全臺或各州廳的水田地租都在 1938 年達到最高，1902 年則是最低的；而全臺、臺北州、臺中州、高雄州及花蓮港廳的旱田地租也都在 1938 年達到最高。（2）水田地租率大致繞著 50%，上下微幅波動；旱田地租率遠低於水田，其最高不超過 35%，不過波動幅度較水田大。（3）無論水田或旱田，當收穫量上提時，地租額跟著增長；而當收穫量下落時，地租額也隨而減縮；不過，兩者的變動幅度不一

致，因而造成地租率的伴隨變動。(4) 地主從水田分得的比率高於從旱田分得之比率；相反地，佃農從水田分得的比率低於從旱田分得之比率。(5) 1937 年以後臺灣水田地租在區域結構上發生顯著的變動，主要的變遷要點在於 1938 年以後南部地區的高雄州與北部地區的新竹州的排序發生異位現象，高雄州從原來居於北部地區之後，轉而居於北部的新竹州之前；而在 1937 年以前臺南州的排序原來居於中北部及高雄州之後，而居於第五位；但是 1937 年以後，則轉而居於最末位，甚至是低於東部地區。可見，南部地區地租高低的排序有兩極化的現象，亦即高雄州的排名前進，臺南州的排序後退。

而無論是從土地的邊際生產量及地主購買土地的機會成本來看，我們似乎都不能毫無保留地支持戰前臺灣地租過高的假設。既然戰前地租過高的假設不能成立，則任何形式的土地改革，以降低地租率，可能都只是一種財富重分配效果，並不能達到提高效率的作用。此外，本章的研究結果並不支持過去文獻所強調之地主剝削佃農的主張，文獻上之所以有此一主張，可能是因為忽略了地主關心未來多期收益的事實。因為當期的收穫量是未來地租高低的最重要決定因素，因此地主如果關心未來的收益，則他與現任佃農利害與共，對現任佃農的剝削也將損及地主自身的利益。

至於地租的決定因素以收穫量的多少與地價的高低為最重要，其他因素對地租的影響方向如下：雙期水田及單期水田相對於旱田，地租較高，這說明地主對地租的影響力可能大過於佃農；而在 1930-31 年經濟大恐慌時的地租低於 1925-27 年承平時期；而 1937 年的地租大於 1927 年的地租；佃耕地占總耕地的比率或是佃耕地面積越大，則地租越低；製糖會社佃租地比率越高，地租也越高。最後這兩點說明了涂照彥所說的地主操控租佃市場及製糖會社的耕租制度提升地租的說法可能是正確的。不過，佃耕地占總佃耕地面積之比重及製糖會

社租佃地占總佃耕地面積之比重這兩個因素，對於地租的邊際影響力都不大。

而區域因素對於地租的影響，如果我們的樣本點是各街庄的水旱田的話，則當其他因素固定時，南部的地租顯著地高於東部地區，中、北部的地租未必高於東部地區。但是，如果我們的樣本是稻田，則當其他因素固定時，中、北、南部地區的地租確實都顯著地高於東部地區。又，稻田中種植蓬萊米地租大於在來米，但非常不顯著；因此，前人所謂蓬萊米的種植提升了地租的說法可能有待商榷。

從以上的摘述，本章最重要的結論是日治時代地租過高的說法並未得到實際資料的支持。其次是影響地租最重要的因素是地價，然後是收穫量。地主對地租的決定力量可能大過於佃農，但卻不是地租的重要影響因素。而製糖會社承租地的大小對地租有影響力，但影響力不大。再來是當其他因素固定時，經濟不景氣之際，地租確實較少。種植蓬萊米的稻田所納的地租並未高於在來米。此外，我們也發現地租採用定額租或定率租，依循的是效率原則。

總之，從地租水準的高低、地租水準的決定方式及地租計算的方式，我們得到日治時代的租佃制度符合效率原則。

第四章
租佃制度對農場經營效率之影響

　　雖然，我們在第一章提到租佃制度的出現，是為了解決不同農家之間資源稟賦型態的差異所帶來的經營無效率。然而，租佃制度的存在，卻可能因為地主索取過高的地租，而使得佃農缺乏投資的能力，也可能因為口頭租約及租期太短，而使佃農缺乏投資的意願，因而導致佃耕農場經營較無效率。

　　日治時代的文獻就不斷提到當時的租佃制度不良，造成土地的虐使，不僅地力難以增進，更促成佃農生活陷入窮乏，不能安固。梶原通好就曾經指出，由於不良的租佃制度，造成佃農的不安，伴隨著此而出現土地虐使。[331] 他論到雖然臺灣的農民知識程度低，然而農民也知悉施肥維持或增進地力，收穫量將會增加的道理；而農民之所以不愛護土地，多施肥以增進地力，主要是因為租期太短，佃農對於土地有不安固之感。[332]

　　今川淵也指出，租佃期限短且地租比較高，使得佃農進行掠奪農

---

[331] 梶原通好，〈本島小作と地力問題〉，《臺灣農事報》229（1926），頁18。
[332] 梶原通好，〈本島小作と地力問題〉，頁13。

法，因此地力減損，生產減退，這是必然的結果。[333] 茂野信一及林朝卿則指出契約期間大多都是三年一耕，長的地方也只有五年一限而已，且因為都是口頭約定，佃農顧慮隨時被解約，無法安心耕作，因此採用掠奪粗放的農業經營方式，不充分施肥，不進行土地改良，不進行永久施設，因此收穫無法增殖，地價也無法提高，這樣無論佃農及地主都受到損失。[334]

然而，根據傳統的邊際分析法，農場的經營效率與租佃制度採用定額租或定率租有關。若採行定額租制度，佃農繳給地主的地租乃是固定成本，不會影響其土地以外的其他要素的投入量。若其他條件相同，自耕農場與佃耕農場的土地以外的其他要素的投入量會相同。然而，若採行定率租制度，租率會降低佃農要素投入的誘因，因此若其他條件相同時，佃耕農場土地以外的其他因素，例如勞動雇用量，會較自耕農場為低。

從圖 4-1 可以看到，若採行定額租，則無論是自耕或是佃耕都是圖上所示的 L_1，但是若採行定率租的話，則使利潤極大的勞動雇用量，自耕及佃耕分別是 L_1 及 L_2，而 $L_2 < L_1$。[335]

如同附錄 4-1 所示，兩種農場的經營效率是否相等，除了決定於租佃制度採行的是定額租與定率租之外，也與兩種農場的生產函數及所面臨的價格是否相同有關，更與租佃制度是否直接對使用生產要素或是栽種作物進行干預有關。如果生產函數相同，此時倘若租佃制度也採行定額租制度，而租佃制度也未干預佃耕農場生產要素的使用及

---

[333] 今川淵，〈臺灣に於ける小作慣行の改善と業佃會〉，《臺灣時報》54（1923），頁 17。

[334] 茂野信一及林朝卿，《臺灣的小作問題》（臺北：吉村商社，1933），頁 79。

[335] 至於為何在定額租與定率租之下，利潤極大之土地以外的投入量會不等，請看附錄 4-1 的數學推演。

圖 4-1　定額租與定率租利潤極大的因素使用量

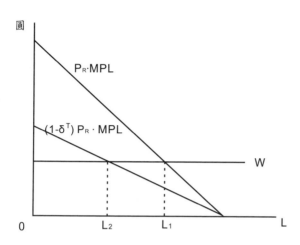

栽種的作物，則兩種農場的經營效率應該是會一樣的。

　　本書第三章已經說明了日治時代的租佃制度是定額租制度，而第二章也指出日治時代的租佃制度，在租期的安排上及租約型式的選擇上都相當符合效率原則，因此除非自、佃耕農場的生產函數相異或租佃制度干預佃耕農場的經營方式，否則自、佃耕農場的經營效率應該是相當的。因此本章第一個要關心的課題是日治時代佃耕農場的經營效率是否顯著地低於自耕農場；若是的話，是什麼原因造成的；若不是的話，何以會這樣等等問題。

　　如果日治時代自、佃耕農場經營效率相當的話，那麼表示當時的租佃制度並未降低農場的經營效率。果真如此的話，除非三七五減租的前夕佃耕農場的經營效率下降，且下降的幅度超過自耕農場，否則前人所謂戰後初期三七五減租提高了農場的經營效率就值得商榷。因此本章第二個要探究的問題是三七五減租是否確實提高農場的經營效率，若沒有的話，是什麼原因造成的。

一、效率的定義

經濟學關於效率的定義有很多種，本章所謂的效率包含有技術效率、配置效率及調整利潤成本比。以下簡單說明各種效率的定義，[336]如果將效率理解爲每一單位資源所創造出來之利潤，則農場的經營效率可以採用農場主從每圓投入所獲致之利潤加以衡量。而一個農場主投入一圓的成本能夠獲致多少利潤，決定於其技術效率及配置效率的程度如何，因此本節將介紹幾個效率指標的意涵。

所謂技術效率是指一個生產者利用某一特定的投入，實際生產出來的數量與該投入所能產出最大產量之比率。若達到生產邊界，則我們定義這個生產者具有 100% 的技術效率。根據下圖，若投入爲 L_0，則所謂技術效率的程度可以定義爲實際生產點 A 與邊界生產函數上點 B 的距離之比率，因此 L_0 的技術效率程度就是 $\frac{L_0 A}{L_0 B}$。假設一個農場使用勞動（L）及資本（K）進行生產，而若 K 固定於 $\overline{K}$，則要計算技術效率，就必須估計圖 4-2 的邊界生產函數 $K = f(\overline{K}, L)$。

至於如果有好幾個投入要素，則技術效率的衡量，見本書附錄 4-2 的說明。一個生產者即使達到完全的技術效率，但是可能還是無法達到利潤極大，因爲它的資源配置可能並未達到最佳的狀態。因此，雖然生產邊界上所有的生產投入組合的技術效率都達到 100%，但是在某一市場價格之下，卻只有一個組合點符合配置效率。那麼，在何種條件之下，生產者的配置效率才達到最理想的狀態呢？

假如一個農場只使用勞動（L）一種要素，而且市場結構是完全競爭的型態，在某一技術之下，工資是 W，產品價格是 P，則如果能夠使用 L^* 的勞動，在生產邊界上的生產點 D 點，就是具有 100% 的

---

[336] 至於詳細的意義，可以參考本書附錄 4-2。

圖 4-2　技術效率與配置效率

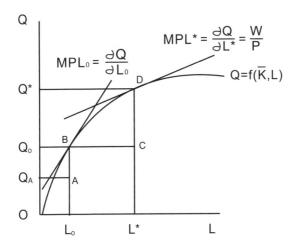

配置效率（見圖 4-2）。因爲 D 點生產函數的斜率就是勞動的邊際產出（MP_L），而這個斜率正好等於 $\frac{W}{P}$。因此假如只使用一種生產要素 L，則具有 100% 配置效率的條件爲：

$$MP_L = \frac{\partial Q}{\partial L} = \frac{W}{P}$$

因此，我們把配置效率定義爲：

$$AE_L = \frac{P * MP_L}{W}$$

若農場 j 所使用的勞動投入量得以使 AE_L^j 等於 1，則本文定義農場 j 具有 100% 的配置效率。反之，若 AE_L^j 不等於 1，則農場 j 不具有

配置效率。以上說明的是使用一種生產要素時,該種要素使用量是否達到配置效率的水準,至於如果有好幾個投入要素,則配置效率的衡量,見附錄 4-2 的說明。

有了配置效率係數,我們可以比較兩個農場,例如佃耕(t)與自耕(o)的配置效率程度。

$$
\text{當} \left| AE_L^t - 1 \right| \underset{\prec}{\overset{\succ}{=}} \left| AE_L^o - 1 \right|,
$$

$$
\text{則佃耕農場之配置效率} \begin{cases} \text{低於} \\ \text{高於} \\ \text{等於} \end{cases} \text{自耕農場。} \tag{1}
$$

在某些情況之下,利用上式,無法判斷那個農場配置效率較高。其中之一是如果使用多種投入時,某些投入,$\left| AE_L^t - 1 \right|$ 之值大於 $\left| AE_L^o - 1 \right|$ 之值,但是另一些投入,$\left| AE_L^t - 1 \right|$ 之值卻小於 $\left| AE_L^o - 1 \right|$ 之值,則無法分辨佃耕農場與自耕農場何者較具配置效率。

既然在有些情況之下,我們無法判斷哪個農場配置效率較高,因此本章也要直接利用利潤的指標,衡量農場的經營效率。所謂利潤是收益扣除成本,而農場的投入成本包含地租成本,自耕農場實際上不需要支付地租,但在求算總成本時必須設算地租。

在日治時代臺灣總督府殖產局及戰後臺灣省農林廳所進行的主要作物之收益成本調查中,並非以耕地的生產力設算地租,而是採用地主購地資金之機會成本的估計值,即地價的估計值與利率的假設值,設算自耕農場的地租。利用該方法設算出來的地租遠低於佃耕農場的

地租，而這樣的結果可能是設算地租低估所致，未必反映實際的狀況。倘若臺灣總督府殖產局或臺灣省農林廳低估了地價或利率，或是土地買賣市場或金融借貸市場被干預，導致地價或利率偏低，都會造成設算地租的低估。

戰後初期的調查報告中，雖然說明了所謂利率是指適當的利率，但是並未指出是用何種利率。而戰後初期的利率相當高，Ho 指出 1950 年代中後期市場的實質利率大概在每年 30% 到 50% 之間。❸❼ 如果以這麼高的利率設算出來的自耕農之地租應該相當高，但是調查報告中自耕農的地租卻只占了收穫量的 23.56% 及 23.87%。這個設算地租占收穫量的百分比，遠低於佃耕地之地租率 32.11% 與 31.28%。這個設算地租可能是低估的，未必反映實際的狀況。❸❽

即使佃耕農場的地租是佃農實際支付的成本，但是可能也有偏誤估計的現象。如同上一章所述，佃農在租賃並使用土地的同時，通常可以無租使用田寮、附屬旱田或菜園、無息使用地主提供的資本財、無價使用田寮周圍的竹木。因此在概念上，地租所要償付的應該不只是耕地的勞務，還包括了這些資本財或資產的服務。然而，一般的統計或調查並無該些資產或資本的資料，無法確知佃耕地所應分攤的地租部分。

為避免這方面的誤差帶來效率衡量上的不正確，因此在計算農場

---

❸❼ Ho, Samuel P.S., *Economic Development of Taiwan, 1860-1970*（New Haven and London: Yale University Press, 1978）, p.167。

❸❽ 這些數字可以從臺灣省農林廳，《民國三九年第二期作稻穀生產收支經濟調查報告書》（臺北：該廳，1951），頁 41，45，49，53，57，61，65，69，73，77，81，85，89，93，97，101，105，109，113，117 及臺灣省農林廳，《民國四十年第一期作稻穀生產收支經濟調查報告書》（臺北：該廳，1951），頁 41，45，49，53，57，61，65，69，73，77，81，85，89，93，97，101，105，109，113，117 求得。

的成本時，本章將求出扣除不包含地租成本之調整成本。而當我們扣除地租時，也必須略去稅賦，因為自耕農必須繳納土地稅以及全部的水租，但是佃農不需納土地稅，而且只繳一小部分的水租。❸❸❾ 我們把扣除地租（Rent）、土地稅（Tax）及水租（Water fee，簡稱為 WF）的成本稱為「調整成本」（C′），從而計算「調整利潤」，所謂調整利潤（π′）就是利潤（π）加上地租、土地稅與水租。因此，本章把調整利潤除以調整成本稱為調整利潤成本比，定義如下所示：

$$當\ C' \equiv C - Re\,nt - Tax - WF\,, \qquad (2)$$

$$則\ \pi'_C \equiv \frac{\pi'}{C'} = \frac{(R - C')}{C'} \qquad (3)$$

式中 R 為收益、π′ 指調整利潤、C 則代表成本，而 C′ 則是調整成本。

二、日治時代自、佃耕農場的經營效率

從上一節所敘述的效率指標，可以看到若要討論技術效率，要先估計邊界生產函數。而要估計生產函數，必須知道各農場或各農家的產出與投入的數量，戰前稻作農場只有 1925-27 年有該方面完整的資料。不過，卻有幾次成本與利潤的資料，可以求出不同年代的自、佃耕農場的調整利潤成本比，因此本節先以調整利潤成本比作為指標，討論當時佃耕農場的經營效率是否確實顯著地小於自耕農場。若兩種農場經營效率無顯著的差異，為何會這樣呢？

---

❸❸❾ 關於這點請參考本書第三章第二節之（二）及第二節之（四）的說明。

（一）調整利潤成本比

　　爲了計算自、佃耕農場的調整利潤成本比，我們需要有農場收支方面的調查。而日治時代共有五份稻作自、佃耕農場的收支資料，調查的年代分別是 1904-06、1923-25、1925-27、1929-31 及 1932-33 年。本小節利用這些資料，討論各年代稻作自、佃耕農場的經營效率。

　　不過，這些資料當中有些只有佃農的資料，例如臺灣總督府農事試驗場於 1904-06 年進行的調查，只含括佃耕農場的資料。[340] 另外，有些調查並非全島性的，只對部分區域進行調查，例如 1923-25 年臺中州農會針對臺中州地區，包含水稻的主要農作物收支經濟進行調查，雖然這個調查的對象含有自耕及佃耕，卻只在臺中州一地。[341]

　　還有一份調查只列出 1932-33 年全臺的自、佃耕農場一、二期蓬萊及在來稻的收益及成本，從此雖然可以求出調整利潤成本比的平均數，但是卻無法求得標準差，因此無法檢定自、佃耕農場的調整利潤成本比是否有顯著的差異。[342] 爲了完整性，我們盡量把這些資料都納入討論之中。且爲了要使資料的含括範圍一致，以下我們也從全臺的調查，計算出臺中州的部分，以便與 1923-25 年的數據比較。

　　把以上所提的五份調查報告所列的自、佃耕農場收支方面的數據代入上一節式 3 所提的公式，可以求算出各種農場的調整利潤成本比，求算的結果列於表 4-1。利用表 4-1 所列的資料，我們首先討論全臺的情況。

---

[340] 臺灣總督府農事試驗場，《臺灣重要農作物調查第一篇普通作物》（臺北：該場，1906），頁 192-224。

[341] 臺中州農會，《主要農作物收支經濟調查》（臺中：該會，1925），頁 5-38。

[342] 這個資料是得自於一本書的附錄，書中並未說明所列之稻作成本及收益數字所屬的年代，不過從書中其他資料大部分是止於 1932-33 年，我們判斷稻作收益及成本的數字是 1932-33 年的情況。請見西田龍八，《臺灣の米》（東京：東京米穀商品取引所檢查課，1934），頁 170-171。

從表 4-1 的數據，我們得到幾個日治時代農場經營效率高低的重要現象。第一個現象是全臺農場除了在 1929-31 年之間，調整利潤成本比低於 1 之外，其他的年代都大於 1。顯示在 1929-31 年間，可能因為經濟發生嚴重的不景氣，致使稻米價格下滑的幅度大過於生產要素下滑的幅度。筆者及張素梅曾經指出這種現象，我們發現從 1926-31 年間，米價下跌高達 53.86%，而投入價格以肥料跌幅較大，但也只有 46.31%；工資卻下跌有限，臺中州及臺南州的男性農業勞動每日工資，從 0.70 圓分別跌為 0.65 與 0.60 圓；而臺北州的工資反而是上揚的，幅度高達 20%。❸⑱

第二是全臺自、佃耕農場的漲、跌方向都相同，且幅度也都相當。例如在 1925-27 年到 1929-31 年間，兩種農場都是下滑的，且幅度分別是 45.39% 及 43.56%，自耕農場下跌的幅度略微超過佃耕農場。而在接續的 1929-31 年至 1932-33 年間，則都是上升的，且兩者都分別提高了 118.40% 及 93.41%。可見，經濟景氣的波動對於自、佃耕農場調整利潤成本比的影響方向及影響力大致上是相同的。

第三是在 1932-33 年雖然農場的經營效率回升，但是卻仍然低於 1920 年代中期以前的水準。可見從長期的趨勢看來，業佃改善事業開始之際的 1930 年代初期，佃耕農場的經營效率並未高於之前的年代。

第四個結論是無論全臺或是臺中州，且無論是哪一個年代，自、佃耕農場的調整利潤成本比都無顯著的差異。表中的數據顯示，佃耕農場的調整利潤成本比並非總是都低於自耕農場；相反地，無論在 1925-27 及 1929-31 年的全臺或是在 1923-25、1925-27、1929-31 臺中

---

❸⑱ 張素梅及葉淑貞，〈日治時代臺灣農家所得之分析〉，《臺灣史研究》10：2（2003），頁 8。

表 4-1　日治時代稻作農場及農家的調整利潤成本比

年	樣本數		平均數		標準差		t 值
	自耕	佃農	自耕	佃農	自耕	佃農	
全臺農場							
1904–06		7		1.2228		0.6938	
1925–27	166	158	1.3892	1.3594	0.7392	0.6672	-0.3803
1929–31	154	157	0.7586	0.7673	0.5316	0.4583	0.1547
1932-33			1.1633	1.1645			
臺中州農場							
1904–06		2		0.5777		0.0643	
1923–25	12	12	1.4653	1.5664	0.6087	0.4873	0.4492
1925–27	36	36	1.7000	1.6105	0.8000	0.7163	-0.2804
1929–31	39	40	0.7414	0.7920	0.5173	0.4531	0.2474

資料來源：1904-06 年參考臺灣總督府農事試驗場，《臺灣重要農作物調查第一篇普通作物》，
　　　　　頁 192-224；1923-25 年參考臺中州農會，《主要農作物收支經濟調查》，頁 5-38；
　　　　　1925-27 年依據臺灣總督府殖產局，《主要農作物經濟調查其ノ一　水稻》（臺北：
　　　　　該局，1927），頁 11-19；臺灣總督府殖產局，《主要農作物經濟調查其ノ三　水稻》
　　　　　（臺北：該局，1927），頁 9-16；臺灣總督府殖產局，《主要農作物經濟調查其ノ六
　　　　　水稻》（臺北：該局，1928），頁 11-21；臺灣總督府殖產局，《主要農作物經濟調
　　　　　查其ノ九　水稻》（臺北：該局，1928），頁 11-18；1929-31 年參考臺灣總督府殖
　　　　　產局，《米生產費調查其ノ一（昭和五年第二期作）》（臺北：該局，1931），頁
　　　　　4-15，30-39，46-53 及臺灣總督府殖產局，《米生產費調查其ノ二（昭和六年第一
　　　　　期作）》（臺北：該局，1932），頁 4-11；1932-33 年參考西田龍八《臺灣の米》，頁
　　　　　170。

州等這幾個可以求算出自、佃農場的調整利潤成本比的時代或地區
中，只有 1925-27 年這一個年代，佃農略微低於自耕農場，其他三個
年代佃農都高於自耕農場。不過，這四個年代自、佃耕農場的調整利
潤成本比的差異，都相當不顯著。

　　其間差異的 t 值都相當小，t 值最高發生在 1923-25 年的臺中州，
但也只有 0.4492 而已。這個結果顯示即使在顯著水準為 65% 之下，
自、佃耕農場經營效率的差距都不顯著。

　　也就是說，無論全臺或是臺中州地區，且無論在哪一年，自、佃
耕農場的調整利潤成本比都無顯著的差異。這個結論顯示，日治時代

自、佃耕農場的經營效率並無顯著的差異。

（二）自、佃耕農場生產函數的異同

何以日治時代自、佃耕農場的經營效率無顯著的差異呢？從前言的介紹我們已經知道自、佃耕農場的經營效率是否相同，除了與租佃制度行定額租或是定率租有關之外，也與兩種農場的生產函數及所面臨的價格是否相同有關，更與租佃制度是否直接對使用生產要素或是栽種作物進行干預有關。前一章已經討論過日治時代臺灣地租的計算方式大多採行定額租，本小節接著要利用 1925-27 年稻作農場的投入與產出資料，檢定當時自、佃農場的生產函數及所面臨的價格是否相同。[344] 爲了要檢定當時自、佃耕農場生產函數相同的虛無假設是否成立，以下採用概似比（likelihood ratio）卡方檢定法進行檢定，爲此，我們設定 Cobb-Douglass 隨機性生產邊界函數模型如下：[345]

$$\ln Q_j = \alpha_0 + \alpha_1 \ln L_j + \alpha_2 \ln FR_j + \alpha_3 \ln K_j + \alpha_4 \ln A_j + \gamma_0 * D_F$$

$$+ \gamma_1 * D_F * \ln L_j + \gamma_2 * D_F * \ln FR_j + \gamma_3 * D_F * \ln K_j$$

$$+ \gamma_4 * D_F * \ln A_j + v_j - u_j \tag{4}$$

---

[344] 在表 4-1 所列的幾個年代當中，只有 1925-27 年的資料有估計生產函數所需要的完整資料。1929-31 年的資料雖然也有各農場的投入與成本資料，但卻缺乏投入要素，例如勞動的投入數量，且只有 1930 年二期作及 1931 年一期作有土地面積的資料。

[345] 本章爲何使用隨機性生產邊界函數，而不用第三章式 7 的最小平方模型估計生產函數呢？這是因爲下一節，在估計技術效率值時，需要估計圖 4-2 所畫的生產邊界，而在該處我們使用隨機性生產邊界模型。爲了一致起見，此處我們也使用隨機性生產邊界模型。

　　式中，j 代表農場，其中的自變數有土地（甲數，A）、勞動（日數，L）、肥料（以米價平減的實質金額，FR）、農具折舊費（以米價平減的實質金額，K）以及代表自、佃耕農場的虛擬變數（$D_F = 1$，代表佃耕農場；而 $D_F = 0$，代表自耕農場）。而以正產物稻穀的斤量（Q）作為迴歸式的應變數。❸❹❻ v 為隨機誤差項，u 為技術誤差項。誤差項的機率分配分別假定為：

$$v \sim N\left(0, \sigma_v^2\right)$$

$$u \sim N^+\left(0, \sigma_u^2\right) \tag{5}$$

　　在式 4 所設定的模型之下，如果自耕及佃耕生產函數相同，則式 4 將變成為：

$$\ln Q_j = \alpha_0 + \alpha_1 \ln L_j + \alpha_2 \ln FR_j + \alpha_3 \ln K_j + \alpha_4 \ln A_j + v_j - u_j \tag{6}$$

　　因此，自、佃耕農場的生產函數是否相同的虛無假設及對立假設可以設定為：

$$H_0 : \gamma_i = 0, i = 0 \sim 4$$

$$H_1 : H_0 不為真$$

　　我們可以利用下面的統計量檢定上式的虛無假設：

---

❸❹❻ 之所以選擇這些變數作為自變數，請參考葉淑貞，〈日治時代臺灣的租佃制度與農場的經營效率：戰後初期土地改革的省思之一〉，《國家科學委員會研究彙刊：人文及社會科學》7：4（1997），頁 480 或是本書下一節的介紹。

$$-2\ln l = -2\left[\ln L\left(\theta^*\right) - \ln L\left(\tilde{\theta}\right)\right] \qquad (7)$$

式 7 中 $L(\theta^*)$ 為在 H_0 的限制條件下，所求得之最大概似函數值；而 $L(\tilde{\theta})$ 為不受 H_0 條件約束，所求得之最大概似函數值。當 H_0 為真時，$-2\ln l$ 趨近於自由度等於 5 的卡方分配。

表 4-2 列出估得的概似比卡方檢定之各種相關數值。從表 4-2 可以看到 $-2\ln l$ 之值一期作為 3.2762，而二期作則為 4.7486，其中一期作小於顯著水準為 50%，而二期作小於顯著水準為 25%，自由度為 5 之 X^2 值分別是 4.35 及 6.63，也就是說虛無假設被拒絕的可能性不大。據此，我們判定戰前 1925-27 年自、佃耕農的生產函數的差異，無論是一期作或是二期作，都相當不顯著。

表 4-2　1925–27 年稻作自、佃耕農生產函數相同之檢定資料

生長期	$\ln L(\tilde{\theta})$	$\ln L(\theta^*)$	$-2\ln l$
一期作	37.8760	36.2380	3.2762
二期作	36.7793	34.4050	4.7486

資料來源：臺灣總督府殖產局，《主要農作物經濟調查其／一　水稻》；頁 2-9，11-47，82-153；臺灣總督府殖產局，《主要農作物經濟調查其／三　水稻》；頁 2-7，9-45，70-115；臺灣總督府殖產局，《主要農作物經濟調查其／六　水稻》；頁 2-9，11-49，84-153；臺灣總督府殖產局，《主要農作物經濟調查其／九　水稻》，頁 4-9，11-49，74-117。

（三）自、佃耕農場所面臨的價格是否相同

既然生產函數無顯著的差異，至少還需要自、佃耕農場面臨著相同的價格，則兩種農場的調整利潤成本比才不會有顯著的差異。因此接著要分析的是兩種農場面臨的米價及各種要素的價格是否相同。表 4-3 的價格資料透露出自、佃耕農場所面臨的價格相當接近。佃耕與自耕農場所面臨的米價、工資率、豆餅價格幾乎完全相等，且所面臨各種價格的標準差相對於平均數來說都很小，三種價格的標準差只有

表 4-3　1925–27 年稻作自、佃耕農場面臨的價格

項目	自耕		佃耕		自、佃耕差之 t 值
	平均數	標準差	平均數	標準差	
稻米賣價（圓 / 斤）	0.0735	0.01	0.0745	0.01	-0.38
成年男性每日工資（圓 / 日）	1.06	0.25	1.04	0.19	0.54
豆餅買價（圓 / 百斤）	5.87	0.86	5.85	0.65	0.13
每甲地勞動量（日）	84.41	31.84	84.28	33.43	0.38
每甲地工資支出（圓）	76.88	29.17	78.05	28.95	-0.21
每甲地肥料支出（圓）	44.68	35.98	44.77	32.06	-0.94
每甲地農具支出（圓）	4.89	2.84	4.57	2.25	1.13

註　解：所謂自、佃耕之差的 t 值，表示在自耕等於佃耕的虛無假設成立之下所求算的數值。
資料來源：同於表 4-2。

0.01、0.19-0.25、0.65-0.86。這顯示不同的佃耕農場之間或不同的自耕農場之間，所面臨的價格都非常接近，佃耕農場與自耕農場面臨的平均價格自然也就相當接近了。

　　自、佃耕農場所面臨的米價每斤分別是 0.0735 及 0.0745 圓，因此佃耕農場大於自耕農場，不過差距的 t 值卻只有 -0.38，相當不顯著。而工資率，自、佃耕農場的男性成年每日工資之平均數，分別是 1.06 及 1.04 圓，其間的差異也相當不顯著，t 值只有 0.54 而已。而豆餅價格則分別是 5.87 及 5.85 圓，因此其間的差異也相當不顯著，t 值只有 0.13 而已。

　　可見，租佃制度並未影響佃農所面臨的市場價格。何以租佃制度不影響佃農所面臨的價格呢？這應該與市場的高度競爭以及農家的市場性格有關。在高度競爭的市場中，各個農家在相同時間都面臨相近的價格。因此，當市場高度競爭，佃農是否能夠選擇與自耕農相同的市場條件，與租佃制度無關，而是與佃農本身的經營能力有關。

　　表 4-3 的資料，顯示各農場所面臨的產出與投入之價格皆非常接近，此乃市場高度競爭的反應。接著以稻米市場為例，進一步討論農

表 4-4　日治時代稻米市場的結構

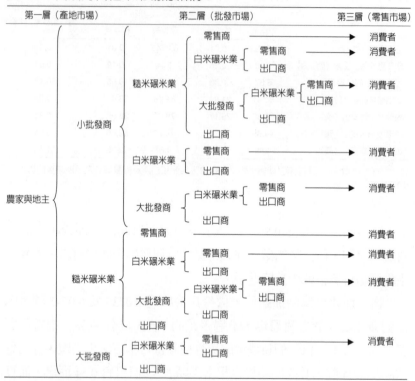

資料來源：臺灣總督府殖產局，《臺灣米概要》（臺北：該局，1926），頁 44-45。

家面臨的市場結構。日治時代的米市由產地市場、批發市場、零售市場等三層市場疊架而成。每一層都有眾多的交易者（表 4-4）。

　　產地市場的賣者是農家與地主，而買者有小批發商、糙米碾米業以及大批發商等三群。批發市場又可再分成兩層，在第一層批發市場，有小批發商、大批發商、糙米碾米業、出口商以及白米碾米業等交易者。其中，小批發商賣米給大批發商、糙米碾米業、白米碾米業；糙米碾米業者出售米穀給大批發商、出口商、白米碾米業；而大

批發商則將收購之米穀賣給出口商或白米碾米業者。而在另一層批發市場，碾米業者賣米給零售商與出口商。

　　在每一層市場都有許多不同的買者與賣者，彼此之間互相競買或競賣。例如米出口商可在批發市場向大批發商、糙米碾米業、或白米碾米業買米，當他們向各群商人買米時，都面臨幾群交易者的競爭。當他們向糙米碾米業者買米時，面臨的競爭者有大批發商與白米碾米業者；向大批發商買米時，則面臨白米碾米業者的競爭；而向白米碾米業者買米時，則又面臨零售商的競爭。每一群交易者又為數眾多，以 1925 年為例，糙米碾米業有 1,200 家，白米碾米業有 66 家，米出口商號有 39 家，而米批發商以及零售商當然更多。[347]

　　在這樣的市場結構之下，無任何一個交易者得以控制市場價格，因而不同層次米市價格的變動亦步亦趨。在 1905-40 年間，糙米批發價與零售價的相關係數高達 0.98，而出口價與批發價或與零售價的相關程度也高於 0.94。市場不僅高度地縱向整合，也高度地橫向整合。在 1905-40 年，臺北、新竹、臺中、臺南、高雄各地之間，糙米批發價的相關係數都高於 0.9。[348]

　　當市場高度競爭時，不同農家在相同時間所面臨的價格接近。但是農場品的價格波動比較劇烈，農家在不同時間中，可能面臨著相當不同的價格，因此農家是否能夠獲得較大的利潤，就與他是否能夠在最有利的情況下進入市場有關。而農家將於何時進入市場，部分決定於農家的經營能力。臺灣在日治時代以前便已建立市場經濟體系，而農家在當時便已經深深地捲入市場，對市場的訊息十分靈敏。[349]

[347] 佐佐英彥，《臺灣產業評論》（臺北：臺南新報社，1925），頁 176。

[348] Yeh, Shu-Jen, *Economic Growth and the Farm Economy in Colonial Taiwan, 1895-1945*（Pittsburgh: Ph.D. Dissertation, University of Pittsburgh, 1991），pp.209-210。

[349] 葉淑貞，〈1918-1951 年間臺灣農家商業化程度的變遷：以米作為主〉，《比較視

　　根據各年次的農家經濟調查，米作農家的產出販賣率在 1918-1921、1931-1934 及 1937 年分別高達 49.97%、51.40% 及 60.64%；蔗作的產出販賣比重介於 62%-73% 之間，茶作農家的產出販賣率更超過 68%-71%。❸⓪ 而根據川野重任（1969）的估計，在 1936-1938 年間，市場流通的米量占了總產量的 74% 左右。❸① 作者假定農業人口的食米都是自家生產，市場流通的米都是供出口或供島內非農業人口消費，因此該數字有低估之誤。而根據本書第二章表 2-7 所列的數據，1937 年米流通比重高達 81.20%。

　　各種農場所使用的生產因素也有一大部分取自於市場。當時農業的經營型態仍然屬於家庭式的組織，稻作農場投入的勞動主要還是家庭勞動；不過，勞動以外的其他生產因素主要卻取自市場。以 1925-27 年的稻作為例，雇入勞動的比例平均約只有 35%-37%；施用的肥料卻有 70% 以上係從市場購入；而蔗作農場的雇入勞動及購入肥料的比重都超過稻作農場甚多，在 1927-28 及 1935-36 年雇入勞動的比重分別是 46.77%、59.70%，而購入肥料之比率更高達 92.53% 及 89.11%。❸②

　　頻繁的市場活動使得農家，無論是佃農或自耕農，都具有強烈的謀利心，而且對市場訊息相當敏銳。從十八世紀以來，便有不少文獻都論及臺灣人民的此種市場性格。❸③

　　野下的臺灣商業傳統》（臺北：中央研究院臺灣史研究所，2012），頁 170。

❸⓪ 葉淑貞，〈1918-1951 年間臺灣農家商業化程度的變遷：以米作為主〉，頁 196。這裡的產出之販賣比重，不包含佃農繳給地主，而由地主販售的米量。

❸① 川野重任著、林英彥譯，《日據時代臺灣米穀經濟論》（臺北：臺灣銀行，1969），頁 125。

❸② 葉淑貞，〈1918-1951 年間臺灣農家商業化程度的變遷：以米作為主〉，頁 204-205。

❸③ 關於這些論述請參考薛化元，〈開港貿易與清末臺灣經濟社會變遷的探討（1860-

不僅有形的物品交易，即使契約的訂定，關係人也都考慮到成本收益。以租約及租期為例，本書第二章的討論就指出，地主與佃農在選取租約樣式或決定租期長短時時，便多能以成本及收益為考量依據。在以上所敘述各種條件下，亦即稻米市場高度競爭以及農家對市場訊息靈敏等的連合作用之下，使得稻作佃耕農場或自耕農場都能在有利的時機進入市場。

（四）租約是否干預佃農的經營決策

即使市場高度競爭，但是如果租佃制度直接干預佃農的經營決策，例如租約如果直接限制作物的選擇、作物耕種時間及收穫時間的限制，都可能導致佃農的經營效率低於自耕農。

如本書第二章所述日治時代臺灣的農作物有好幾十種，但以稻、甘蔗、甘藷、茶為主要作物。給水條件不同雖然會限制農作物的栽種，但是由於生長季節長，而且自然條件差異不大，一個農場在相當程度之內仍然可以選擇所想耕種的作物。要種何種作物除了決定於耕地的性質之外，也與農民是否選擇適當作物的能力有關。不同作物的收穫量、生長期及所要求的投入組合可能差異很大，所能獲致的產量也因而很不同，故作物的選擇對農場經營效率有很大的影響。而作物的耕種時間及收穫時間為何，也會影響作物的產量，從而影響農家的經營效率。

租佃制度可以透過三種途徑影響農場作物的選擇。第一個途徑是利用租佃契約直接干涉作物之選擇；第二是透過租期間接影響作物之選擇；第三是透過對地租種類的規定，間接限制作物的選擇。臺灣租佃契約對作物之干預，以限制水田種蔗較為常見。限制水田種蔗通常

1895）〉，《臺灣風物》33：4（1983）一文的討論。

採用的方式有兩種，即完全禁止種蔗或種蔗須得地主同意。絕大部分欲限制佃農種蔗的地主，多採較有彈性的方式，即可以種蔗，但是須得地主同意。㉞

完全禁止種蔗只限於少數地區，臺北州及臺中州幾乎不見此習慣，新竹州較多，但也只有六、七個庄中的一些租約訂有此一規定。㉟絕大部分欲限制佃農種蔗的地主多採用較有彈性的方式，即可以種蔗，但是須得到地主同意。㊱

地主之所以限制佃農種植甘蔗，主要理由之一在於種蔗需使用一些如石灰之類的投入，而石灰的濫用會耗減地力。㊲在富於石灰的土壤上，甘蔗生育旺盛，所收蔗莖容易壓榨；而酸性土壤不利於甘蔗生長，也需要利用石灰中和其酸度。㊳不過，《臺灣農家便覽》一書提到，有些農家為了矯正酸性土壤的缺失，濫用石灰，造成地力耗減，

㉞ 除了這兩種方式外，也有規定「契約最後一年，禁止種蔗」，但此一規定只存在於新竹州的新竹郡舊港及竹南郡竹南等地方。以上見臺灣總督府殖產局，《臺灣に於ける小作慣行，其の二新竹州管內》（臺北：該局，1933），頁59-61。

㉟ 租約規定完全禁止種蔗之慣習，在臺北州也只出現於宜蘭郡壯圍及員山。以上參考臺北州內務部勸業課，《臺北州の小作事情と其の改善施設概要》，（臺北：該課，1937），頁61-62。在新竹州較多，新竹市；新竹郡六家；竹南郡竹南、頭分及三灣；苗栗郡苗栗及銅鑼等地都存有此一慣習（臺灣總督府殖產局，《臺灣に於ける小作慣行，其の二新竹州管內》，頁59-61）。

㊱ 採用此一方式之地區有臺北州七星郡松山、內湖，羅東郡羅東、五結、三星，文山郡新店；新竹州新竹郡新埔，苗栗郡公館，大湖郡大湖、卓蘭；臺中州大屯郡大里、大平、北屯、西屯，豐原郡內埔、神岡、大雅、潭子，東勢郡石岡，大甲郡清水、外埔、大安，彰化郡線西，彰化市，員林郡埔鹽、三水，北斗郡田尾、竹塘、溪州，南投郡南投、名間，竹山郡竹山。以上臺北州及新竹州，資料來源同於上註；臺中州資料見臺灣總督府殖產局，《臺灣に於ける小作慣行，其の三臺中州管內》（臺北：該局，1935），頁58-60。

㊲ 臺北州內務部勸業課，《臺北州の小作事情と其の改善施設概要》，頁61。

㊳ 臺灣總督府農事試驗場，《臺灣農家便覽》（臺北：臺灣農友會，1916），頁102-103。

耕地荒廢。為了避免地力耗減，甘蔗乃多與綠肥等作物輪種。❸❺❾ 地主利用種蔗之限制，讓佃農確實進行輪作制度，以保持地力。基於此點，我們可以說租佃契約限制甘蔗之種植，目的在於避免甘蔗之連作。甘蔗輪作不只是佃耕田地所必須採行，一般自耕的蔗田也在甘蔗收穫後的下一年進行休耕，栽種綠肥，或栽種不耗地力之作物。❸❻⓿ 蔗作必須進行輪作以保持地力，故蔗作農場專業化的程度（亦即主作物甘蔗之栽種面積的比率）通常低於稻作農場。1926-27 及 1927-28 年蔗作主作農場之植蔗比率，分別只有 45.85% 及 41.18%，遠低於1925-27 年稻作主作農場之 79.56% 及 83.06% 的植稻比率。❸❻❶

我們也可以從佃耕及自耕蔗作農場植蔗比率是否有顯著差異，間接分析租約限制植蔗是否影響農場作物的選擇。蔗作農場植蔗比率低的現象事實上不只存在於佃耕農場，也存在於自耕農場。1926-27 年自耕農場植蔗比率為 42%，佃耕農場為 48%；1927-28 年自耕農場為 43%，佃耕農場為 41%。可見，佃耕農場的植蔗比率未必都低於自耕農場；且兩者即使有差距，但在 α=5% 時，都無顯著的差異。❸❻❷ 從以上的討論可以看到限制甘蔗之連種，乃是為了促使佃農像自耕農一般，正常地使用佃耕地。這個規定並未扭曲佃耕地作物的選擇，因此

---

❸❺❾ 臺灣總督府農事試驗場，《臺灣農家便覽》，頁 112，256。

❸❻⓿ 伊藤重郎，《臺灣製糖會社史》（東京：臺灣製糖會社，1939），頁 304。

❸❻❶ 蔗作的數值從臺灣總督府殖產局，《主要農作物經濟調查其ノ十二　甘蔗》（臺北：該局，1929），頁 4 及臺灣總督府殖產局，《主要農作物經濟調查其ノ十三甘蔗》（臺北：該局，1929），頁 4，而稻作則參考臺灣總督府殖產局，《主要農作物經濟調查其ノ一　水稻》，頁 2；臺灣總督府殖產局，《主要農作物經濟調查其ノ三　水稻》，頁 2；臺灣總督府殖產局，《主要農作物經濟調查其ノ六　水稻》，頁 2；臺灣總督府殖產局，《主要農作物經濟調查其ノ九　水稻》，頁 4。

❸❻❷ 自、佃耕農場的標準差分別是：1926-27 年 27.94 及 29.04；1927-28 年 27.5 及20.96；而自、佃耕農場數分別是：1926-27 年 35 與 37；1927-28 年 37 與 38。資料來源同於上註蔗作部分。

這個因素並未影響佃農的經營效率。

　　除了租約上的直接限制之外，租期的長短與地租的種類也可能影響作物的結構。租期如果太短，則佃農必須被迫選取短期作物；地租種類的規定也可能限制佃耕農場作物之選擇。租期是否影響作物的結構，同時決定於租期及作物生長期之長短。第二章第三節的分析已經指出日治時代初次租約的期限，即使在 1920 年代底以前也考慮作物生長期間的長短，而且許多租約在初約完了之後可以續約。在這種種安排下，租期影響佃耕農場作物選擇的觀點可能無法成立。

　　佃農作物的選擇也可能為地租種類所限制。前面第三章已經說明了日治時代租佃制度地租的決定方式有定額租（fixed rent）與定率租（share tenancy）兩種方式。各種制度下所繳納地租之種類不同，定率租制度的地租是田地中的收穫物，而定額租制度的地租，則視耕地的地目別而定。地目若是水田，則納稻穀；若是旱田，則多納現金。所以各種制度及各種地目所要求的地租種類不同。

　　在這幾種常見的地租種類之規定中，唯有行定額租制度的水田以及行定率租的場合，佃農才可能因為受到納租種類的限制，而無法自由選取所欲栽種的作物。採行定率租制度的農場既然必須繳納農場上的收穫物給地主，耕地上種什麼作物由地主及佃農互相商議而定。至於行定額租制度的農場，無論納稻穀或納現金，無論納任何品種的稻穀，理論上說來，都不致於限制佃農作物的選擇，因為佃農可以從市場買取地主所要的稻穀來納租。是故，只有採行定率租制度的農場，佃農才無法完全決定作物的種類。

　　定率租制度在臺灣很少見，只行之於新開墾田、不良田、河岸田、看天田、部分果樹園以及山地等收穫不穩定的地方。即使對於這些少見的例子，我們也不能將定率租制度視為佃農經營權利之限制。因為在定率租制度下，地主與佃農共同分擔經營費，也共同負起經營

的責任，耕地上作物的選擇自然應由雙方協議而定。臺南州北港郡因為近海，風力強大，土地鹽分高，收穫很不穩定，故定率租制度盛行。在該地，採行定率租制度的地主通常供應種子，並支付購買肥料的資金，佃農則提供勞動以及自給肥料（見附表 3-1、3-2 及 3-3）。

水田的地租既然多行納穀制度，而多數佃耕水田的租約規定其承租人繳納稻穀，但是並未強迫植稻，因此作為地租的稻穀可從市場買進。儘管如此，如果交易成本過於昂貴，因而不易從市場取得稻穀，佃農仍然可能為了必須納穀，而不得不自行種稻。果真如此，納穀制度也可能成為佃農作物選擇的一個限制因素。我們缺乏稻穀買賣的交易成本資料，無法直接判定此一臆測是否成立。

不過，從本書第二章表 2-7 所列的各年米流通市場的比率相當高，從 1918-21 年的 59.71% 增加到 1931-32 年的 68.09%，最後更在 1937 年大幅上揚到 81.20%，因此要從市場取得稻米可能並非難事。這說明了稻米的買賣相當容易，佃農不致於因為無法取得納租的稻穀，而被迫必須種稻。

至於租約或是租佃習慣是否干涉或影響作物耕種及收穫期間，經查 1930 年代租佃習慣的調查，都無這方面的討論。因此，我們判斷租佃制度應該不會影響或干涉佃農的耕種時間或是收穫時間。這可能是因為臺灣農家經營能力已經相當高了，不必地主利用租約規定，佃農都能有效率的耕種及收穫。此外，因為地主與佃農面臨的米價相同，則對佃農最有利的收穫時間也對地主最有利，因此地主不須干預佃農的收穫時間。而由於佃農納租的稻穀可以從市場買進，佃農的收穫時間就更是不會受到地主的干預。

總之，本節的分析說明了日治時代自、佃耕農場的經營效率相當，而這是因為地租的計算方式主要採取定額租方式，自、佃耕農場的生產函數、所面臨的米價及各種要素的價格都無顯著的差異，租佃

制度也無直接或間接干預佃農的經營決策。而自、佃耕農場之所以得以面臨相同的價格，在於市場高度競爭以及農家的市場性格有關。

三、1925-27 年及 1950-51 年自、佃耕農場之經營效率

從上一節的分析中，我們得到戰前的租佃制度不影響佃耕農場的經營效率。如果這是正確的話，任何形式的土地改革，應該都不可能提高佃耕農場的經營效率。但是如第一章所述，卻有不少文獻提出，三七五減租提升了佃農的經營效率。然而，樊家忠、尚瑞國及林森田曾對這個問題做過嚴謹分析，他們以不同的方法，都獲得相對於1925-27 年，減租之後的 1950-51 年農場的技術效率明顯下滑的結論。❸❸ 不過，這個結論可能還存有一些問題。

戰後初期三七五減租實施之後，農場的技術效率是否確實降低了呢？戰後初期導致稻作農家技術效率下降的可能原因，除土地改革這個因素之外，還有蓬萊米稻作的擴張。因為，蓬萊米是一種新的作物，而戰前 1925-27 年是蓬萊米才剛引進不久之後，如果農家對於種植蓬萊米的技術掌握不好的話，則稻作的技術效率可能會下跌。然而，因為戰前農業推廣組織完善，技術的推廣相當有效率，所以農家應該很快就學會如何使用新的技術。因此，筆者與張棋安發現從1925-26 年起，蓬萊米作的技術效率就都約略高於在來米作。❸❸ 既然，

---

❸❸ 樊家忠，《戰後土地改革對農業生產效率的影響》（臺北：國立臺灣大學經濟學研究所碩士論文，1995）及尚瑞國與林森田，〈臺灣三七五減租政策實施前後農場經營效率之比較研究〉，《國家科學委員會研究彙刊：人文及社會科學》7：4（1997），頁 514-530。

❸❸ 蓬萊米及在來米在 1925-26，1926-27，1950-51 三個年次的技術效率分別是0.8293 及 0.8047；0.8371 及 0.8149；0.9187 與 0.9116。以上數字請參考葉淑貞及張棋安，〈台灣蓬萊種稻作普及之因素〉，《經濟論文叢刊》32：1（2004），頁126。

蓬萊米作的技術效率不比在來米作來得低，因此蓬萊米的普及不是造成技術效率下滑的因素，那麼到底是什麼因素造成戰後初期稻作農場技術效率下跌，是否土地改革這個因素促成的呢？或者是戰後初期稻作農場的技術效率其實不是下降的？這是本節關心的問題之一。

　　技術效率之外，樊家忠還發現，戰後初期佃耕農場的收益成本比下降較自耕農場來得多，因此而下結論說：「佃耕農場的配置效率下降的幅度較自耕農場來得大。」㉟ 這樣的論點呼應了第一章所提到張德粹及黃宗煌兩人對於 1977-78 年的情況進行分析，而得到的結論。㊱ 不過如上一節所述，除非戰後初期的三七五減租是定率租制度，或三七五減租限制了佃農對於農場的經營，或佃農面臨的市場價格較自耕農場來得不利，否則佃耕農場的經營效率不會低於自耕農場。因此，除了技術效率之外，本節也要進一步以調整利潤成本比作為農場經營效率的指標，探討 1925-27 年與 1950-51 年之間，稻作農場的經營效率如何變動，比較這兩個時代稻作自、佃耕農場經營效率，本節之所以選取 1925-27 年稻作農場的經營狀況作為土地改革前夕狀況的代表，這是因為缺乏戰後初期土地改革前夕的任何資料，我們才轉而尋找與土地改革前夕業佃關係差不多的 1925-27 年作為比較對象。根據本書第二及第三章的研究，我們發現日治時代在業佃會成立之前，口頭租約大都在 80%-90% 之間及租期不定，且水田地租率在 50% 上下波動。而在討論戰後初期三七五減租方面的文章，比較有理有據的是王益滔的討論。王益滔在討論戰後初期三七五租減租條例實施之前的契約類別與契約內容時，所舉的例證卻是臺灣總督府殖產局對 1920

㉟ 樊家忠，《戰後土地改革對農業生產效率的影響》，頁 58。
㊱ 第一章提到張德粹及黃宗煌利用 1977 至 1978 年所做的調查資料，發現無論是全臺平均或是東區平均看來，三七五租農的效率都是各種型態農場中最低的。

年代初期所進行的調查。❸⁶⁷

選用 1925-27 年作爲比較對象，還有一個重要理由，乃是因爲該年臺灣總督府殖產局對於稻作農場的投入與產出進行過調查，而戰後初期三七五減租剛實施不久之後，臺灣省農林廳也從事過幾乎相同的調查。因此，這兩個時代的資料可以用來探討減租之前與之後，稻作農場經營效率的變動如何。❸⁶⁸

本節在探討 1925-27 年及 1950-51 年，自、佃耕農場的技術效率時，把1925-27 年及1950-51 年的資料合併估計隨機性邊界生產函數，且使用標示戰後與戰前的虛擬變數，估計式中還加入這個虛擬變數和所有變數的交乘項。這是之前文獻所沒有的。因此而得到與前人不同的發現，那就是三七五減租並未眞的如一般人所認爲的那樣，促進佃農的工作意願，使佃農的技術效率提高得比自耕農要來得多。

（一）邊界生產函數的估計

因爲要估計技術效率，所以必須估計邊界生產函數，以下我們要介紹所使用的資料及估計結果。而技術效率是每個農場相對於生產邊界的差異，因此本小節把 1925-27 年與 1950-51 年合併起來估計邊界生產函數，然後在下一小節計算技術效率值時，再從估得的邊界生產函數，分開計算戰前與戰後的技術效率值。既然，要把兩個時代的生產函數合併估計，那麼就先要檢定戰前與戰後生產函數是否相同。在檢定兩個時代生產函數是否相同，本小節採用概似比（likelihood

---

❸⁶⁷ 王益滔，《王益滔教授論文集（第一冊）》（臺北：國立臺灣大學農學院農業經濟系，1991），頁 102。

❸⁶⁸ 1925-27 年臺灣總督府殖產局及戰後初期臺灣省農林廳所進行的稻作農場的投入產出調查報告，見本書第一章第三節所討論的資料中的第四類的介紹或該節中的註解 105 及 106 所列的六本書。

ratio）卡方檢定法進行檢定。以下先介紹使用的資料。

1. 資料介紹

　　在估計 1925-27 年與戰後 1950-51 的生產函數或求算各種效率數值時，我們利用臺灣總督府殖產局對 1925-27 年的四期稻作及臺灣省農林廳對 1950-51 年兩期稻作農場所進行的調查資料。❸❻❾戰後的兩次調查乃是承繼日治時代臺灣總督府殖產局的四期稻作所進行的調查。

　　戰前的調查，樣本的抽選遍及全島之五州及兩廳。❸❼⓿抽樣的對象以在土地生產力、經營面積、家族數等方面，足以代表其所在地區之農家爲限。選中的農家必須將指定的事項，詳細填入一定樣式的帳簿上，故接受調查的農家必須具備記帳的能力。爲了讓調查工作順利進行，州郡政府派有專人督導農家記帳，因此，所獲得的資料應該具有相當的可靠度。

　　殖產局把調查結果整理成四冊報告書，收入農業基本調查書這個序列中。報告書中所列的產出、投入、收益與成本資料相當詳盡。產出項目有正產物稻穀與副產物稻草的數量與金額。生產費的項目分類成物料、農具、稅課（稱爲「公租公課及負擔」）、自耕農場的地租（稱爲「土地資本利子」）、佃耕農場的地租等五種。也列有每一農場的稻作面積、每一甲地所施用的各種肥料量與花費的金額、每一甲地所投入之各種勞動（成年男性、成年女性、小孩）的日數與花費的工資支出、所投入之牛力與牛夫的日數與成本。

　　調查的對象是以水稻爲主作的農場，觀察的是 1925 年二期作、

---

❸❻❾ 關於這些資料，詳見上一註解。

❸❼⓿ 所謂五州是指臺北州、新竹州、臺中州、臺南州與高雄州，而兩廳則爲花蓮港廳與臺東廳。

1926 年一期作、1926 年二期作、以及 1927 年一期作之生產與投入。四期作總共調查了 363 個農場，不過如第三章所述其中 39 個有問題，可能導致偏誤的估計值。將這些樣本點去除之後，總共只剩下 324 個觀察點。其中，自、佃耕農場的樣本點，一期作各有 77 與 73 個；而二期作則各有 89 與 85 個。

戰後初期的調查所關心的是 1950 年二期及 1951 年一期稻作的生產與投入。各期作所抽取的樣本數都是 500 個，因此總共有 1,000 個樣本。每一期作的調查都有自耕農場及佃耕農場，而且調查的樣本數都是相同的，每一期作每一種農場都分別有 250 個。樣本的抽選遍及當時全臺的各縣市。

戰前與戰後這兩個序列的調查，無論調查項目或方法都極為相似。項目包含有種子費、肥料費、勞力費、畜力費、諸材料費、農舍費、農具費、稅捐、土地資本利子、地租、副收入以及收穫量等項目。至於調查方法則是各縣市鄉鎮指定一個農業技術員，負責指導農家記帳。不過，戰後農林廳的調查沒有戰前的詳細，例如戰後的調查未列出各農場各種肥料的使用量與金額，也未出示各種勞動的雇用量及工資支出，而戰前則詳細列出這些項目。

而在戰後的兩期稻作調查中，1951 年一期作的調查中有 3 戶農家的稻穀被害程度超過 50%，調查報告書中說明了調查結果不能作為標準，因而未報告其調查結果。因此，以下我們去除這三個樣本。而該調查的一期作中第三個樣本應該是個異常值（outlier），因為它的投入都小於其他樣本的平均值，但產出卻高過其他樣本的平均值（表4-5）。在跑隨機性邊界生產函數迴歸式，若加入這個樣本將會出現古典最小平方的殘差項有錯誤偏向，無法跑出隨機性邊界生產函數的迴歸式，因此以下也去除這個觀察點。在本節所含括的 996 個觀察點中，1950 年二期作有 500 個，而 1951 年一期作有 496 個。

表 4-5　1951 年一期作第三個觀察點與其他觀察點之各項平均值

投入與產出項目	第三個觀察點之各項數值	不含第三個觀察點之平均值
每甲地產出（斤）	8205	5205.29
土地面積（甲）	1.74	1.90
每甲地勞動投入（日）	91.44	103.93
每甲地肥料費（圓）	358.53	961.76
農具及農舍費（圓）	129.33	134.81

資料來源：臺灣省農林廳，《民國三九年第二期作稻穀生產收支經濟調查報告書》（臺北：該廳，1951），頁 2-25，38-117；臺灣省農林廳，《民國四十年第一期作稻穀生產收支經濟調查報告書》（臺北：該廳，1951），頁 2-25，38-117。

　　在推估技術效率值時，必須先估計邊界生產函數。根據調查報告所列資料的重要性，以及一般實證分析的作法，我們選擇土地（甲數）、勞動（日數）、肥料（支出金額）、農具（折舊費）作爲迴歸式的自變數。在估計農作物的生產函數時，一般或以總收入的金額，或以正產物的產量作爲產出項，本小節則以正產物稻穀的斤量作爲迴歸式的應變數。以下說明爲何選用這些項目，原始資料中這些項目的記錄方式，以及本節的處理方法。

　　土地是農業生產不可或缺的投入因素，因此在估計農作物的生產函數時，模型中必然都有此一變數。不過，有些文獻將土地視爲一個單獨項目，因此迴歸式中的其他變數都是投入於全部土地的生產因素，以及得自全部土地的產出。[371] 也有些文獻估計的是每一單位土地的投入與產出之間的函數關係，因此也就無土地投入的單獨項。[372] 除非農作物的生產技術爲固定規模報酬，否則這兩種迴歸式的估計結果

[371] 例如傅祖壇、詹滿色及劉錦添，〈生產邊界估計方法、函數型式與個別農場技術效率——台灣稻作與果樹農場之實證〉，《經濟論文叢刊》20:2（1992），頁129-153。

[372] Sharif, Najma R. and Atul A. Dar, "An Empirical Study of the Patterns and Sources of Technical Inefficiency in Traditional and HYV Rice Cultivation in Bangladesh," *The Journal of Development Studies* 32: 4（1996），pp.612-629。

並不相同。本節所估計的生產函數乃是全部土地的投入與產出之間的關係，因此含有土地投入項。

農場使用的勞動分為三類，即成年男性勞動、成年女性勞動、及小孩勞動。三種勞動之生產力不同，不能直接將勞動量相加，必須換算為同質的勞動。原始資料雖提供有換算的總結果，但是未曾說明如何換算，而且也將牛包含於其中。此外，戰後初期只調查每個農場所雇用勞動的總量，未列出不同性別及成年或小孩的勞動量，因此為處理簡單起見，本小節將各種勞動直接加總。調查報告所記錄的勞動投入量以日為單位，因此對於非全日工的勞動量就必須加以調整。對於未滿一日分的勞動投入，原始資料以實際勞動時間占一日分勞動時間的比率加以調整。

一般文獻在估計農業生產函數時，迴歸式的自變數必都含有土地與勞動，但是對於其他的投入如何引入模型之中，則各有不同的作法。有的文獻將其他投入分成「變動成本」與「固定成本」兩大類，加總各類的細項後，再引入迴歸式。[373]有些文獻則選取「營運資本」（working capital）與「固定資本」（fixed capital）兩大項目；營運資本與變動成本相當，而支付給固定資本的費用也就是固定成本。不過，研究臺灣日治時代農業的文獻，多以肥料代表營運資本，以水利設施或以役畜畜力代表固定資本，而不加總所有的細項。[374]另有一些文獻只挑選較重要的個別項目，例如肥料、畜力，逐一個別納入迴歸模型

---

[373] 例如傅祖壇、詹滿色及劉錦添，〈生產邊界估計方法、函數型式與個別農場技術效率——台灣稻作與果樹農場之實證〉，頁 129-153。

[374] 例如 Ho, Samuel P.S., Economic Development of Taiwan, 1860-1970（New Haven and London: Yale University Press, 1978），pp.49-51 及 Ho, Yhi-min（1966），*Agricultural development of Taiwan, 1903-1960*（Vanderbilt: Vanderbilt University Press, 1966），pp.52-56。

之中。❸

　　本小節挑選肥料與農具（包含農舍），作爲生產函數迴歸模型的另外兩項自變數。日治時代稻作農家的營運資金絕大部分流入肥料一項。在本小節所使用的調查報告中，營運資金稱爲物料費，363 個農場的總肥料支出金額占了總物料費 77% 左右。迴歸模型中還有「農具」一個自變數，此乃因爲農具屬於固定資本，而且在原始資料之中，該部分資料比其他固定資本項完整。農場所使用的固定資本主要有牛、水利設施以及農具。一般農家並不擁有水利設備，而是買入灌溉用水，所支付的費用稱爲水租。自耕農場需要自付所有的水租，佃耕農場則佃農與地主可能都支付一部分的水租，但是調查報告對佃耕農場只列出佃農（亦即經營者）支付的部分。❸ 至於牛力的投入，調查報告有時將其併入牛夫之中，有時將其單獨列出。調查書的編者並未解釋爲何要有不同的記錄方式，我們也無法分出前一記錄方式下之牛的使用日數。

　　相對於灌溉設施以及牛的資料，農具的資料比較完整。調查報告列有農具與農舍的合計使用費，並統稱爲「農具」。而且也說明該項費用之設算係以估計的新價格和修繕費之合計值，除以估計的使用年限。不過，並未說明新調價格與使用年限如何估計；一般農家不只栽種稻作，但是報告書也未說明是否以及如何分算稻作使用之農具與農舍。❸ 一般影響產量的使用是投入資本的總量，並非一年之中資本財

---

❸ Sharif, Najma R. and Atul A. Dar, "An Empirical Study of the Patterns and Sources of Technical Inefficiency in Traditional and HYV Rice Cultivation in Bangladesh", pp.612-629。

❸ 關於農家如何取得灌溉用水以及地主佃農如何分攤水租，請參考本書第三章的討論。

❸ 關於日治時代農家所使用的農具，請參考臺灣總督府殖產局，《臺灣之農具》（臺北：該局，1921）。

的使用費用，不過因為缺乏前項資料，因此以資本財的使用費作為代理變數。

本小節農具與肥料的衡量單位都是實質的金額。農具變數既然是指農具（與農舍）的使用費（或折舊費），因此其衡量單位為金額「圓」。農場使用的肥料若從含有成分來看，可分為人畜肥、調合肥、豆餅、植物肥料、化學肥料等五大類，而各大類又包含了好多種。不同的肥料具有不同的生產力，各種肥料用量的加總數字，不具任何意義，因此本節以支出金額衡量肥料投入。肥料與農具的投入既然以金額衡量，而每一農場所面臨的價格可能不同，因此，本小節以各農場每百斤稻穀所得之價格，平減肥料與農具的名目投入金額。

經過以上的處理，我們求算出各期作重要變數之平均值，結果列於表4-6。從表中的資料可以看到，戰後各農場的平均耕地介於1.90與1.95甲之間，而戰前農場的面積分別是3.42及3.22甲。且1950-51年無論一期作或是二期作的每甲地產量都高於1925-27年，但是這個收穫量的提高可能是來自於每甲地各種投入量的增加，未必是生產效率提高所致。其中，勞動投入量分別從79.67日及69.52日，提高為103.93日及98.52日；實質肥料投入量分別從6.40圓及5.02圓增加為21.62圓及15.06圓；而實質農具的投入則分別從0.73圓及0.59圓增加為3.02圓及3.10圓。可見，戰後初期雖然每甲土地的產量高於1925-27年，但是投入成本也高於1925-27年。

2. 1925-27 年及 1950-51 年稻作的生產函數

我們把生產函數設定為 Cobb-Douglass 形式。自變數選用的是上一小節所介紹的土地（甲數，A）、勞動（日數，L）、肥料（以米價平減的實質金額，FR）、農具折舊費（以米價平減的實質金額，K）以及代表兩個時代的時間虛擬變數（$D_t = 1$，代表 1950-51 年；而 D_t

表 4-6　兩個時代各期稻作主要變數的平均值

變數	1925–27 年		1950–51 年	
	一期作	二期作	一期作	二期作
耕地面積（甲）	3.42（2.67）	3.22（2.57）	1.90（1.07）	1.95（1.12）
每甲產量（斤）	5016（1060）	4284（939）	5161（982）	4654（886）
每甲勞動（日）	79.67（27.74）	69.52（20.00）	103.93（16.22）	98.52（19.86）
每甲肥料（圓）	6.40（4.87）	5.02（3.27）	21.62（7.70）	15.06（5.21）
每甲農具（圓／斤）	0.73（0.47）	0.59（0.29）	3.02（1.45）	3.10（1.69）
樣本數	150	174	496	500

註　解：括弧內的數字為標準差。
資料來源：戰前同於表 4-2；戰後則同於表 4-5。

=0，代表 1925-27 年）。而以正產物稻穀的斤量（Q）作為迴歸式的應變數。在我們所使用來進行迴歸分析的資料，分布於 2-3 年之接連二期稻作，由於氣候的差異，在同年之中的不同生長季節，稻作的生產函數有顯著地變化。[378] 因此以下我們分別估計一、二期作生產函數。

Cobb-Douglass 隨機性邊界生產函數模型設定如下：

$$\ln Q_j = \alpha_0 + \alpha_1 \ln L_j + \alpha_2 \ln FR_j + \alpha_3 \ln K_j + \alpha_4 \ln A_j + \beta_0 * D_t + \beta_1 * D_t * \ln L_j$$
$$+ \beta_2 * D_t * \ln FR_j + \beta_3 * D_t * \ln K_j + \beta_4 * D_t * \ln A_j + v_j - u_j \quad （8）$$

式中，j 代表農場，v 為隨機誤差項，u 為技術誤差項。誤差項的機率分配假定如式 5 所示。在式 8 所設定的模型之下，如果兩個時代的生產函數相同，則式 8 將變成為：

---

[378] 葉淑貞，〈日治時代臺灣之租佃制度與農場經營〉，（國立臺灣大學經濟學系主辦之「臺灣百年經濟變遷」研討會，1995）。

$$\ln Q_j = \alpha_0 + \alpha_1 \ln L_j + \alpha_2 \ln FR_j + \alpha_3 \ln K_j + \alpha_4 \ln A_j + v_j - u_j \qquad (9)$$

因此,兩個時代生產函數是否相同的虛無假設及對立假設可以設定為:

$$H_0 : \beta_i = 0, i = 0 \sim 4$$
$$H_1 : H_0 不為真 .$$

我們將所估得之概似比卡方檢定的各種相關數值列於表 4-7。表4-7 所列之 $-2\ln l$ 之值介於 57.0472-155.1040 之間,都大於顯著水準 5% 且自由度為 5 之 X^2 值(=11.07)相當的多,也就是說虛無假設成立的可能性很小。據此,我們判定 1925-27 年與 1950-51 年的生產函數無論是一期作或是二期作,其差異都相當的顯著。

既然兩個時代的生產函數顯著地不同,那麼到底是哪些項目引起的呢?從表 4-8 所估得的稻作生產函數,可以發現兩個時代生產函數之所以不同,一期作主要是常數項、肥料及土地;而二期作主要是肥料及農具等項目引起的。

戰後初期肥料的係數,無論一期作或是二期作,即使在 α =1% 之下,都顯著地大於 1925-27 年,一期作增加了 0.2182,而二期作則增加了 0.0989。相反地,土地的產量彈性,無論一期作及二期作,戰後初期都小於 1925-27 年,且一期作降低了 0.2496,二期作則減少了

表 4-7 1925–27 年與 1950–51 年生產函數相同之檢定資料

生長期	ln$L$ ($\tilde{\theta}$)	ln$L$ (θ^*)	-2ln$l$
一期作	243.0912	165.5391	155.1040
二期作	203.3818	174.8582	57.0472

資料來源:同於表 4-6。

表 4-8　1925-27 年及 1950-51 年臺灣稻作生產函數之估計值

項目	一期作			二期作		
	係數	標準差	t 值	係數	標準差	t 值
常數項	7.8504	0.1699	46.212**	8.0324	0.1839	43.673**
勞動	0.1693	0.0368	4.606**	0.1033	0.0429	2.407*
肥料	0.0432	0.0120	3.611**	0.0912	0.0500	6.817**
農具及農舍	0.0442	0.0270	1.502	0.1397	0.0307	4.547**
土地	0.7267	0.0342	21.257**	0.6498	0.0500	12.987**
D_t	-0.6092	0.0399	-4.730**	-0.4411	0.2792	-1.580
D_t * 勞動	-0.0390	0.0611	-0.639	0.0098	0.0633	0.156
D_t * 肥料	0.2182	0.0005	8.978**	0.0989	0.0265	3.736**
D_t * 農具	0.0260	0.0333	1.442	-0.1047	0.0367	-2.856**
D_t * 土地	-0.2496	0.0638	-3.913**	-0.0394	0.0703	-0.560
$\hat{\lambda}$	1.1421	0.3481	3.281**	1.3533	0.2477	5.463**
$\hat{\sigma}$	0.2082	0.0174	11.948**	0.2348	0.0108	21.700**

註　解：$\hat{\sigma} = \left(\hat{\sigma}_v^2 + \hat{\sigma}_u^2\right)^{1/2}$；而 $\hat{\lambda} = \dfrac{\hat{\sigma}_u}{\hat{\sigma}_v}$。* 及 ** 分別表示 α 為 1% 及 5% 之下，顯著地異於 0。
資料來源：同於表 4-6。

0.0394。而土地的產量彈性一期作在 α=1% 之下，仍然顯著地小於 1925-27 年；二期作則兩個年代的差異相當不顯著。這裡所謂的二期作是指 1950 年的二期作，而一期作則是 1951 年的一期作。且 1951 年一期作的效果，不只大於 1950 年的二期作，而且比 1950 年二期作要來得顯著。

　　從此，我們似乎可以推得，如果土地產量彈性的變動是三七五減租所造成的，那麼其負的影響效果是 1951 年一期作才更顯著地出現。而勞動產量彈性在戰後與戰前，無論一期作及二期作的差異都相當不顯著；而農具則只有二期作，在 α=1% 之下，1950-51 年顯著地低於 1925-27 年。可見，戰後初期生產函數之所以異於戰前的 1925-27 年，主要在於土地、肥料及農具這三個因素。

（二）兩個時代農場效率之比較

利用上一小節所估得之隨機性邊界生產函數，可進一步計算出技術效率值，而利用第 259 頁所介紹的資料，再按第一節所定義的調整利潤成本比，可以求出農場的經營效率值。本小節將利用這些效率指標的估計值，分析 1925-27 年與 1950-51 年全體稻作農場的經營效率，比較戰前與戰後自、佃耕農場的經營效率。

1. 經營效率之比較

從表 4-9 所列的全體農場經營效率之相關數值，可以看到 1925-27 年與 1950-51 年技術效率平均水準大約介於 0.8602 與 0.8849 之間；若與戰後他國比較，臺灣稻作農場的技術效率程度不算低。在 1981-82 年孟加拉的一個村莊中，三個品種稻作的技術效率值平均為 0.84；而 1969-70 年印度西北部的稻作農場的樣本技術效率平均值為 0.8944。[379]

1925-27 年與 1950-51 年一期作的技術效率都高於二期作。其中 1950-51 年全體農場一、二期稻作的生產中，平均技術效率值分別為 0.8849 及 0.8639，雖然接近，但相對於標準差來說，在 α 為 1% 之下，卻仍然有顯著的差異，其 t 值為 6.4782。而 1925-27 年一、二期作平均技術效率值分別為 0.8802 及 0.8602，其間的差距相對於標準差來說也是相當顯著，t 值為 2.7762。至於兩個時代技術效率的差異，無論一期作或是二期作，其間的差異都相當不顯著，t 值只有 0.69-1.06 而已。

而調整利潤成本比，無論 1925-27 年或 1950-51 年二期作與一期

---

[379] 葉淑貞，〈日治時代臺灣的租佃制度與農場的經營效率：戰後初期土地改革的省思之一〉，頁 484。

表 4-9　兩個時代農場的效率係數

| | A. 兩個時代各項係數之平均數與標準差 | | | | | | | |
| 項目 | 1925–27 年一期作 | | 1925–27 年二期作 | | 1950–51 年一期作 | | 1950–51 年二期作 | |
	平均值	標準差	平均值	標準差	平均值	標準差	平均值	標準差
TE	0.8802	0.0567	0.8602	0.0708	0.8849	0.0446	0.8639	0.0570
π'_C	1.2427	0.6678	1.4864	0.7119	0.1136	0.2003	0.2934	0.2640
實質 π'_A	208.7442	105.9982	182.7240	72.2336	18.9099	34.8876	54.6600	47.7239
樣本數	150		174		500		496	

| | B. 兩個時代各項係數差之 t 值 | | | |
| 項目 | 一、二期作 | | 1925–27 年及 1950–51 年 | |
	1925–27 年	1950–51 年	一期作	二期作
TE	2.7762**	6.4782**	1.0594	0.6898
π'_C	-3.1615**	-12.1144**	-33.2316**	-31.6602**
實質 π'_A	2.1259*	-13.5035**	-34.3660**	-26.3657**

註　解：實質 π'_A 是以名目值除以 GDP 平減指數。所謂一、二期作係數差之 t 值表示在虛無
　　　　假設一期作等於二期作成立之下求出的數值；而所謂差之 t 值則是指在虛無假設一、
　　　　二期作相等或 1925-27 年及 1950-51 年相等成立之下求出的數值。* 表示在 α =5%
　　　　之下，虛無假設不成立；而 ** 表示在 α =1% 之下，虛無假設仍然成立。
資料來源：同於表 4-6；平減指數參考吳聰敏，1991，頁 166

作差距的 t 值的絕對值都高達 3.16 以上，顯示一期作都顯著地低於二
期作。而且無論一期作及二期作，1950-51 年都極為顯著地小於 1925-
27 年，其間差距的 t 值的絕對值都高達 31 以上。

　　至於每甲地調整利潤，從表 4-9 可以看到，在 1925-27 年一期作
與二期作差距的 t 值高達 2.1259，因此在顯著水準高達 5% 之下，仍
然無法拒絕一期作大於二期作的對立假設；1950-51 年也是二期作顯
著地小於一期作，其 t 值的絕對值更是高達 13.5035。而若比較兩個
時代同期作，可以發現無論一期或是二期作，1950-51 年都相當顯著
地小於 1925-27 年，其 t 值的絕對值都高達 26-35 之間。

　　既然，戰後初期調整利潤成本比都顯著地小於戰前的 1925-27
年，但是技術效率兩個時代都無顯著的差異。從此我們可以下結論

說，戰後初期稻作農場的配置效率不如 1925-27 年。而因爲每甲地實質調整利潤，戰後初期都顯著地小於 1925-27 年，因此我們可以下結論說，戰後初期之所以每甲地收穫量大於 1925-27 年，乃是因爲每甲地的投入量較多所致。

而戰後初期爲何農家調整利潤成本比會下跌那麼多呢？這可能與當時政府實施的米穀政策與肥料換穀政策有關。這些政策導致戰後初期米價大幅下滑，但肥料價格卻大幅上揚（表 4-10），致使農場的調整利潤成本比大幅下滑。而米價的下降可能與戰後初期政府的米穀汲取政策有關。這個政策主要包括了田賦徵實、隨賦徵購以及肥料換穀等辦法。⑳

透過以上這些辦法，國民政府每年從農業部門徵收大量米穀。1950-51 年政府徵收的米穀占稻米總銷售量的比率高達 55.34% 及 53.56%。㉛ 而政府公定的米價卻遠低於市場的米價，這個比率 1949-51 年分別只有 0.40、0.71 及 0.71。㉜ 這些米穀徵集政策不但造成農家銷售米的價格大幅下滑，更使得農家銷售米的價格相對於零售價格來說，不如日治時代。㉝

而肥料的價格不只因爲肥料換穀政策，被人爲的提高，戰後初期更因爲肥料供應管道的缺乏，造成表 4-10 所顯示的戰後初期肥料相對於稻穀價格比戰前高出很多。戰後不只是稻作農家所面臨的肥料相對於稻穀價格高出戰前甚多，從圖 4-3 所畫的總體的肥料與稻穀相對

---

⑳ 關於這些政策，請參考樊家忠，《戰後土地改革對農業生產效率的影響》，頁 56-57 的討論。

㉛ 吳若予，《戰後臺灣公營事業之政經分析》（臺北：業強出版社，1992），頁 70。

㉜ 劉偉志及柯志明，〈戰後糧政體制的建立與土地制度轉型過程中的國家、地主與農民（1945-1953）〉，《臺灣史研究》9：1（2002），頁 169。

㉝ 葉淑貞，〈1918-1951 年間臺灣農家商業化程度的變遷：以米作爲主〉，頁 219-220。

表 4-10　兩個時代稻穀實質價格及各種要素之實質價格

項目	1925–27 年			1950–51 年		
	一期作	二期作	全部	一期作	二期作	全部
稻穀價格（每斤）	0.0742	0.0706	0.0721	0.0346	0.0469	0.0396
工資率	0.9662	0.8780	0.9170	0.7714	0.9362	0.8392
肥料價格（每斤）	0.0548	0.0556	0.0553	0.0900	0.0961	0.0926

項目	一期作成長率（%）	二期作成長率（%）	全部的成長率（%）
稻穀價格	-53.40	-33.58	-45.09
工資率	-20.16	6.63	-8.49
肥料價格	64.17	72.94	67.50

註　解：1925、1926、1927、1950 及 1951 年的國內生產毛額平減指數分別是 110.31、103.41、92.59、859.70 及 1240.87；原始資料只有肥料金額，表中肥料價格是全臺 1925、1926、1927、1950 及 1951 年的豆餅每斤價格。而這個價格的數值是從各年豆餅消費金額除以數量而得到的。表中下半部分的成長率是指（1950-51 年數值 −1925-27 年數值）/1925-27 年數值。

資料來源：GDP 平減指數見吳聰敏，〈1910 年至 1950 年之間臺灣地區國內生產毛額之估計〉，《經濟論文叢刊》19：2（1991），頁 166；1950-51 豆餅肥料的資料取自臺灣省政府農林廳，《臺灣農業年報》（臺北：該廳，1952），頁 243；其他資料則同於表 4-6。

價格的變化趨勢也可以看到這種情況。

　　圖中的資料顯示販賣肥料消費量在 1940 年達到最高，1950-51 年遠不如戰前水準，戰前在 1944-45 年無消費販賣肥料，除了這兩年外，1943 年達到最低，但是即使戰前的最低水準也高於戰後 1946-51 年。而從圖中肥料與稻米價格指數之相對數值的變化趨勢，可以看到從 1946 年開始波動劇烈，不過無論上升或下跌，都大幅超越戰前。

2. 自、佃耕農場經營效率之比較

　　從上一小節的分析，我們知道戰後初期雖然無論一、二期作農場的技術效率與日治時代都無顯著差異，但是調整利潤成本比卻都遠不如戰前 1925-27 年，這顯示戰後初期稻作農家的配置效率遠不及 1925-27 年。我們也探討了造成戰後初期經營效率低於戰前 1925-27

圖 4-3　臺灣購入肥料與稻米相對實質價格指數與購入肥料數量指數

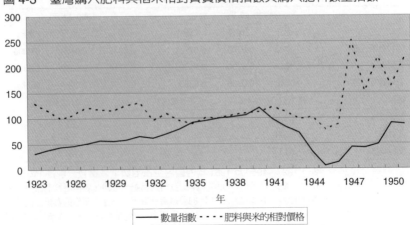

註　　解：所謂肥料價格是肥料總價值除以肥料總消費量；而所謂實質價格指數則是指先經過
　　　　　GDP 平減指數平減之後得到的價格，再假設 1937 年的價格為 100 之後，求出各年
　　　　　的價格指數。而所謂數量指數則是以 1937 年的數量為 100，求出各年的數值。
資料來源：肥料資料 1925-42 年取自臺灣省行政長官公署，《臺灣省五十一年來統計提要》（臺
　　　　　北：該署，1946），頁 586-587；1946-51 年取自臺灣省政府農林廳，《臺灣農業年
　　　　　報》，頁 246；稻米資料取自臺灣省糧食局編，《臺灣糧食統計要覽》（臺北：該局，
　　　　　1959），頁 10-15 及 24-33；而 GDP 平減指數同於表 4-10。

年的原因，在於米價過低及肥料價格過高。除了政府的米穀政策及肥料換穀政策之外，戰後初期實施的三七五減租也可能影響農場的技術效率及配置效率，因而影響了農場的經營效率。因此本小節接著要比較 1925-27 年及 1950-51 年自、佃耕農場的經營效率。

　　表 4-11 列出 1925-27 年與 1950-51 年佃耕及自耕農場各項經營效率的指標數值。從表中的資料可以看到，1950-51 年無論自、佃耕農場的技術效率都高於 1925-27 年的水準。兩種農場戰後初期大過於戰前的程度，分別是自耕為 0.686%，而佃耕農場則是 1.0998%。而兩種農場兩個時代技術效率差異的 t 值分別是，自耕農場為 0.1247，而佃耕農場為 1.5701。可見，戰後初期與 1925-27 年自耕農場技術效率，

表 4-11　兩個時代自耕農場與佃耕農場的經營效率之比較

項目	1925–27（戰前）				1950–51（戰後）			
	自耕		佃耕		自耕		佃耕	
	平均數	標準差	平均數	標準差	平均數	標準差	平均數	標準差
技術效率	0.8748	0.0580	0.8638	0.0702	0.8754	0.0522	0.8733	0.0519
調整利潤成本比	1.3892	0.7392	1.3594	0.6672	0.2047	0.2514	0.2030	0.2510
樣本數	166		158		499		497	

	戰後與戰前之差(%)		自、佃耕之差(%)		戰後與戰前差之 t 值		自、佃耕差之 t 值	
	自耕	佃耕	戰前	戰後	自耕	佃耕	戰前	戰後
技術效率	0.0686	1.0998	1.2734	0.2407	0.0622	0.8970	1.5407	0.6366
調整利潤成本比	-85.27	-85.07	2.19	0.84	-15.3601**	-15.7355**	0.3830	0.0756

註　解：所謂戰前與戰後之差異是指（戰後－戰前）/ 戰前；自、佃耕之差則是（自耕－佃耕）
　　　　/ 佃耕；戰後與戰前差之 t 值，表示戰後等於戰前的虛無假設成立時，所計算而得到
　　　　的 t 值；而所謂的自佃耕差之 t 值，則表示當自耕等於佃耕的虛無假設成立時，計算
　　　　得到之 t 值；**：同於表 4-9。
資料來源：同於表 4-6。

即使在顯著水準為 90% 之下，還無顯著的差異，佃耕農場則即使在
顯著水準為 11%，仍然無顯著的差異。從此我們可以判斷，戰後初期
兩種農場技術效率的差距都不顯著，特別是自耕農場更無顯著的差
異。

　　再比較調整利潤成本比，表 4-11 的資料顯示，無論 1925-27 年或
戰後初期，且無論自耕或佃耕，調整利潤成本比都是正的，而兩個時
代自耕都大於佃耕農場。不過，其間的差距，從戰前到戰後初期，自
耕之差異程度是 -85.27，而佃耕則只有 -85.07，也就是說兩種農場降
低的程度相當。而從戰前到戰後初期兩種農場調整利潤成本比差距之
t 值絕對值都相當大，分別高達 15.36 及 15.74，顯示戰後初期兩種農
場都十分顯著地低於戰前。不過，無論哪一個時代，自、佃耕農場的
調整利潤成本比之差距都十分接近，戰前為 2.19%，戰後初期更是只
有 0.84% 而已。而 1925-27 年與 1950-51 年自、佃耕農場調整利潤成

本比差距的 t 值，分別都只有 0.3830 及 0.0756，表示即使在顯著水準為 96% 或 92% 之下，自、佃耕農場的調整利潤成本比，都無顯著的差異。可見，兩個時代自、佃耕農場經營效率都相當。

既然兩種農場的技術效率及調整利潤成本比都無顯著的差異，從此我們可以推得，戰後初期兩種農場的配置效率，與 1925-27 年相同，也都無顯著的差異。戰後初期影響自、佃耕農場經營效率的因素，除了三七五減租之外，可能還有國民政府的米穀政策及肥料換穀政策。如果像上小一節所說的，米穀政策之所以影響農場的經營效率乃是透過對於米價的影響的話，那麼我們需要比較自、佃耕農場的米價是否有顯著的差距；肥料換穀政策之所以影響農場的經營效率，乃是因為此一政策提高了肥料的價格，因而增加了農家購買肥料的支出，那我們需要比較自、佃耕農場購入肥料的金額是否有顯著的差異。而戰後政府的米穀政策及肥料換穀政策不只降低了全體農場的經營效率，可能也對於自、佃耕農場有不同的影響。若影響不同，可能也會造成自、佃耕農場經營效率的不同。

從表 4-12 可以看到，1950-51 年雖然自耕農場無論是米價或是肥料支出金額都高於佃耕農場，但是相對地其標準差也都較大。因此其間的差距都相當不顯著，t 值分別只有 0.88 及 0.53。從此，我們似可推論米穀政策及肥料換穀政策對於自、佃農場經營效率的影響是相同的。

表 4-12　戰後初期自、佃耕農場所面臨的米價及購買肥料支出

項目	自耕		佃耕		自、佃耕差距之 t 值
	平均數	標準差	平均數	標準差	
米價	0.4166	0.0316	0.4149	0.0296	0.8761
購入肥料金額	291.5669	144.9770	286.9167	134.1130	0.5254

資料來源：同於表 4-5。

四、三七五減租對農場經營效率之影響

　　上一節的分析指出，日治時代佃耕農場及自耕農場經營效率相當，因此我們質疑前人所謂的三七五減租提高農場經營效率的論點。到底三七五減租提高或降低了農場的經營效率呢？本節要採用 difference-in-difference 方法，分析自、佃耕農場的調整利潤成本比與三七五減租之間的關係，最後要探討爲何自、佃耕農的調整利潤成本比會有這樣的變化。❸

（一）三七五減租對自、佃耕農場調整利潤成本比的影響

　　前述對於 1925-27 年與戰後初期兩種農場調整利潤成本比的討論，是在沒有固定任何因素下的比較，若是固定一些其他因素時，則 1925-27 年及 1950-51 年佃農與自耕農的差距，是否仍然不顯著呢？以下我們用 difference-in-difference 方法進行討論。模型中的實驗組是佃農，而對照組則是自耕農，實驗效果是農家身分乘於時代（亦即式 10 的 $F*P$）。模型設定如下：

$$\pi'_C = \alpha_0 + \alpha_1 F + \alpha_2 P + \alpha_3 S + \alpha_4 A + \alpha_5 F*P+ \tag{10}$$

　　式中爲 F、P、S 及 A 分別代表農家身分、時代、稻種及耕地面積。其中：

　　　　$F = 1$，如果是佃農，
　　　　　$= 0$，如果是自耕農；

---

❸ 爲了行文的流暢，以下我們有時把 1950-51 年稱爲戰後初期，而把 1925-27 年稱爲戰前或者是日治時代。

$P = 1$，如果是戰後初期 1950-51 年，

　　$= 0$，如果是日治時代 1925-27 年；

$S = 1$，如果是蓬萊種，

　　$= 0$，如果是在來種。

　　既然 $F*P$ 是實驗效果，其係數代表 $(\pi'^{post}_{CT} - \pi'^{pre}_{CT}) - (\pi'^{post}_{CO} - \pi'^{pre}_{CO})$ 的變化方向，其中 post 及 pre 分別代表戰後及戰前，而 T 及 O 則分別代表佃農及自耕農。如果三七五減租之後，佃農調整利潤成本比提高的程度超過自耕農的話，那麼 α_5 就會是正的。

　　何以式 10 的模型中，除了農家身分及時代之外，還有稻種及耕種面積呢？這主要是因為筆者及張棋安[385]曾發現蓬萊種的平均調整利潤成本比，無論在戰後初期 1950-51 年或是戰前的 1925-27 年都高於在來種。若固定其他因素，這個結論仍然成立的話，則我們將得到 α_3 是正的，至於結果是否確實如此，則有待迴歸分析。而模型之所以納入經營面積，這主要是考慮面積太大，可能會影響農家的經營效率，致使調整利潤成本比反而變得較低，若這個猜測是正確的話，則 α_4 將會是負的。

　　從表 4-13 所列的資料，我們得到以下幾個結論：（1）影響臺灣稻作農場調整利潤成本比的最重要因素是時代，其迴歸係數的 t 值高達 -31.60，因此在固定其他因素之後，戰後初期的調整利潤成本比確實顯著地低於 1925-27 年。（2）農家身分這個因素，對於調整利潤成本比，是不重要的解釋變數，其 t 值只有 0.12，是所有變數中最不顯著的。（3）稻種這個變數對於調整利潤成本比的影響是正向的，且在顯著水準為 10% 之下，其影響是顯著的。這代表在顯著水準為 10%

---

[385] 葉淑貞與張棋安，〈台灣蓬萊種稻作普及之因素〉，頁 120。

表 4-13　自、佃耕農場調整利潤成本比的影響因素

自變數	迴歸係數	標準差	t 值
常數項	1.399	0.0383	36.48**
農家身分	0.0054	0.0460	0.12
時代	-1.1901	0.0377	-31.60**
稻種	0.0390	0.0230	1.69*
經營面積	-0.0120	0.0071	-1.69*
農家身分＊時代	-0.0082	0.0529	-0.15
R^2			0.6031
$\bar{R}^2$			0.6016
樣本數			1320

註　解：** 表示 α=1% 之下，顯著地異於 0；而 * 表示 α=10% 之下，顯著地異於 0。
資料來源：同於表 4-6。

之下，蓬萊種的利潤成本比確實高於在來種。（4）經營面積的係數是負的，且值為 -1.69。這代表若顯著水準為 10% 的話，經營面積越大的農場，則其調整利潤成本比確實越小。（5）$F*P$ 是負的，但相當不顯著，t 值只有 -0.15 而已，這代表相對於日治時代的 1925-27 年，三七五減租之後，佃耕農場的經營效率的變化，並未較自耕農場的變化來得大。

　　從第五點的結論，我們得到在戰後初期相對於戰前的 1925-27 年，佃農的經營效率與自耕農並無顯著的差異，這是否就代表三七五減租對於農場的經營效率無顯著的影響呢？表 4-13 所顯示的是只固定農家身分、時代、稻種及經營面積這些因素而已，若要看三七五減租對於農場經營效率的效果到底如何，還要分析兩個問題，亦即（1）若戰前是佃農，三七五減租之後就不能變成自耕農，否則會有選擇（selection）的問題，因此會得到偏誤估計（biased estimate）。這樣的話，舉例來說，倘若比較聰明的佃農，在戰後初期混亂的情況下，弄到地主的田，變成自耕農。那自耕農和佃農之間的差異，有一部分是

能力的差別，而不是制度的影響。（2）其他相關變數對實驗組（佃農）及對照組（自耕農）的影響必須是一樣的。至少這兩個問題解決了，才能確知三七五減租對於農場的經營效率是否確實無顯著的影響。

其他因素中，戰後二二八事件可能是一個需要討論的因素。如果此一事件對地主階層的衝擊較大，致使地主對佃農的投資減少了，則二二八事件間接對佃耕農場的調整利潤成本比可能有負面的影響。❸⁸⁶假如這個推論是正確的，那麼加入二二八事件這個因素的話，相對於1925-27 年，1950-51 年佃耕農場的調整利潤成本比就會小於自耕農場。因此，如果未發生二二八事件，則三七五減租之後，佃耕農場的經營效率可能會高於自耕農場。

在 1947 年二二八事件的政治衝擊下，加上三七五減租等土地改革措施在經濟面的打擊，傳統的「士紳」階級逐漸從臺灣社會景觀中消失。例如在 1949 年底，也就是三七五減租工作正如火如荼地進行時，在日本統治時期有「臺灣第一市民」之稱的臺中霧峰大地主林獻堂，便因而抑鬱地離開臺灣，客死日本。❸⁸⁷不過，臺灣像這樣的大地主並不多。根據徐世榮的研究，傳統以來對於「地主」二字的詮釋大抵是指那些擁有大面積的耕地，不自任耕作，大部分是居住於城市之內，純粹靠收取大筆租額為生的所謂「不在地地主」。❸⁸⁸然而，臺灣的地主大多都是小地主。何謂大地主與小地主呢？根據徐世榮的研

❸⁸⁶ 根據本書第三章的研究，日治時代地主對佃耕地有諸多項目的投資，例如負擔佃耕地的保存及改良設施費、提供防風林、協助建設水車、水橋、埤圳池、水井等資本設備。

❸⁸⁷ 葉榮鐘，〈杖履追隨四十年〉收於《臺灣人物群像》（臺中市：星辰出版社，2000），頁 53。

❸⁸⁸ 徐世榮，〈悲慘的共有出租耕地業主──耕者有其田政策再審視〉，行政院國家科學委員會專題研究計畫，編號 NSC 96-2415-H-004-012-MY2（2009），頁 7。

究，小地主所擁有的土地面積至少必須 3.17 甲以上。[389] 而依據 1952 年所進行之地籍總歸戶的調查，在全臺 611,193 戶中，所有面積在 1 甲以下者，占 70.62%，3 甲以下者達 93.23%。也就是說，在 1952 年以前，擁有地超過 3 甲以上的所有權人戶數，其比例僅為 6.77%。這表示絕大多數的土地所有權人，所擁有土地的面積都低於小地主所擁有的耕地規模。

不只是大地主不多，地主因故死亡之後，其小孩仍然可能繼承土地，而成為地主，不會影響對於佃農的投資。[390] 不過，三七五減租可能對地主的投資有直接的影響，因為三七五減租之後，地主從佃耕地所獲得的收入減少了，因此可能降低對佃耕地的投資。而且，第二節提到從 1950-55 年間，每一農家的實質投資額從 826 元下降至 581 元，其中公共投資大略維持於相同的水準，故投資之下降乃是私人投資減少所致。[391] 不過，樊家忠的分析卻提出佃耕農場的投資受到的影響可能不大，這是因為三七五減租雖然降低了地主的投資意願，但三七五減租卻可能提高佃農的投資意願，因此佃農自身的投資彌補了這個缺額。[392]

而關於戰前是佃農，戰後三七五減租之後能否變成自耕農這個問題。佃農變成為自耕農的管道，除了前面所提利用戰亂機會弄到的，還有其他的管道，例如，透過買賣土地或是教育促成職業流動，使佃

---

[389] 徐世榮，〈悲慘的共有出租耕地業主──耕者有其田政策再審視〉，頁 7。

[390] 徐世榮與蕭新煌，〈戰後初期臺灣業佃關係之探討──兼論耕者有其田政策〉，《臺灣史研究》10：2（2003），頁 43-44。

[391] 但是，這個私人投資的減少可能同時來自於自耕及佃耕，而且戰後初期平均每戶的貸款金額降低了，這可能是受到惡性物價膨脹的影響（以上參見樊家忠，《戰後土地改革對農業生產效率的影響》，頁 41-42）。如果確實是這樣的話，那麼自耕或是佃耕受到的影響是一致的。

[392] 樊家忠，《戰後土地改革對農業生產效率的影響》，頁 43。

農變成自耕農。第一個可能性微乎其微，因爲臺灣一直有相當完整的地籍，因此很難以非法的途徑弄到土地。而透過土地買賣這個可能性如何要看土地價格、農家所得以及借貸市場的狀況才能確定。

在戰前 1931-34 年，米作農家的土地價格，若以 1937 年爲基期計算，平均每甲水田爲 2454.49 圓，⑳ 該些年代佃農平均每戶的儲蓄只有 44.48 圓，⑳ 假如每年的實質儲蓄與土地價格的比率相當的話，大約需要 56 年左右的儲蓄才能買到一甲土地。再者，若根據 1925-27 年稻作農場調查，所計算出來的稻田地價，平均每甲爲 3193.15 圓，⑳ 而佃農平均每年所獲得的利潤 245.61 圓，⑳ 因此，即使佃農都不吃不喝，也必須要 13 年以上才能購得一甲地。如果以 1931-34 年平均每米作佃耕農家每年的實質儲蓄金額計算，1925-27 年每甲實質地價爲 3127.47 圓，也要 70 年以上才能購得一甲地。⑳ 而在戰後 1950-51 年因爲實施三七五減租之後，實質地價下滑了，若以 1950-51 年的調查資料來看，每甲土地實質價格只有 922.88 圓，⑳ 而佃農每年的實質儲

---

⑳ 臺灣總督府殖產局，《農家經濟調查其ノ一 米作農家》（臺北：該局，1934），頁 34 及 36。

⑳ 同於上註，頁 149。

⑳ 臺灣總督府殖產局，《主要農作物經濟調查其ノ一　水稻》，頁 226-233；臺灣總督府殖產局，《主要農作物經濟調查其ノ三　水稻》，頁 174-179；臺灣總督府殖產局，《主要農作物經濟調查其ノ六　水稻》，頁 231-241；臺灣總督府殖產局，《主要農作物經濟調查其ノ九　水稻》，頁 178-185。

⑳ 以上數據計算自臺灣總督府殖產局，《主要農作物經濟調查其ノ一　水稻》，頁 2-9，238-240；臺灣總督府殖產局，《主要農作物經濟調查其ノ三　水稻》，頁 2-7，180-183；臺灣總督府殖產局，《主要農作物經濟調查其ノ六　水稻》，頁 2-9，243-247；臺灣總督府殖產局，《主要農作物經濟調查其ノ九　水稻》，頁 2-9，187-189。

⑳ 此處所謂的實質金額是以每年的名目金額除上吳聰敏編製之 GDP 平減指數，該指數請見吳聰敏，〈1910 年至 1950 年之間臺灣地區國內生產毛額之估計〉，頁 166。

⑳ 這裡的土地是水、旱田合併，因爲原始資料只有總耕地的數據，未提供水田的價

表 4-14 日治時代臺灣農家原因別借錢金額及占分

農家借錢原因	1933 年		1940 年	
	金額	百分比	金額	百分比
舊債償還	383838.27	9.94	2293270.17	14.88
土地費	1085800.25	28.12	3165270.97	20.53
租稅負擔	111357.36	1.88	296012.59	1.92
經營費	1271565.52	32.93	4053471.12	26.30
家計費	676595.50	17.52	4291414.98	27.84
其他	332698.36	8.61	1314568.35	8.53
借錢戶數	5995		37543	

註　解：經營費包含有肥料購入及其他農業經營費，而家計費包含有冠婚葬祭費用。
資料來源：臺灣總督府殖產局，《農業金融調查》（臺北：該局，1935），頁 8-9；臺灣總督府殖產局，《農業金融調查》（臺北：該局，1941），頁 14-15。

蓄額為 66.93 圓，因此也要 14 年的時間才可以買到一甲地。[399]

　　至於借貸市場，因為要借鉅額款項通常需要有土地一類的抵押品，而佃農因為缺乏這類資產，所以難以有足夠的財產作為抵押品，從此我們推論佃農要借錢來買土地應該不太容易。如果看日治時代 1933 及 1940 年農家借錢的原因，其中以經營費為最重要，分別占了 32.93% 及 26.30%（表 4-14），其次才是土地費，分別占了 28.12% 及 20.53%。

　　而所謂土地費並非只是購買土地的款項，還包含了開墾及土地改良相關的費用，而且應該大都是為開墾及土地改良而舉債，因為如果把所借的總款項除上借錢的戶數，則每戶分別借到的錢只有 84.31 圓

値。而水田的價格高於旱田，也就是 1950-51 年每甲水田的實質價格必定高於 922.88 圓。
[399] 臺灣省農林廳，《農家經濟調查報告書》（臺北：該廳，1952），頁 102-114，132-144，148，152，156，160。

表 4-15　各時代各種稻作農家投入之實質教育經費

年代	8 至 14 歲小孩數目		平均每戶（圓）		平均每小孩（圓）		平均每小孩（公石米）	
	自耕農	佃農	自耕農	佃農	自耕農	佃農	自耕農	佃農
1931–34	1.50	1.71	16.46	7.00	10.97	4.09	0.78	0.29
1937	1.82	2.09	49.11	15.52	26.98	7.43	2.08	0.57
1950–51	1.72	1.85	14.50	7.88	8.43	4.26	0.90	0.45

資料來源：臺灣總督府殖產局，《農家經濟調查其ノ一米作農家》，頁 6，33；臺灣總督府殖產局，《農家經濟調查》（臺北：該局，1938），頁 11；臺灣省政府農林廳，《農家經濟調查報告書：稻作及雜作農家》，頁 76-81，90-99，439，445，451，457，487，493，499，505，求算米（公石）之米價同於表 2-8。

及 181.12 圓而已。❹⓪⓪ 這可能是因為借錢買土地，需要相當大的款項，因此得有價值相當高的抵押品，但是一般窮苦農家缺乏這種抵押品。

　　還有一個使佃農變成自耕農的管道就是讓後代接受教育，因為教育可以促成社會職業及階層的流動。那就要看各時代各種身分農家投入教育的經費有多少。表 4-15 列出了自耕及佃耕農家 1931-34、1937 及 1950-51 年中 8-14 歲小孩數目及平均每個小孩分配到的教育經費。從該表可以看到在同一個年代，佃農家庭每位小孩平均分配到的教育經費都小於自耕農。在 1931-34、1937 及 1950-51 年，每個小孩分到的實質教育經費分別是，自耕農為 10.97、26.98 及 8.43 圓，而佃農只有 4.09、7.43 及 4.26 圓。可見，佃耕農家每個小孩相對於自耕農家庭所分到的教育經費從 1931-34 年的 37.12% 下降到 1937 年的 27.54%，然後雖然在 1950-51 年大幅上揚，但也只不過是自耕農小孩的一半左右而已。

　　而每個家庭各年平均教育經費可以買到多少米呢？若以各個年代臺北白米的實質零售價格換算的話，除了 1937 及 1950-51 年的自耕

---

❹⓪⓪ 當然，不是每戶都借錢購買土地。

農家庭之外,可以買到的米都不到 1 公石,而當時每個成年人每年消費的米各年分別是 2.94 公石、2.78 公石及 4.37 公石。[401] 可見,當時無論是自耕,還是佃耕農家,投入的教育經費都微不足道,佃農比自耕農更是低微。既然,佃農投到每個小孩的教育經費金額不高,因此在 1951 年以前,一般佃農家庭難以使小孩完成教育,以便透過教育產生身分、階級或職業的變動。

　　以上分析說明了在當時的經濟狀況之下,佃農不易變為自耕農。就因為佃農變成自耕農的可能性相當低,所以臺灣的業佃關係常常維持相當長久。徐世榮及蕭新煌[402]就提到:「佃農與地主的關係往往是幾世代的情誼。」從日治時代的租佃習慣調查,我們也得知有不少業、佃關係維持了百年以上的時間,或甚至是永續的。[403]

　　不過,三七五減租之後,卻有不少佃農主動把佃耕地退還給地主的所謂「退耕」事情發生。根據臺灣省民政廳地政局的耕地三七五減租統計資料,退耕事件在 1950 年初起到 1952 年 6 月底為止,總共有 35,313 件之多。[404] 在 1949 年 5 月至 6 月間,全省完成換約農戶計 299,070 戶,換訂租約計 368,322 件。如此一來,三七五減租之後,退耕的比率高達 9.6%。[405]其中,在 1949 年有 12,033 件,而 1951 年以前

---

[401] 葉淑貞,〈1918-1951 年間臺灣農家商業化程度的變遷:以米作為主〉,頁 213。

[402] 徐世榮及蕭新煌,〈戰後初期臺灣業佃關係之探討——兼論耕者有其田政策〉,頁 43。

[403] 葉淑貞,〈日治時代臺灣佃耕地租期長短的決定因素〉,《臺灣史研究》14:1(2007),頁 178。

[404] 徐世榮,〈悲慘的共有出租耕地業主——臺灣的土地改革〉,收在中央研究院近代史研究所編之,《改革與改造:冷戰初期兩岸的糧食、土地與工商業變革》(臺北:該所,2010),頁 47。

[405] 徐世榮,〈悲慘的共有出租耕地業主〉,「黨國體制與冷戰初期海峽兩岸社會經濟發展研討會」會後修正文稿(2006),頁 2-3。

有 17,000 多件。[406]

退耕事件的發生對於全體佃農平均的經營效率有何影響，要看佃農為何會主動退耕。由於退耕事情的嚴重，使得臺灣省政府當時規定，下列三種情形得終止租約：佃農確因全家他遷，不能耕作者；佃農確因轉業，家屬亦不能耕作者；佃農死亡而無繼承人，或有繼承人，而確屬不能耕作者。[407] 此外，也有佃農因身體因素，而主動退耕者，例如宜蘭地區地主陳進東的佃農李家成，就是因為心臟病，而發生要退耕的事件。[408] 從此，我們可以推論佃農之所以退耕，大多屬於健康狀況不好、年紀較大或轉業等經營能力較差的原因，不想要繼續耕作的那一群。如果真是這樣的話，那麼要是沒有發生退耕，佃農的平均經營效率將會更低，因此可能佃農的調整利潤成本比會變得顯著地低於自耕農。

就因為佃農變成為自耕農的可能性不高，因此佃農戶數占總戶數比率一直都相當穩定。表 4-16 的數據顯示，在 1930 年以前臺灣佃農的比率相當穩定，大致上是在 40% 左右。而在 1934-42 年大致上是在 37%-38% 之間，但是到 1943 年以後，又恢復到將近 40% 左右的水準，之後在 1949-51 年又跌回 1934-42 年的水準，為 37.92%。從 1930 年代以來，佃農戶數比率大致上介於 37.07%-38.79% 之間。如果扣除比率較高的經濟不景氣的 1931-33 年、戰爭年代的 1943-45 年及戰爭剛結束之後的 1946-48 年，大致上 1920 年代下半期較高，在 40% 左右，而 1930 年代以來則介於 37%-38% 之間。

---

[406] 徐世榮及蕭新煌，〈戰後初期臺灣業佃關係之探討——兼論耕者有其田政策〉，頁 45。

[407] 徐世榮，〈悲慘的共有出租耕地業主〉，頁 4-5

[408] 孔健中，〈合法性的衝突與國民黨的階級統治——宜蘭陳派與宜蘭陳家之間的歷史社會關係〉，《宜蘭文獻雜誌》73（2005），頁 83。

表 4-16　臺灣佃農戶數之比率

年代	佃農平均（%）
1925–1927	40.63
1928–1930	40.16
1931–1933	38.79
1934–1936	37.95
1937–1939	37.07
1940–1942	37.37
1949–1951	37.92

資料來源：臺灣省行政長官公署，《臺灣省五十一年來統計提要》，頁 514；臺灣省農林廳，《臺灣農業年報》，頁 36。

　　可見，除了非正常年代之外，佃農戶數比率在 1920 年代下半期較高，為 40% 左右；而 1930 年代以來大致上介於 37%-38% 之間。那麼為何在 1930 年代初期，佃農比率會大幅下滑呢？這可能是因為當時的經濟大恐慌，使得許多佃農經營不善，而離開農業的經營行列。如果是這樣的話，那麼加入這些佃農，則三七五減租之後，佃農的經營效率可能會低於 1930 年代初期及其以前的時代。[409]與加入退耕佃戶一樣，不影響我們的分析結果。而除了戰爭年代及戰爭剛結束的年代之外，佃農戶數比率變化不大。從此我們推論佃農變為自耕農的可能性不大。

　　至於自耕農是否可能變為佃農呢？這有可能，但可能性大不大就不知道了。因為缺乏直接的資料可以佐證，只能以間接的方式推論。自耕農變為佃農就是要出售其土地，而臺灣土地市場的交易並非那麼

---

[409] 表 4-1 的資料顯示，在 1929-31 年，自、佃耕農的調整利潤成本比平均分別是 0.76 及 0.77，可見佃農高於自耕農。不過，因為標準差分別是 0.53 及 0.46，因此自、佃耕農差距之 t 值只有 -0.38。但是，1925-27 年佃耕農場是小於自耕農場，因此雖然在 α=5% 時，1929-31 年自、佃農場的調整利潤成本比無顯著的差異，但是自、佃耕農場的差距卻與 1925-27 年確實呈現著相反的型態。

的頻繁，因此日治時代地價的統計一直都是用估計的方式。❹ 直到
1942 年，臺灣銀行在統計當時的地價時，仍然是用估計的方式。❹

　　這主要是因為土地交易不頻繁，因此難以得知確實的地價，才使
用估計的方式。❹ 從此，我們間接推得自耕農有可能變為佃農，但是
可能性似乎不大。當然，這樣的分析論據可能不足，不過這是缺乏資
料之下的不得已之計。

　　總之，從以上的分析，我們推得三七五減租之後，相對於自耕農
來說，佃農的經營效率沒有提高的跡象。

（二）自、佃耕農場經營效率無顯著差異的原因

　　為何減租之後，相對於自耕農，佃農的調整利潤成本比沒有顯著
地提高呢？本章第二節已經指出，佃農的調整利潤成本比及配置效率
是否同於自耕農，可能與租佃制度採用定額租或是定率租有關。若採
行定額租制度，不會影響佃耕農場土地以外其他要素的使用量；若其
他條件相同，自耕農場與佃耕農場土地以外的其他因素會相同。然
而，若採行定率租制度，租率會降低佃農要素投入的誘因；簡單的邊
際分析顯示，若其他條件相同，自耕農場的勞動雇用量會較佃耕農場
高。

---

❹ 日本勸業銀行臺北支店，《第一回臺灣田畑賣買價格及收益調（大正十四年六
　月）》（臺北：日本勸業銀行臺北支店，1925），凡例；臺灣總督府殖產局，《耕
　地賣買價格小作料公課及收益に關する》（臺北：該局，1916），凡例；臺灣總督
　府殖產局，《耕地賃貸經濟調查其ノ一》（臺北：該局，1930），凡例；臺灣總督
　府殖產局，《耕地賃貸經濟調查其ノ二》（臺北：該局，1930），凡例；臺灣總督
　府殖產局，《耕地賃貸經濟調查》（臺北：該局，1939），凡例。
❹ 臺灣銀行調查部鑑定課，《本島田畑買價格及小作料調》，（臺北：該課，
　1944），凡例。
❹ 古慧雯，〈財產權、土地價格、投資：臺灣土地登記制度之研究〉（臺北：臺灣大
　學經濟研究所經濟史專題討論，2010），頁 10。

　　既然以上的分析說明，兩種農場配置效率以及調整利潤成本比是否相同，除了決定於生產函數及所面臨的價格是否相同之外，也與租佃制度是否干預佃農經營決策及地租的計算方式採用的是定額租與定率租有關。因此，以下我們先要分析戰後初期的三七五減租是定率租或是定額租，接著再分析自、佃耕農場的生產函數及所面臨的價格是否相同，租佃制度是否限制佃農使用生產要素。

1. 三七五減租是定額租或定率租

　　戰後初期實施的三七五減租如果是定率租，則從以上的分析，我們知道定率租佃農的配置效率及調整利潤成本比會低於自耕農，而佃農所使用的生產要素會少於自耕農。然而，上一節卻得到戰後初期自、佃耕農場的配置效率及調整利潤成本比的數值是相當的。到底三七五減租是定率租，還是定額租呢？

　　如果是定率租的話，那麼所有佃耕地的地租應該最高都不得高於37.5%。可是，根據王益滔所主持的農家經濟調查，我們卻發現1949年三七五減租實施之後，全臺灣雙期作田佃耕地的平均地租率卻高達41.81%。其中只有臺南及臺東縣全縣平均地租率低於37.5%，其他五個縣的地租率都高於37.5%，最高的是新竹縣，高達45.78%，最低的是臺東縣，只有29.61%（見表4-17）。

　　為什麼會這樣呢？這主要是因為當時實施的三七五減租制度，雖然名義上是以37.5%的地租率計算地租，但是實際上卻不是按37.5%地租率計算地租，而仍然是按照土地面積計算地租，屬於定額租制度。[413]當時地租的計算方式如何進行呢？政府首先依各縣市自耕地各等則土地正產物之標準收穫量，訂出所謂之等則收穫量。在一個契約

---

[413] 王益滔，《王益滔教授論文集（第一冊）》，頁8。

表 4-17　三七五減租後雙期作田地租率

| 縣別 | 戶數 | 經營規模別 | | | | | | 平均 |
		0.5甲以下	0.5-1甲	1-2甲	2-3甲	3-5甲	5甲以上	
臺北	181	37.94	38.63	41.18	41.90	41.32	41.49	40.09
新竹	326	39.19	45.07	46.78	47.47	47.14	47.08	45.78
臺中	585	38.50	42.50	45.80	47.00	49.59	53.28	43.30
臺南	37	37.50	36.80	36.83	35.91	36.42	–	36.73
高雄	118	38.54	38.36	38.78	41.60	36.74	–	38.62
臺東	123	22.45	30.11	30.00	34.72	33.71	–	29.61
花蓮	69	37.46	43.82	49.23	43.01	50.80	44.64	44.67
全臺平均	1439	37.42	40.56	443.02	44.50	45.64	46.80	41.81

資料來源：王益滔，《王益滔教授論文集（第一冊）》，頁13。

期間之內，佃農按此一等則收穫量年年繳納 37.5% 之租額。王益滔稱此一制度爲定額定率分租制；[414]也有人直接稱此一制度爲定額租制度。[415]如果根據在此一制度之下，只要等則收穫量不變的話，則佃農年年繳納的地租都相同，且事先就已經知道要繳納多少地租。從這兩個特性，我們可以說該制度仍然爲定額租。

2. 自、佃耕農場的生產函數是否相同

　　既然仍然是定額租，只要自、佃耕農的生產函數相同，而所面臨的價格也相同，且租佃制度不限制佃農使用生產要素，則將會雇用相同的生產要素，從而所獲致的調整利潤成本比也會相等。因此以下我們接著探究自、佃耕農場的生產函數是否相同。

　　爲了要檢定戰後初期自、佃耕農場生產函數相同的虛無假設是否

---

[414] 王益滔，《王益滔教授論文集（第一冊）》，頁8。

[415] 例如樊家忠，《戰後土地改革對農業生產效率的影響》，頁 38-39 及吳昆財，《一九五〇年代的臺灣》（臺北：博揚文化事業有限公司，2006），頁 130 就都直接稱此一制度爲定額租制度。

成立，我們設定的模型與檢定的方式與前面第二節之（二）相同。表
4-18 列出估得的概似比卡方檢定之各種相關數值。從表 4-18 可以看
到 $-2\ln l$ 之值一期作爲 4.1530，而二期作則爲 2.1520，都小於顯著水
準 50%，而自由度爲 5 之 X^2 值（= 4.35），也就是說虛無假設被拒絕
的可能性不大。據此，我們判定戰後自、佃耕農的生產函數的差異，
無論是一期作或是二期作，都相當不顯著。

表 4-18　1950–51 年稻作自、佃耕農生產函數相同之檢定資料

生長期	$\ln L(\bar{\theta})$	$\ln L(\theta^*)$	$-2\ln l$
一期作	214.0844	212.0079	4.1530
二期作	175.5548	174.4788	2.1520

資料來源：同於表 4-5。

3. 自、佃耕農場面臨的價格是否相同

　　既然自、佃耕農場的生產函數相同，那麼只要三七五減租條例無
限制佃農使用生產要素及自、佃耕農場面臨著相同的價格，則兩種農
場的調整利潤成本比就不會有顯著的差異。

　　接著要分析的是各種農場面臨的米價、工資及每甲地所雇用的勞
動量是否相同，相關資料列在表 4-19。[416] 從表中的資料，我們發現戰
後初期，自、佃耕農場無論是雇入、家庭勞動或是全部勞動的工資率
都無顯著的差異，其 t 值都只有 0.52 以下；而前面 271 頁「自、佃耕
農場經營效率之比較」一節已經提及兩種農場所面臨的稻米價格也都
無顯著的差異。且從表 4-19 也可以看到，兩種農場每甲地勞動工資
的總支出也無顯著的差異，其 t 值只有 -0.63 而已。因此，我們得到

---

[416] 為何表中無肥料的資料呢？這是因為 1950-51 年的稻作經濟調查未調查肥料的價
　　格。

表 4-19　1950–51 年稻作自、佃耕農場的成本結構與面臨之工資

項目	自耕		佃耕		t 值
	平均數	標準差	平均數	標準差	
每甲地勞動量（日）	100.6460	18.9255	101.7689	17.7078	-0.9663
每甲地工資支出（圓）	873.1938	197.5208	881.3689	208.8133	-0.6347
平均每日雇工之工資（圓／日）	9.8841	2.5243	9.9351	2.5038	-0.0198
平均每日家庭勞動之工資（圓／日）	8.0261	2.1750	7.9799	2.1142	0.0209
平均每日工資（圓／日）	8.8405	2.0570	8.7742	2.0131	0.5141

註　解：所謂 t 值是指自耕與佃耕相等的虛無假設成立之下求算出來的。
資料來源：同於表 4-5。

兩種農場雇用的勞動量，分別是 100.65 及 101.77 日，也無顯著的差異，其 t 值只有 -0.97 而已。

　　至於戰後初期三七五減租是否有對佃耕農場使用生產要素或是栽種作物進行任何的干預呢？從三七五減租條例，我們可以看到除第九條之外，其他的規定大都是對地主的約束，甚少有對佃農的要求。第九條的規定內容如下：「承租人於約定主要作物生長季節改種其他作物者，仍應以約定之主要作物繳租。但經出租人同意，得依當地當時市價，折合現金或所種之其他作物繳付之。」❹此條租約對於承租人種植作物可以有約定，但是即使有此規定，也不妨害承租人種植其他作物的結果，因為該條等於保障了承租人得以改種約定之外的作物。

　　本節的分析說明了為何戰後初期自、佃耕農場的調整利潤成本比無顯著的差異，這可能是因為戰後初期仍然實施定額租制度；自、佃耕農場生產函數無顯著的差異；自、佃耕農場面臨的價格也是一致的；且該制度也未曾對佃農使用生產要素或是栽種作物進行干預，因此三七五減租制度不影響佃耕農場的配置效率及調整成本利潤比。

---

❹ 關於三七五減租的條文，請見內政部，〈耕地三七五減租條例〉收入於《全國法規資料庫》（臺北：內政部，2002）。

五、小結

經過本章的分析，我們得到以下幾個臺灣自、佃耕農場經營效率的重要結論。首先是日治時代無論全臺或是臺中州，自、佃耕農場的經營效率都無顯著的差異。既然佃耕農場的經營效率與自耕農場相當，這顯示土地所有權的缺乏似乎並未導致佃農的生產較無效率。

在討論租佃制度是否影響經營效率時，可以從兩個角度來回答。第一種角度問的是如果沒有租佃制度，農場將採用何種替代制度，各種制度下農場的經營效率如何等問題。第二個角度是比較在相同時間及同一經濟體系之內，採行租佃制度以及不採租佃制度之農場的生產效率。後者的基本想法是即使不採租佃制度的農場（自耕農場）也不一定能夠達到有效率的生產，故只要佃耕及自耕農場能達到相同的效率，便可以說租佃制度並未降低經營效率。從後一角度來看，日治時代的租佃制度並未降低稻作農場的經營效率。

為何租佃制度未降低佃耕農場的經營效率，這主要是因為當時地租徵收的計算方式採用定額租制度，因此根據簡單的邊際分析理論，自、佃耕農場的經營效率不會有顯著的差異，除非兩種農場所面臨的市場價格不同、生產函數有異或租佃制度直接干預佃農的經營決策。而利用 1925-27 年稻作農場的投入與產出，我們發現當時自、佃耕農場的生產函數無顯著的差異，且所面臨的價格大致上是相同的，而租佃制度也沒有干預佃農經營決策的事項。

此外，本章也發現 1950-51 年農場的技術效率與 1925-27 年無顯著的差異，這與樊家忠、尚瑞國及林森田的發現不同，也與陳誠所宣稱之減租提高佃農耕作意願的看法有差異。因此，陳誠所說的土地改革提升佃農耕作意願，這個說法是否正確，是值得再研究的一個課題。第三個發現是戰後初期調整利潤成本比顯著地低於戰前，主要是因為戰後初期米價下滑激烈，而肥料價格卻上揚，而這可能與三七五

減租關係不大。因爲三七五減租實施之後，自、佃耕農場無論在戰後初期或是 1925-27 年，所面臨的米價及肥料支出無顯著的差異。既然，兩個時代自、佃耕農場的技術效率及調整利潤成本比的差異都不顯著，這代表了 1925-27 年及戰後初期兩種農場的配置效率也相當。

接著，採用 difference-in-difference 分析法，我們發現若固定農家身分、時代、稻種及土地面積，則戰後初期相對於日治時代 1925-27 年，自、佃耕農場的調整利潤成本比確實無顯著的差異。因此如果無選擇的問題，而且二二八事件的發生等其他變數，對於自、佃耕農的影響也是一致的，則可以論斷三七五減租對農場的經營效率無顯著的影響。

本章也利用佃農的儲蓄、地價及投入到教育的經費等資料，發現佃農不易變成爲自耕農。而關於自耕農是否容易變成佃農，則利用間接的資料，亦即當時土地交易並不頻繁，推得這種可能性不大。由於農家身分轉變不易，因而不大可能會產生偏誤估計的問題。而即使三七五減租之後，有不少退耕事件發生，但若加上退耕的佃農，反而可能導致三七五減租對佃耕農場的經營效率有負向的影響。

二二八事件是否使三七五減租之後佃農的投資少於自耕農呢？本章發現臺灣大地主不多，大多都是小地主，且地主死亡之後，小孩仍可以繼承土地，而成爲地主。如果二二八事件對地主擁有土地衝擊不大，則對佃農的投資應該不致有太大的影響。更重要的是，三七五減租雖然降低地主的收入，可能間接影響地主對佃耕地的投資意願，但卻也可能直接提高佃農的投資意願，因此佃農的投資意願可能不會受到太大的影響。

戰後初期自、佃農場的配置效率及調整利潤成本比爲何無顯著的差異？本章推論可能是因爲戰後三七五減租制度仍然是一種定額租制度，又自、佃耕農場的生產函數無顯著的差異，所面臨價格的差距也

不顯著，而三七五減租條例也未有干預佃耕農場經營的條文。因此，本章的結論是三七五減租，並沒有提高佃耕農場經營效率的效果。

　　綜合以上的分析，我們得到無論是戰前或戰後初期租佃制度都未降低或提高佃耕農場的經營效率。這個發現呼應了本書第一章所提出的部分論點，亦即租佃問題的產生，並非租佃制度本身不好，可能是租佃條件不合理所致。矯正不合理的租佃制度固然可能提高經營效率，但是租佃制度若修改不當，不但無法提高，反而會降低經營效率，且會增加其他的成本。

第五章
結論

　　本書探討日治時代臺灣租佃制度的運行，我們發現日治時代的租佃制度主要是依賴市場力量而運行，政府甚少直接干涉租佃制度。而當外在環境轉變，制度需要迅速調整之際，因爲有業佃會這個順應市場方向之外力的介入，使制度得以繼續順暢運行。市場的力量促使租佃制度發揮了效率的功能，使得佃農的經營效率並未受到租佃制度的影響。因此，從效率的原則來看，我們認爲日治時代的租佃制度運行良好。

　　第一章交代本書爲何要研究日治時代的租佃制度，檢討相關文獻，介紹可使用的資料，並說明本書的架構。接著，第二章首先描繪日治時代在 1920 年代末期以後，租佃制度所處環境條件發生的重大轉變。轉變的方向有以下幾項：（1）農業技術朝向精耕細作的型態發展；（2）交易範圍的擴大；（3）因爲人民身體變得越來越健康，受教育的意願及程度提高了，此時又有一些思想團體的鼓吹，使得農民的權利意識逐漸抬頭。農業技術的轉變，要求一個較長的租期；而交易範圍的擴大及農民權利意識的抬頭，使租佃糾紛變得越來越頻仍，因此要求一個明確形式的租約，更需要有一個有效率的仲裁服務。業佃

會就是順應這種環境的需要而出現的。業佃會提供之有效率的仲裁服務，吸引了許多業佃加入，因此不僅使得租約形式從以口頭租約為主的型態，轉變成以書面租約為主流的局面，更使原來不確定的租期，轉變為至少 5-6 年的期限。

接著，從第二章租約結構轉變的研究，我們得到日治時代不同時期所呈現的各種租約結構，以及租約結構的轉變方向，大致符合理性選擇行為的準則。在 1920 年代底以前大多數租約之所以採用口頭租約，乃是因為當時的租佃糾紛不多，因此，在簽訂租約時，業佃預期不太可能會發生租佃糾紛，採用口頭租約可以省下簽約成本，乃大多都採用口頭租約。只有一些比較容易引發糾紛的場合，例如長期租約、業佃互信程度低、業佃非直接建立關係或業佃人數較多的情況下，才使用書面租約。而在 1920 年代底以後，由於業佃糾紛變多了，這時業佃需要有一個低廉且執行力量強大的仲裁服務，這樣遇到糾紛時，才得以迅速平息糾紛。業佃會提供了這樣的仲裁服務，使得業佃會書面租約的預期利潤高於其他形式的租約，因此這種租約才廣泛被採用。

此外，從第二章租期長短決定因素的探討中，我們發現日治時代租期長短的安排，決定於作物生長期間的長短、農業技術及交易成本的高低。日治初期中、北部地區普通作物佃耕地的租期大多只有一年左右，這是因為這些地區的普通作物佃耕地大多種植水稻，而且此時水稻的耕種技術相當粗放，肥料使用較少。不過，在 1910 年代底以前，南部地區已經有不少租佃地的租期超過一年，這主要是因為南部地區種蔗較多，而甘蔗不只生長期較長，更重要的是自日治初期以來，臺灣總督府就開始獎勵蔗作使用肥料，而肥料的生產力橫跨的期間較長。1920 年代中期以後，因為蓬萊米的引進，使得稻作也進入多肥式的耕種方法。這時業佃會的成立，鼓勵業佃使用業佃會的書面

租約，而這種租約租期一般長達 5 或 6 年以上。業佃會適時出現，解決了租期太短及租期不定的缺失，可能也促進了蓬萊米的推廣。

我們也發現各地都有不少租約，利用續約方式，使租期延長相當長的時間，有的延長到數十年或甚至百年。爲何不一開始就訂立這麼長的租約，而要利用續約方式不斷的延長租約呢？這主要是爲了降低交易成本。因爲長期租約需要簽訂書面租約，而書面租約所要求的相關人士較多，責任較重，定約過程較繁瑣，而長期租約也可能比較容易引發糾紛。利用年年續約的方式，使得臺灣當時因解約而引發的糾紛較少，而解約引發糾紛占租佃契約比例更是相當地低。

要附帶說明的是，關於租期長短的決定因素，當然不只有第二章所提到的那些因素。可能還有其他因素，例如業佃之間的關係，如果佃農是信用較好的親朋好友，可能租期會比較長。不過，本書要說明的是租期的決定因素是否符合經濟理性，如果是親朋好友，租期比較長也是一種理性的決定，因爲業佃之間彼此知道對方的信用如何。但是租佃習慣調查未提出這個因素，所以本書也就沒有提及。總之，綜合第二章的分析，我們發現日治時代業佃之間租約樣式的選擇及租期的訂定都相當符合效率的原則。

而從第三章的分析中，我們得知戰前佃農確實比自耕農要貧窮，但是佃農之所以較貧窮，主要是因爲缺乏土地所有權，而必須繳納地租，不是因爲地主收取過高的地租所致。因爲，無論根據土地的邊際生產力或是地主出租土地的機會成本來看，1902-42 年的水田地租都未超過均衡的地租。因此，如果我們把合理的地租定義爲均衡的地租的話，那麼日治時代的地租是處於合理的水準。

我們也發現日治時代地租的計算方式符合效率的原則。良田（水田）熟畑（旱田）行定額租制度，乃是因爲這種田地收穫量較穩定，定額租制度可以激勵佃農努力耕作。新開墾田、劣等水田或是旱田則

行定率租制度，因爲這些田地收穫量不穩定，定率租制度使地主與佃農共同分攤風險，以吸引承租者，並避免打擊承租人的投資意願。這樣的推理隱含了地主在乎其出租地之收穫量高低的假設。地主之所以在乎出租地的收穫量，乃是因爲收穫量的高低是決定地租高低的重要因素。可見，地主與佃農所玩的不是零和遊戲（zero sum game）。

又，從第三章的迴歸分析中，我們得到日治時代的水田地租主要決定於收穫量及地價之高低。此外，本章也發現佃耕地占總耕地的比率越高，則地租越低，這雖然可能隱含了地主對地租的決定力量大過佃農，不過從迴歸分析結果來看，這個力量對於地租的影響力並不大。本章還發現 1930-31 年經濟大恐慌時的地租低於 1925-27 年承平時期；而 1937 年的地租大於 1927 年的地租。本章的分析結果也支持涂照彥所說的製糖會社的耕租制度提升地租的說法。不過，與佃耕地的比率一樣，製糖會社租佃地比率這個因素，對於地租的邊際影響力也不大。此外，我們也發現異於前人觀點的結論，那就是種植蓬萊米的佃耕地之地租與種植在來米田地之地租的差異並不顯著。最後，一般人大都認爲東部地區的地租低於其他地區，但是本章發現這未必是正確的。東部地區之所以地租低於其他地區，可能是因爲該些地區收穫量或是地價較低所致。

如上所述，第二章的分析說明了日治時代租期的安排符合了效率的原則，因此不會影響佃農的投資意願；而第三章則論述了當時的地租並未過高，因此也未降低佃農的投資能力。既然佃農的投資意願及投資能力未受到租佃制度的影響，而我們也發現日治時代採行的是定額租制度，因此如果自、佃耕農場的生產函數及所面臨的價格都無顯著的差異，而租佃制度又不干預佃農的經營決策，則自、佃耕農場所雇用的生產要素就相同，而其經營效率就不會有顯著的差距。第四章我們直接比較自、佃耕農場的生產函數及所面臨的價格，發現確實無

顯著的差異，也發現租佃制度並未直接或間接干預佃農的經營決策。綜合這些因素，我們可以推論自、佃耕農場的經營效率應該無顯著的差異。而這與第四章一開始所發現的自、佃耕農場的調整利潤成本比無顯著差異的結論是相互吻合的。

接著在第四章的後半部分，我們探究臺灣實施三七五減租後的1950-51年，佃耕農場的經營效率相對於自耕農場來說，是否高於戰前1925-27年。研究結果發現三七五減租並未使佃農的技術效率提高得比自耕農來得多，因此陳誠等人所說的土地改革提升了佃農的耕作意願，這個說法可能有待商榷。而利用 difference-in-difference 分析法，得到若固定農家身分、時代、稻種及經營地面積大小，戰後初期相對於日治時代1925-27年，自、佃耕農場的調整利潤成本比無顯著差異。三七五減租之後，自、佃耕農場經營效率之所以無顯著差異，與以下幾個因素有關：（1）三七五減租也是定額租制度；（2）三七五減租後，自、佃耕農場的生產函數及所面臨的價格也無顯著的差異；（3）三七五減租也未干預佃農的經營權。

總之，從第四章的討論，我們發現臺灣無論日治時代及戰後初期所實施的租佃制度都屬於定額租制度，且自、佃耕農場的生產函數及所面臨的價格都無顯著的差異，而租佃制度又都不干預佃農經營決策。可見，日治時代佃耕農場的經營效率並不顯著地異於自耕農場，而三七五減租也未提高佃耕農場的經營效率。

從以上本書的討論，我們得到以下幾個重要的結論。第一、市場力量的調整有時可能不夠快，因此當外在環境改變之際，政府若能順應市場力量，加速改善的步伐，則可以幫助制度繼續良好的運行下去。第二、日治時代雖已逐漸進入資本主義經濟體系，但是仍有不少制度還是沿用過去的舊制。對於這些舊制，政府與民間只不過注入一些新的力量，使舊制得以在新的經濟體系之下持續運行，而不是將舊

制連根拔除，換以全新的制度。第三、業佃會所提供的有效率且低廉的仲裁制度適時出現於糾紛擴大之際，使租佃制度得以繼續順暢運行的事實說明了交易範圍要能不斷擴大，以持續促進經濟的發展，必須要有強大的契約執行力量作爲基礎。從這一點，我們推測日治時代的民事訴訟、民事爭訟或業佃會等等各種強大的契約執行力量，尤其是後者，對經濟的發展應該有相當的貢獻。

第四、租佃制度是否影響農場的經營效率，決定於以下幾個因素：地租的計算方式採用定額租或是定率租；自、佃耕農場的生產函數、所面臨的價格有無差異、租佃制度是否影響佃耕農場的經營決策與經營能力。所謂經營決策包含生產要素的使用量、進入市場的時間及所面臨的價格；而所謂的經營能力包括作物種類的選擇、作物耕種及收穫時間。只要地租的計算採用定額租，而租佃制度又不影響佃耕農場的經營決策及經營能力，佃耕農場所面臨的價格及生產函數與自耕農場也無顯著的差異，則佃耕農場的經營效率就不會受到影響。

本書的最後，我們也要提出一些值得進一步研究的課題：

（1）本書主要結論之一就是，業佃會適時地出現在 1920 年代下半葉之際，是促使 1920 年代下半葉以後租佃制度得以繼續順暢運行的主要因素之一。而 1930 年代初期以後租期延長之後，蓬萊與在來稻種的施肥量都增加了，其間是否有關連呢？若有關連，則 1930 年代初期以後稻作技術之所以得以快速轉變，可能與業佃會的成立有關。至於其間的關連性如何，還有待進一步的研究。

（2）業佃會的出現如果是促成 1930 年代初期以後租佃制度得以繼續順暢運作的主要因素，那麼這說明了戰後三七五減租實施之前之所以口頭租約又大幅提升到 1920 年代以前的景象，占租約總數高達 90%，⑱ 可能是因爲業佃會的消失。而業佃會何以會消失呢？本書第一章提到，王益滔認爲這是因爲日治時代的業佃會不是佃農或地主自

覺成立的，是政府補助督促而成。那麼，為何戰後初期政府不再繼續補助督促業佃會，使之維持運作呢？這也是一個值得研究的課題。

（3）從上述所提這個問題，我們引出另一個問題，那就是戰後初期土地改革實施以前，租佃糾紛大幅地增加。這可能是導因於業佃改善團體的消失，以致於缺乏有效率的仲裁制度。❹若真是如此，則租佃制度的改革是否需要到全盤摧毀舊制度的程度呢？本書的分析結果，提供我們一個重新審思的機會。

（4）本書第二章關於租約選擇行為的論據主要是總督府調查報告所呈現的總合性文字描述，只能說明一個總合而且概要的情況。即使在大多數人的行為都符合理性選擇的準則，無可避免地，總有少數人的行為背離該些準則，而文字的描述卻無法說明契約選擇結果符合理性行為準則的確切比例有多高。若有數字資料作為輔助說明，當可強化我們的結論。

（5）既然，三七五減租未曾提高農場的經營效率，我們懷疑當時之所以實施這個政策，可能不是為了要提高農場的經營效率，而是另有其他的目的，例如是為了進行所得的重分配，或甚至只是為了要消滅地主階級的力量。這也是需要更進一步研究的課題。

總之，從本書的分析中，我們得到日治時代臺灣的租佃制度相當符合效率的原則，但是否為一種公平的制度就不得而知了。公平與否牽涉到價值判斷，經濟學家通常不太談論帶有價值判斷的問題，這方面的問題就留給社會學家或其他有興趣的人來回答。

❹ 陳誠，《台灣土地改革紀要》（臺北：中華書局股份有限公司，1961），頁18。
❹ 陳誠曾說，在推行減租的兩年內僅有糾紛4390件，過去減租前的糾紛案件因缺乏統計，想必較多。以上內容見陳誠《如何實現耕者有其田》（臺北：正中書局，1968），頁33-34。這與過去日治時代糾紛最多的1927年之2298件都要多出很多。

附錄

附錄 1-1：農場經營的方式

假如較適當的土地（A）與人力（L）的比率為 $\left(\dfrac{A}{L}\right)^*$，而

（1）如果實際上擁有之 A 為 A^0，L 為 L^0，而使得 $\dfrac{A^0}{L^0} > \left(\dfrac{A}{L}\right)^*$，則可能 A^0 過多，或 L^0 過少。A^0 過多者，可以租出土地或賣出土地；L^0 過少者，可以雇進勞力。所以一個土地相對於勞力太多的家庭，可以採取下列幾個方式來調解之：

    a. 可以出租全部的地，成為純粹地主。

    b. 可以出租部分的地，而以家庭勞力為主體，進行耕作，成為自耕地主。

    c. 可以利用較多的外雇勞工，補充家庭勞動之不足，稱為經營地主。

    d. 可以賣出土地。

（2）反之，若實際擁有之 A 為 A'，L 為 L'，因而使得 $\dfrac{A'}{L'} < \left(\dfrac{A}{L}\right)^*$，可能 A' 過少，或 L' 過多。A' 過少者，可以租進土地或買進土地，而 L' 過多者，可以受雇出去一部分的 L。所以，耕地不足或無地者，可以採取下列幾個方式來調解之：

    a. 可以租進部分土地，而成為半自耕農。

b. 可以租進全部土地，而成爲佃農。

c. 可以受雇於人，而成爲雇農。

d. 可以買進土地。

所以純粹地主、自耕地主、半自耕地主、佃農涉及租佃制度；而經營地主及雇農則以雇傭制度調節生產因素。因此，可以利用租佃制度、雇傭制度及土地買賣制度等三種制度，使資源秉賦不同的人可以使用的要素組合比較合乎經營效率。

附錄 2-1：契約的選擇行爲

正文中第二章第二節之（一）提到，一個理性的個人以預期報酬之高低，決定要選取哪一種形式的租約。爲了推演各種契約樣式的預期報酬，以及追求自利的個人如何選擇契約的樣式，我們假設：

(1) 地主（L）與佃農（T）有口頭（O）與書面（W）兩種契約可以選擇，以下令 $i = L,T; j = O,W$。

(2) 若以 C^s 表示契約的「訂約成本」，則 i 立約者花費於 j 種契約的訂約成本爲 C_j^{si}。

(3) 契約訂立之後，可能產生兩種結果：雙方未曾起糾紛與雙方曾起糾紛，其發生的機率分別是 π_j 與 $(1-\pi_j)$。

(4) 當無糾紛產生時，契約在毫無「執行成本」下被履行。但是當糾紛產生後，便進入仲裁、調停或抗爭階段。其結果是契約被履行或契約被違背；履約與不履約的條件機率分別是 r_j 與 $(1-r_j)$。

(5) 當無糾紛發生或是糾紛發生後契約被履行時，i 立約者無論訂立何種契約，皆可獲得 R^i 的收入。

(6) 當糾紛或違約發生時，租約的當事人需爲仲裁、調停、或抗爭付出時間與費用，這些時間與費用稱爲「執行成本」。若以 C^e 表示執行成本，則 i 立約者爲 j 種契約所花費的執行成本爲 C_j^{ei}。值此之際，i 立約者若採用 j 種契約，則當契約遭受對方違約時，對方需付其 V_j 的損害賠償金。

根據以上的假設，我們將立約者在各種狀況下，從 j 契約所能得到的收益與成本列於下表。

附錄表 1　i 立約人從 j 種契約所得到的收益與成本

狀況	機率	收益	執行成本	訂約成本
無糾紛	π_j	R^i	0	C_j^{si}
有糾紛：				
履約	$(1-\pi_j)\,r_j$	R^i	C_j^{ei}	C_j^{si}
不履約	$(1-\pi_j)\,(1-r_j)$	$(\pm V_j)^*$	C_j^{ei}	C_j^{si}

＊：違約的一方須付損害賠償金，故為 $-V_j$；而遭違約者得到此筆賠償金，故為 $+V_j$。

根據上表所列各項訊息，假設若有違約發生時，違約者為佃農，則可導出地主從 j 契約所獲得的預期報酬如下：

$$EP_j^L = \left[\pi_j R^L + (1-\pi_j)r_j R^L + (1-\pi_j)(1-r_j)V_j\right] - \left[(1-\pi_j)C_j^{eL} + C_j^{sL}\right] \quad (1)$$

而佃農從 j 契約所獲得的預期報酬則為：

$$EP_j^T = \left[\pi_j R^T + (1-\pi_j)r_j R^T + (1-\pi_j)(1-r_j)V_j\right] - \left[(1-\pi_j)C_j^{eT} + C_j^{sT}\right] \quad (2)$$

若立約雙方的契約選擇行為是理性的，則當

$$EP_W^L + EP_W^T > EP_O^L + EP_O^T \Rightarrow \text{選擇 } W \text{ 契約 } [420]$$
$$EP_W^L + EP_W^T < EP_O^L + EP_O^T \Rightarrow \text{選擇 } O \text{ 契約}$$

[420] 即使 W 契約不利於一方，只要協商成本不高，雙方仍會協議採 W 契約。譬如說，若 W 契約對地主不利（$EP_W^L < EP_O^L$），但因其採 W 契約所蒙受的損失（$EP_O^L - EP_W^L$），小於佃農因此獲得的利益（$EP_W^T - EP_O^T$），則透過佃農補償地主的協商，最後仍然會選取 W 契約。關於此一條件的討論，詳見 Becker, Gary S. *A Treatise on the Family*（Cambridge: Harvard University Press, 1993），Chap.10。

令 $EP_j \equiv \sum_i EP_j^i$，$j = W, O$，則理性的立約者選取書面契約的條件
爲：

$$EP_W - EP_O > 0 \qquad (3)$$

再令 R、C^e、C^s 分別表示立約雙方的總履約收入、總執行成本、
與總訂約成本，亦即 $R \equiv \sum_i R^i$，$C_j^s \equiv \sum_i C_j^{si}$，$C_j^e \equiv \sum_i C_j^{si}$，$j = W, O$，
則從式 1 及式 2，可以推得

$$EP_W - EP_O = R\left[(\pi_W - \pi_O) + (r_W - r_O) - (\pi_W r_W - \pi_O r_O)\right]$$

$$-\left[(1 - \pi_W) C_W^e - (1 - \pi_O) C_O^e\right] - \left(C_W^s - C_O^s\right) \qquad (4)$$

從式 4，我們得知（$EP_W - EP_O$）的大小決定於 π_W、π_O、r_W、r_O、
R、C_W^e、C_O^e、C_W^s 以及 C_O^s。（$EP_W - EP_O$）之大小無關乎哪一個立約者獲
得較多的收入、支出較多的執行成本或訂約成本；而是繫之於哪一種
契約之立約雙方所獲得的總收入、花費的總執行成本或總訂約成本較
高。又，從式 4 可以推演出在其他條件固定時，各個因素如何影響
$EP_W - EP_O$ 之值。將各參數對 $EP_W - EP_O$ 做偏微分，推演結果可以歸
納爲下面五點：

（1）當訂書面契約引發糾紛的機率愈小（π_W 愈大），或訂口頭契
　　約滋生糾紛的機率愈大（π_O 愈小），立約人選擇書面契約的
　　意願愈高。

（2）當訂書面契約後，若有糾紛發生時，契約被履行的機率愈高
　　（r_W 愈大）；或在訂口頭契約後，若有糾紛發生，契約被履
　　行的機率愈低（r_O 愈小），則立約人選擇書面契約的意願愈
　　高。

（3）當書面契約的執行成本愈低（C_W^e 愈低），或口頭契約的執行成本愈高（C_O^e 愈高），則立約人選擇書面契約的意願愈強。

（4）當書面契約的訂約成本愈高（C_W^s 愈高），或口頭契約的訂約成本愈低時（C_O^s 愈低），理性的立約人愈無選訂書面契約的意願。

（5）R 與（$EP_W - EP_O$）的關係視何種契約不被履行機率較小而定，因為

$$\partial(EP_W - EP_O)/\partial R = (1 - \pi_O)(1 - r_O) - (1 - \pi_W)(1 - r_W)$$

式中 $(1 - \pi_W)(1 - r_W)$ 與 $(1 - \pi_O)(1 - r_O)$ 分別為書面契約與口頭契約不被履行機率。因此，如果口頭契約的違約機率超過書面契約，則履約收入愈大時，立約人選定書面契約的意願愈強；反之，履約收入愈小時，選訂書面契約的意願愈弱。

結合以上五個結果以及式 4，我們得到：當書面契約的訂約成本高於口頭契約時，唯有書面契約防避糾紛與違約的力量夠大，或節省的執行成本夠多，理性的立約人才可能選擇書面契約。

附錄 4-1：定額租與定率租之下的自、佃耕農場利潤極大的條件

正文中提及，根據傳統的邊際分析法，農場的經營效率與租佃制度採用定額租或定率租有關。假設農場只使用土地及勞動兩種要素，若採行定額租制度，佃農繳給地主的地租是每甲地 $Rent^T$ 元，而所租地面積為 A^T 甲，則利潤函數如下所示：[421]

$$\pi^T = P_R^T * f^T(A,L) - W^T L^T - Rent^T A^T$$

式中上標的 T 代表佃農，$f(A,L)$ 為生產函數，A 及 L 為投入的土地及勞動，P_R 為所面臨之產出的價格，W 為所面臨的工資。佃農利潤極大的必要條件為：

$$\frac{\partial \pi^T}{\partial L^T} = P_R^T * MP_L^T - W^T = 0$$

$$W^T = P_R^T * MP_L^T \qquad (5)$$

而若是自耕農，則其利潤函數為：

$$\pi^O = P_R^O * f^O(A,L) - W^O L^O - r^O * P_A^O * A^O$$

式中上標的 O 代表自耕農，r 為所面臨的利率，而 P_A 為所面臨的

---

[421] 此處所謂的勞動代表土地以外的其他因素，因此可以是肥料，也可以是灌溉用水或是農具等投入。

土地價格。自耕農利潤極大的條件為：

$$\frac{\partial \pi^O}{\partial L^O} = P_R^O * MP_L^O - W^O = 0$$

$$W^O = P_R^O * MP_L^O \tag{6}$$

　　若是採行定額租制度，則式 6 自耕農場與式 5 佃耕農場利潤極大的均衡條件式相同，如果兩種農場的生產函數相同（則 $MP_L^O = MP_L^T$），而且 $P_R^O = P_R^T$ 及 $W^O = W^T$，則使利潤極大的勞動雇用量，無論是自耕或是佃耕都相同。而且在這種情況之下，自、佃耕農場的配置效率及調整利潤成本比，亦即 $\frac{\pi'}{WL}$ 也會相同。其中，自耕農的調整利潤為 $\pi'^O = \pi^O - r^O * P_A^O * A^O$，而佃農調整利潤則為 $\pi'^T = \pi^T - Rent^T * A^T$。

　　然而，如果是定率租，且租率為 δ^T，則佃農的利潤函數變成為：

$$\pi^T = P_R^T * f^T(A, L) - W^T L^T - \delta^T * P_R^T * f^T(A, L)$$

所以利潤極大的條件為：

$$\left(1 - \delta^T\right) P_R^T * MP_L^T = W^T \tag{7}$$

　　可見，若採用定率租，則式 7 佃農與式 6 自耕農利潤極大的均衡條件式不同。因此，若採行的是定率租制度，達到配置效率的條件不同，而使利潤極大的勞動雇用量，自、佃耕農場分別是 L_1 及 L_2，而如果 $Rent^T * A^T \neq \delta^T * P_R^T * f^T(A, L)$，則自、佃耕農均衡的調整成本（$WL$）不相等，調整利潤也不同，因此調整利潤成本比也不相等。

附錄 4-2：效率之意義與衡量

效率分為技術效率與配置效率。而之所以發生技術上的無效率，也就是說一個農場的實際產出（Q）之所以偏離生產函數（$f(X)$），若以隨機性生產邊界模型作為出發點，乃同時肇因於氣候等農場主無法控制之隨機性因素，與經營不善等農場主可以控制之技術不效率因素。在隨機性生產邊界模型中，Q、$f(X)$、與各誤差項之間的關係可以設定如下：

$$Q = f(X)e^{\varepsilon}$$

$$Q = f(X)e^{(\upsilon - u)}.$$

式中 X 為投入組合，v 為隨機誤差項，而 u 為技術誤差項。在估計迴歸式時，誤差項的機率分配一般分別假定為：

$$v \sim N\left(0, \sigma_v^2\right)$$

$$u \sim N^+\left(0, \sigma_u^2\right)$$

在上述的模型中，農場 j 的技術效率值，即 TE_j，定義為：

$$TE_j = e^{-\hat{u}_j} = Q_j / \left(\hat{Q}_j e^{\hat{v}_j}\right)$$

式中 Q_j 為農場 j 某一投入組合下的實際產出，$\hat{Q}_j$ 為相同投入下最有效率的產出。而從 u 為半常態分配的假設中，Lee and Tyler 推演出

母體技術效率平均值如下：[422]

$$EFF = E\left(e^{-\hat{u}_j}\right) = 2 \exp\left(\hat{\sigma}_u^2 / 2\right)\left[1 - F^*\left(\hat{\sigma}_u\right)\right]$$　　　（8）

式 8 中的 F^* 為標準常態分配之累積分配函數。

Jondrow 等人則推演出個別農家技術效率值的估計式。[423] 首先推導 j 農場之條件預期技術無效率值如下：

$$E\left(u_j / \varepsilon_j\right) = \frac{\hat{\sigma}_u \hat{\sigma}_v}{\hat{\sigma}} \left(\frac{f^*\left(\hat{\varepsilon}_j\right)\hat{\lambda} / \hat{\sigma}}{1 - F^*\left(\hat{\varepsilon}_j\right)\hat{\lambda} / \hat{\sigma}} - \frac{\hat{\varepsilon}_j \hat{\lambda}}{\hat{\sigma}} \right)$$

式中 $\hat{\sigma}^2 = \hat{\sigma}_u^2 + \hat{\sigma}_v^2$，$\hat{\lambda} = \hat{\sigma}_u / \hat{\sigma}_v$，$f^*$ 及 F^* 分別為標準常態分配之機率密度函數及累積分配函數。接著利用 $E\left(u_j / \varepsilon_j\right)$，導出農場 j 之技術效率值如下：

$$TE_j = e^{-u_j} = e^{E(u_j / \varepsilon_j)}$$　　　（9）

TE_j 之值介於 0 與 1 之間。當 $TE_j = 1$ 時，農場 j 具有 100% 的技術效率；反之，若 $TE_j = 0$，則表示農場 j 之技術效率程度為 0%。

至於配置效率，在完全競爭的市場中，當一個生產者所選擇之投入組合，能使各投入的邊際產值（value of marginal product，VMP）都等於投入的價格，則稱此一農場具有完全（或 100%）的配置效率

[422] Lee, L.F. and Tyler, W.G., "The stochastic frontier production function and average efficiency: an empirical analysis," *Journal of Econometrics* 7（1978）, pp.385-389。

[423] Jondrow, J., Lovell, C.A.K., Materov, I.S. and Schmidt,P, "On the estimation of technical inefficiency in the stochastic frontier production function model," *Journal of Econometrics* 19（1982）, pp.233-238。

（allocative efficiency）。以下根據這個條件，定義配置效率係數。

如果農場使用 I 種投入，栽植一種作物，則達到完全配置效率的條件為：

$$P \times MP_i = W_i \forall i = 1, 2, \cdots, I.$$

式中下標 i 是投入，P 是作物產出價格，MP 是邊際產量，W 是投入因素之價格。依據上式，我們可將 AE 定義為：

$$AE_i = \frac{P \times MP_i}{W_i} = \frac{VMP_i}{W_i}, \forall i = 1, 2, \cdots, I. \tag{10}$$

在式 10，P 及 W_i 之值皆為正號，所以 AE_i 的正負決定於 MP_i。在合理的生產階段，MP_i 大於 0，因此 AE_i 的值域也大於 0。

若農場 j 所使用的各種投入量皆得以使 AE_i^j 等於 1，則本書定義農場 j 具有 100% 的配置效率。反之，若所有的 AE_i^j 皆不等於 1，則農場 j 完全不具有配置效率。有了配置效率係數，我們可以比較兩個農場，例如佃耕（t）與自耕（o）的配置效率程度如下：

當 $\left| AE_i^t - 1 \right| \begin{matrix} > \\ = \\ < \end{matrix} \left| AE_i^o - 1 \right|, \forall i = 1, 2, \cdots, I,$

則佃耕農場之配置效率 $\left\{ \begin{matrix} 低於 \\ 等於 \\ 高於 \end{matrix} \right.$ 自耕農場。

然而，如果在使用某些投入時，$\left| AE_i^t - 1 \right|$ 之值大於 $\left| AE_i^o - 1 \right|$ 之值，但是在使用另一些投入時，$\left| AE_i^t - 1 \right|$ 之值卻小於 $\left| AE_i^o - 1 \right|$ 之值，則無法分辨佃耕農場與自耕農場何者較具配置效率。

附表 2-1　1920 年前夕各州租佃糾紛的程度、場合、或原因

地區別	程度	場合或原因
臺北州		
臺北市	少	
七星郡	少	租穀乾燥不充分、天災地變收穫減少、欠租之際。
淡水郡	少	利己主義流行，糾紛漸增加。
基隆郡	少	
宜蘭郡	少	近時權利思想發達、在天災地變、病蟲害及為減免地租之際。
羅東郡	少	天災地變收穫減少，也要納足地租以及欠租之際。
蘇澳郡	少	
文山郡	少	
海山郡	少	近來由於時勢的演進、米價工資的昂騰、經濟觀念上欲望增加及地主年年提高地租；另一方面，苦力工資昂騰，佃農乃有相應之不當要求。
新莊郡	原本很少，現增加	近來由於時勢的進步及經濟的變動，糾紛有增加的傾向。例如在變更佃農時，舊佃農不納地租；地主任意轉租，佃農因而不讓出土地；地主常有提高地租之意等場合下。
新竹州	無大糾紛，但小糾紛不絕	近年民度向上，權利義務的觀念顯著發達，佃農與地主感情有惡化之勢。
臺中州		
臺中市	原本很少，現增加	近來由於水田蔗作的實現及臺中市街的發展，造成耕地不足；加以最近幾年間異常的經濟現象，促使佃農競爭更激烈，因而業佃糾紛增加。當地主預約出租卻又違約；佃農無不法行為，卻遭中途解約；天災地變，地主卻不答應減免地租；欠租遭致地主橫暴催租之際。佃農租穀乾燥不足；無任何理由，卻要求減免地租；未與地主商談，卻任意變更耕地的場合。
大屯郡	同臺中市	同臺中市。
東勢郡	無糾紛	
豐原郡	少	隨著經濟的變遷及文物的推移，業佃融和的風氣漸落。尤其是 1918 及 1919 年間，農產品價格暴漲之際，佃農競相擴大租地，地主則乘機抬高地租，因而引發各種糾紛。以後當經濟平穩下來後，業佃又恢復融和的關係。
大甲郡	很少	租穀不良、欠租或違背契約條件。
彰化郡	無	
員林郡	無	
北斗郡	原本無，現在有	由於世界的前進，缺乏德義的風氣漸濃，在經濟狀況及物價不穩定時，便有糾紛產生。地主中途提高地租；地主買賣出租地，無視於佃農的權利；物價下跌，佃農逼迫地主減租。
南投郡	無	
竹山郡	無	
新高郡	少	業、佃之間沒有信用；佃農耕作不力或貪於眼前利益，兼任非農工作；佃農要求減租，地主不應允。不過在大部分的場合，引起這種紛擾的事情很少。
能高郡	無	

附表 2-1（續）

地區別	程度	場合或原因
臺南州	原來少，現增加	臺南州原來少，現增加。業佃真融和者不少，但是有些地主在天災地變之際，不減免地租，近來伴隨時代的變遷，地主與佃農間的美好情誼已逐漸喪失，故雙方之間小糾紛遂不絕。不過還未出現日本那種佃農團結逼迫地主減租之事。
高雄州	原來無，現在有	地主或佃農不履行契約而起糾紛之事從前沒有。一般佃農尊重租佃契約或地主的意志，欠租或耕地破壞之事很少；地主也時時響應佃農，或貸與肥料。釀成糾紛的場合有以下數種：因天災其他事故而減收的場合，佃農要求輕減地租，但地主多不應允，招致佃農的惡感；地主以公課高及物價貴為名，提出增租要求，若不應允，便轉而將土地出租給他人

資料來源：臺灣總督府殖產局，《各州小作慣行調查》（臺北：該局，1926），頁 66-69，128，235-240，311-312，365-367

附表 2-2　1920 年前夕各州租約的訂立方式

州郡別	契約樣式
臺北州	
臺北市 *	以口頭契約為多，但近年來隨著物價及耕地之騰貴，地租也昂騰，故地主佃農移動頻繁；且地主與佃農知識提高，擔憂日後不履行契約，為求確實起見，近時行要式契約及正式登記者漸多 **。
七星郡	多口頭契約。
淡水郡 *	向來多口頭契約，近來已有要式契約 **，也有少數經登記。
基隆郡 *	向來少有契約書，近來要式契約書增加 **。
宜蘭郡 *	口頭契約最多，但近時權利思想發達，要式契約漸增 **，口頭契約限於佃農有信用者
羅東郡	以製作契約書，地主佃農各持一份為普遍，但若雙方關係親密、有親族關係或佃農有信用的場合，則行口頭契約或略記要項於地主的佃簿中 **，再署名蓋印於上；然水田三甲，而旱田五甲以上的租賃，以作契約書為常。
蘇澳郡	契約書只行之於大會社或林本源出租地，租期二年。
文山郡 *	向來口頭契約占 80%-90%，但近來物價騰貴、地租上漲、佃農更動頻繁，故書面契約逐年增加，已達 40% 左右。
海山郡	口頭契約占了 90%，要式契約只行之於地主與佃農之間無充分了解的場合 **。
新莊郡	一般水田及旱田的場合訂口頭契約。茶園的場合，租期短者行口約，長者採書約，少數的情況採租佃登記。
新竹州	採行口約與證書契約二種。也有很少數的情況下，採行租佃權登記，不過口約漸減少，證書契約漸增加；口約式相約在高燥地或水利不充分的地方特別多。
桃園郡	口約為主，占 60%。
大溪郡	口約占 70%，證書 30%
中壢郡	口約為主，但長期契約或地主遠隔的場合，則以證書立約。
新竹郡	湖口及紅毛等高燥地、舊港及香山等海岸地方以口約為主，其他地方以證書為主。
竹東郡 *	以證書契約為多。
苗栗郡	通庄及四湖兩庄以口約為主，其他地方幾乎都行證書契約，唯親族關係或與地主有私交者，才行口約。
大胡郡	水田以證書契約為主，旱田則以口約為慣例。
竹南郡	水田及旱田都以口約為主，證書契約只占 20%-30%。
臺中州	
臺中市	口約為主，原來幾乎無書式，直至帝國製糖會社之佃耕契約開始以來，比較有識之地主才採用書約。口約是從清國以來一直流行的舊習慣。
大屯郡	原以口約為主，近年來出現製糖會社的契約法以後，證書契約才漸多，口約是很久以來的舊習慣。
東勢郡	以口約為主，只有製糖會社才用要約式契約 **。
豐原郡	同東勢郡。
大甲郡 *	多口約，近年社會制度複雜，成文契約才增加。近年來口頭契約產生種種紛爭，大地主因而多用成文契約。

附表 2-2（續）

州郡別	契約樣式
彰化郡 *	口約占 80%，近年來書面契約漸多，遠距離或市街地主多採書面契約。
員林郡	特別契約、會社企業、胎權、典權、借地等複雜關係才行登記或書式契約，大部分的租佃契約都行口約。
北斗郡 *	以口頭約定為多，近時權利思想發達才出現種種契約樣式。
南投郡 *	以口頭約定為多，從來無要式契約，最近各地才開始採要式契約 **。
新高郡 *	迄數年前都無書面契約，近年物價上漲，書面契約才漸增加。
能高郡	只有口約。
臺南州 *	新營郡、北港郡、以及臺南市地區，近年來書面契約漸多。
高雄州	現今採行口約及證書契約二樣，也有少許場合進行租佃權設定登記。口約占 82.4%，書約行之於會社所有地及其他特殊慣行的場合。
高雄郡	口約 90%。
岡山郡	口約 82%，書約只限於阿蓮庄及岡山庄的一部分。
鳳山郡	口約 90%，書約只行於會社對個人的租佃關係之中。
旗山郡	普通慣行全部口約，特殊慣行全部書約。
屏東郡	口約 75%。
湖州郡	口約 20%，書約 80%。但枋寮、萬巒全部行口約。
東港郡	口約 61%。
恆春郡	普通慣行幾乎都行口約，特殊慣行則全部採書約。
澎湖郡	全部口約。

註　　解：* 表示近年書面契約才漸多；** 要式契約是一種內容比較簡略的書面契約。

資料來源：臺灣總督府殖產局，《各州小作慣行調查》（臺北：該局，1926），頁 4-7，100-101，154-171，312-317，324-326。

附表 2-3 高雄州各地區各樣式租約之百分比

地區別	業佃會書式	其他書式	口頭式	地區別	業佃會書式	其他書式	口頭式
高雄市	30	55	15	岡山郡湖內	72	10	18
岡山郡岡山	61	0	39	岡山郡彌陀	76	0	24
岡山郡楠梓	89	0	11	岡山郡左營	75	10	15
岡山郡燕巢	61	0	39	鳳山郡鳳山	60	10	30
岡山郡田寮	64	0	36	鳳山郡小港	99	0	1
岡山郡阿蓮	40	60	0	鳳山郡林園	61	0	39
岡山郡路竹	50	30	20	鳳山郡大寮	69	10	21
鳳山郡大樹	77	10	13	潮州郡潮州	98	0	2
鳳山郡仁武	56	0	44	潮州郡萬巒	72	15	13
鳳山郡鳥松	65	0	35	潮州郡內埔	58	30	12
旗山郡旗山	90	0	10	潮州郡竹田	58	0	42
旗山郡美濃	90	0	10	潮州郡新埤	88	0	12
旗山郡六龜	85	0	15	潮州郡枋寮	65	5	30
旗山郡杉林	66	0	34	潮州郡枋山	51	0	49
旗山郡甲仙	82	0	18	東港郡東港	90	5	5
旗山郡內門	80	0	20	東港郡新園	91	0	9
屏東市	72	0	27	東港郡萬丹	78	0	22
屏東郡長興	86	0	14	東港郡林邊	85	0	15
屏東郡鹽埔	81	0	19	東港郡佳冬	77	0	23
屏東郡高樹	90	0	10	恆春郡恆春	99	0	1
屏東郡里港	99	0	1	恆春郡車城	99	0	1
屏東郡九塊	95	5	0	恆春郡滿州	96	0	4

資料來源：臺灣總督府殖產局，《臺灣に於ける小作慣行，其の四高雄州管內》（臺北：該局，1941），頁 2-3。

附表 2-4　1920 年前夕各州的租期

地區別	租約期間
臺北州	
臺北市	水田：口頭約定者地主與佃農相互商談隨意解約；書式契約以 3 年為一限，也有 9-12 年者。 旱田：普通是一年。
七星郡	三年為通例，也有 6，9，12 年者。
淡水郡	水田：5-15 年為普通；40-50 年也有，但比較少。 茶園：7-15 年為普通；30-50 年也有。
基隆郡	無一定的期間，以 1-3 年為普通；4-30 年也有，但少。
宜蘭郡	三年稱為一佃，普通以二佃為最多；旱田中的果樹園以三至四佃為多；佃農信用好者，繼續數十年者不少。
羅東郡	以三年為最普遍，6，9，12，15 年者也有。
蘇澳郡	2-3 年最普通。
文山郡	以一限 3 年最普通；6 年以上者也有，但少。 茶園及果樹園以 20-30 年為多，而且一概採用要式契約。
海山郡	水田：以稱為一限 3 年為普通；10 年者也有，但少。 旱田：年年約定，但也有 5，10，15 年；蕃地一般是 20 年。
新莊郡	水田：1，3，5，10，20 都有，但以 1-2 年最多；不過，1-2 年者多是口頭租約。 旱田：多 1-2 年，以口約，短期契約不訂書面租約，但立認耕人；柑橘園 15，20，30 年，且訂有書面契約；既成茶園以 1，2，3 年最多，少有做成長期契約書者。
新竹州	口頭契約一般不定限期，概屬於現年贌耕的形式，業佃得以隨時相互解約。 然而佃農若無背馳地主之意，而能獲取地主之信賴者，租佃關係往往持續一代之久。
桃園郡	3 或 5 年；10 年以上者有，但少。口約為 1 年契約，但實際上多延續二、三十年者。
中壢郡	5 年為普通，但也有 15 年者。口約只一年。
新竹市	5 年最多。
竹東郡	書式契約：長者 10 年，短者 3 年；但以 5 年為普通。 口頭契約：不定，按雙方意志而定。
竹南郡	有 3，5，8，10，20 年；口頭契約以 5 年者最多；書式契約以 10 年者最多。
苗栗郡	長者 5 年，短者 3 年。
大湖郡	最長 10 年，最短 3 年；以 2-5 年為通例。但近些年來見到為縮短期間，且不訂期限。
臺中州	
臺中市	最短者 1-3 年；普通 5，6-7，8 年；永年者百人中二、三人。
大屯郡	普通 3-5、6 年，依佃人之信用及其與地主之關係而定。
東勢郡	一般無確定期限，概依契約樣式，地主對佃人得以相互隨時解約。
豐原郡	普通佃人間的贌耕契約幾乎不定期間，業佃無特別事情突發，乃都永久贌耕。 向會社租來的地，以 6 年為普通，而且以正式文書締結；普通佃人間的贌耕 10 年，20 年或從祖先傳來繼續佃耕者不少，但製糖會社的大贌耕開始及米價昂貴以來，此種風氣漸破壞。

附表 2-4（續）

地區別	租約期間
大甲郡	書式契約：多定期，2-5 年為普通。 口頭契約：若無違反地主之意志者，多永年；但若違反地主意志，隨時解約。
彰化郡	口頭契約：1-2 年。書式契約：4，5 年至 10 年。
員林郡	不一定。
南投郡	書式契約：普通作物為 3-6 年，特殊作物為 10-20 年。口頭契約：1 年，但若不違反地主意志，持續一代者不少。
竹山郡	書式契約：4 年；口頭：不定。
臺南州	最短者 1 年，最長者長達 20 至 30 年，不過普通是 2 年乃至數年。
高雄州	定期租佃契約以 5 年最多，1 年、3 年，10 年者次之，而一作及永佃者不多。一作的地方僅限於河川流域等雨期水害的地方，這些地方的乾燥期只從 10 月起，到次年的 4 月為止，因此僅能一作。
高雄郡	1-3 年；一作，5 年，10 年，永久者很少。
岡山郡	1，3，4，5 年；一作及 5 年以上者無。
鳳山郡	1，2，3 年為普遍；5-10 年也有，但不多。
旗山郡	1，2，3，4，5 年皆有；5 年者最多；一作及永久者少。
潮州郡	5 年最多；4，3，2，1 年及一作者次之；永久契約者多。
東港郡	5 年最多；也有 1，2，3，4 年；但無永久契約。
屏東郡	5 年最多；1，2，3 年者很少；無永久契約。
恆春郡	5-10 年最多；以下依次為 1 年，2 年及一作。
澎湖郡	1 年，年年更新。

資料來源：臺灣總督府殖產局，《各州小作慣行調查》（臺北：該局，1926），頁 5-19，115-116，155-174，284，338-341。

附表 3-1　臺南州北港郡業佃之間蔗作經營費及收穫物的分配

A. 經營費的負擔　項目	北港街			元長庄	水林庄		四湖庄	口湖庄
	I	II	III		I	II		
1、全部地主負擔								
土糞及人糞尿購入金	V	V	V	-	-	-	-	-
土地稅及其他稅課	-	V	-	V	-	V	V	V
嘉南大圳水租：								
特別賦課金	-	V	-	V	V	-	V	V
賦課金	-	V	V	V	-	-	V	V
維持費	-	V	-	-	V	-	V	V
2、全部佃農負擔								
耕種勞力	V	V	V	V	V	V	V	V
土糞及人糞尿運搬	V	V	V	-	-	-	-	-
其他勞力	-	V	-	-	-	-	-	-
捆束用竹線	-	V	-	-	-	-	-	-
嘉南大圳水租：								
特別賦課金	-	-	-	-	-	-	-	-
賦課金	-	-	-	-	-	-	-	-
維持費	-	-	V	V	-	-	-	-
自給堆肥	-	-	-	-	-	-	-	-
3、業佃折半負擔								
綠肥種子	V	V	V	V	V	V	V	V
蔗苗	V	V	V	V	V	V	V	V
購入肥料支出	V	V	V	V	V	V	V	V
其他勞力	V	-	V	V	V	V	V	V
捆束用竹線	V	-	V	V	V	V	V	V
土地稅及其他稅課	V	-	V	-	V	-	-	-
嘉南大圳水租：								
特別賦課金	V	-	V	-	-	V	-	-
賦課金	V	-	-	-	V	V	-	-
維持費	V	-	-	-	-	V	-	-
其他的現金實物	-	-	-	V	-	-	-	-
B. 收穫物的分配								
1、業佃各分一半								
甘蔗出售金	V	V	V	V	V	V	V	V
蔗葉	-	-	-	-	-	-	-	-
2、佃農全部獨得								
蔗尾	V	V	V	V	V	V	V	V
蔗葉	V	V	V	V	V	V	V	V

資料來源：臺灣總督府殖產局，《臺灣に於ける小作事情と其の改善施設》（臺北：該局，1936），頁 41-42。

附表 3-2　臺南州北港郡業佃之間花生與甘藷經營費及收穫物的分配

A. 經營費的負擔	項目	北港街	水林庄	四湖庄			口湖庄	
				I	II	III	I	II
1、全部地主負擔								
	土地稅及其他稅課	V	-	V	V	V	V	V
	嘉南大圳水租：							
	特別賦課金	V	V	V	V	V	V	V
	賦課金	V	-	V	V	V	V	V
	維持費	V	V	V	V	-	V	V
2、全部佃農負擔								
	耕種勞力	V	V	V	V	V	V	V
	種苗	-	-	V	-	V	V	-
	購入肥料支出	-	-	V	-	-	-	-
	自給堆肥	-	-	-	-	-	V	V
3、業佃折半負擔								
	種苗	V	V	-	V	-	-	V
	購入肥料支出	V	V	-	V	V	-	V
	地稅及其他稅課	-	V	-	-	-	-	-
	嘉南大圳水租：							
	特別賦課金	-	-	-	-	-	-	-
	賦課金	-	V	-	-	-	-	-
	維持費	-	-	-	-	-	-	-
B. 收穫物的分配								
業佃各分一半								
	收穫作物	V	V	V	V	V	V	V
	蔓	V	V	V	V	V	V	V

資料來源：臺灣總督府殖產局，《臺灣に於ける小作事情と其の改善施設》（臺北：該局，
　　1936），頁 43。

附表 3-3　臺南州北港郡業佃之間稻作經營費及收穫物的分配

A. 經營費的負擔	項目	北港街	元長庄	水林庄 I	水林庄 II
1、全部地主負擔					
	土地稅及其他稅課	V	V	-	V
	嘉南大圳水租：				
	特別賦課金	V	V	V	V
	賦課金	V	V	-	-
	維持費	V	-	V	V
2、全部佃農負擔					
	耕種勞力	V	V	V	V
	種苗	-	-	-	-
	自給堆肥	-	-	-	-
	嘉南大圳水租：				
	特別賦課金	-	-	-	-
	賦課金	-	-	-	-
	維持費	-	V	-	-
3、業佃折半負擔					
	種苗	V	-	V	V
	購入肥料支出	V	-	V	V
	地稅及其他稅課	-	-	-	-
	嘉南大圳水租：				
	特別賦課金	-	-	-	-
	賦課金	-	-	V	-
	維持費	-	-	-	-
	其他的現金實物	V	V		
B. 收種物的分配					
1、業佃各分一半					
	稻穀	V	V	V	V
	稻草	V	-	-	-
2、佃農全部獨得					
	稻草	-	V	V	V

資料來源：臺灣總督府殖產局，《臺灣に於ける小作事情と其の改善施設》（臺北：該局，1936），頁 44-45。

附表 3-4　各地地租的決定因素

臺北州	水田的地租：以收穫量為基準，還考慮耕作的難易及鄰地的地租。此外，有些地區，還考慮對人的因素，例如佃農如果是好朋友或是親戚的話，地租比較低。 新開墾水田：若是由地主開墾，則在前 3-5 年之間，採行定率租；若是佃農開墾的場合，則前 3-5 年間免地租，其間地主調查收穫量，以調查的收穫量為基礎，以後則採行定額地租。 旱田的場合：附屬於水田的旱田，在不少地方是免徵地租，而在獨立租佃旱田的地方，普通是以旱田的買賣價格的 10% 為基準；或者是年收穫量的 30% 為準。 既成茶園：有些地方以春茶收穫期粗茶製茶量及該年的茶價為基礎，有些地方則以種植茶樹的數目及該年的茶價為準，再參考茶樹的品種；另外也有些地方，以總收穫量的 10% 為定。 造成茶園：則在最初 3-6 間免地租，以後則以種植的茶樹數目為基準。 造成果園：有些地區是比照普通旱田行定額租；也有些地區是到有收穫為止不需納地租，有收穫之後行定率租，收穫物地主與佃農各分一半，在這種場合之下，肥料金額也由地主與佃農各付一半。
新竹州	一般水田：與臺北州相同，而新開墾田由地主開墾的場合，則在前 2-5 年之間，行定率租；而佃農開墾的場合，與臺北州相同。 旱田的場合：附屬於水田的旱田，在不少地方是免徵地租，而在獨立租佃旱田的地方，普通是以收穫量的 20%-30% 為準。 既成茶園：以種植茶樹的數目品種及茶價為基礎。 造成茶園：則在最初 3-5 年間免地租，以後則種植的茶樹數目為基礎。 既成果園：這種情形很少。 造成果園：這種情形較多，一般是由佃農種植新柑橘、柿、鳳梨等的造成新果園。 在造成果園的情況下，少數是苗木、肥料、勞力由佃農負擔，在這種此場合之下，地租的決定比照普通旱田；大多數的情況是由地主負擔苗木或者是地主負擔苗木及肥料的一部分，而在此場合下，則到有收穫為止，免地租，以後則以收穫物的一半或是 40% 作為地租。
臺中州	水田的地租：一般是以收穫量及過去的地租為基準，此外還考慮耕作的難易、鄰地的地租。 新開墾田：與新竹州相同。 旱田的場合：與新竹州相同。 果樹園：其基本地目的地租比照一般的地租。
高雄州	水田地租：與臺中州相同。 新開墾田的場合：與臺中州相同。 旱田的地租：與新竹州相同。 芭蕉園及鳳梨園的地租：少數由佃農自行新開墾，苗木、肥料等一切費用都由佃農自行負擔者，其地租比照普通旱田；但是地主負擔一部份或全部的苗木、肥料的場合，則在最初的 3-5 年內，以行定率租為最普通。
臺東廳與花蓮港廳	地租以過去的地租為主，再參考佃耕地的生產力、水利交通的方便與否、鄰地同類地的地租、押租金之有無。 新開墾的場合以定率租為主，佃農開墾的場合，幾年之間免租，其間以地主調查的收穫量為基礎，以後則以收穫量之高低為準。

資料來源：臺灣總督府殖產局，《臺灣に於ける小作慣行，其の二新竹州管內》（臺北：該局，1933），頁 35-38；臺灣總督府殖產局，《臺灣に於ける小作慣行，其の三臺中州管內》（臺北：該局，1935），頁 35-38；臺灣總督府殖產局，《臺灣に於ける小作慣行，其の四高雄州管內》（臺北：該局，1941），頁 34-35；臺灣總督府殖產局，《臺灣に於ける小作慣行，其の五臺東廳、花蓮港廳管內》，（臺北：該局，1941），頁 19-20；臺北州勸業課，《臺北州の小作事情と其の改善施設概要》（臺北：該課，1937），頁 43-45。

參考文獻

史料

日本勸業銀行臺北支店

　　1925《第一回臺灣田畑賣買價格及收益調（大正十四年六月）》。
　　　　臺北：日本勸業銀行臺北支店。

日本勸業銀行調查課

　　1937《臺灣に於ける田畑收益利迴調（昭和十二年四月現在）》
　　　　東京：日本勸業銀行調查課。

　　1938《臺灣に於ける田畑收益利迴調（昭和十三年四月現在）》
　　　　東京：日本勸業銀行調查課。

內政部

　　2002〈耕地三七五減租條例〉，收於《全國法規資料庫》。臺北：
　　　　內政部。

高雄州內務部勸業課

　　1933《小作ニ關スル調查附農政資料》。高雄：高雄州。

陳金田（譯）

　　1990《臨時臺灣舊慣調查會第一部調查第三回報告書臺灣私法
　　　　（第一卷）》。臺中：臺灣省文獻會。

新竹州

　　1932《小作料に關する調查》。新竹州：新竹州勸業課。

　　新竹州農會

　　1931《新竹州小作慣行改善事業概況》。新竹：新竹州農會。

臺中州

　　1938《小作改善事業概要》。臺中：臺中州。

　　1941《臺中州に於ける小作料》。臺中：臺中州。

臺中州內務部勸業課

　　1925《農政資料第一輯：小作料、小作期間並ニ小作權ニ於スル
　　　　調查》。臺中：臺中州內務部勸業課。

臺中州農會

　　1925《主要農作物收支經濟調查》。臺中：臺中州農會。

臺北州內務部勸業課

　　1932《業佃會員事業成績》。臺北：臺北州內務部勸業課。

　　1934《小作改善事業概要》。臺北：臺北州內務部勸業課。

　　1936《小作改善事業概要》。臺北：臺北州內務部勸業課。

　　1937《臺北州の小作事情と其の改善施設概要》。臺北：臺北州
　　　　內務部勸業課。

　　1940《小作改善事業概要》。臺北：臺北州內務部勸業課。

臺南州農會

　　1931《臺南州下ニ於小作問題ニ關スル資料》。臺南：臺南州農
　　　　會。

臺灣省文獻委員會（編）

　　1972《臺灣省通志政事志衛生篇》。臺中：臺灣省文獻會。

臺灣省行政長官公署

　　1946《臺灣省五十一年來統計提要》。臺北：臺灣省行政長官公

署。

臺灣省農林廳

1951《民國三九年第二期作稻穀生產收支經濟調查報告書》。臺
北：臺灣省政府農林廳。

1951《民國四十年第一期作稻穀生產收支經濟調查報告書》。臺
北：臺灣省政府農林廳。

1952《農家經濟調查報告書》。臺北：臺灣省政府農林廳。

1952《臺灣農業年報》。臺北：臺灣省政府農林廳。

1953《農家經濟調查報告書：蔗作農家》。臺北：臺灣省政府農
林廳。

臺灣省糧食局

1959《臺灣糧食統計要覽》。臺北：臺灣省政府糧食局。

臺灣省糧食局肥料運銷處

1964《肥料手冊》。臺北：臺灣省糧食局肥料運銷處。

臺灣農友會

1928《臺灣に於ける小作問題に關する資料》。臺北：臺灣農友
會。

臺灣銀行調查部鑑定課

1944《本島田畑買價格及小作料調》。臺北：臺灣銀行調查部鑑
定課。

臺灣總督府財務局

1937《臺灣金融年報》。臺北：臺灣總督府財務局。

臺灣總督府民政部殖產課

1899《臺北縣下農家經濟調查書》。臺北：臺灣總督府民政部殖
產課。

臺灣總督府法務部

1943 《臺灣司法一覽》。臺北：臺灣總督府法務部。

1944 《臺灣司法一覽》。臺北：臺灣總督府法務部。

臺灣總督府殖產局

1916 《耕地賣買價格小作料公課及收益に關する調查》。臺北：臺灣總督府殖產局。

1919 《臺灣農作物經濟調查》。臺北：臺灣總督府殖產局。

1920 《耕地賣買價格小作料公課及收益に關する調查》。臺北：臺灣總督府殖產局。

1920 《臺灣農家經濟調查第一報》，收於農業基本調查書第一。臺北：臺灣總督府殖產局。

1921 《耕地分配及經營調查》，收於農業基本調查書第二。臺北：臺灣總督府殖產局。

1921 《臺灣之農具》。臺北：臺灣總督府。

1922 《臺灣農業年報（大正十年）》。臺北：臺灣總督府殖產局。

1923 《臺灣農家經濟調查第二報》，收於農業基本調查書第五。臺北：臺灣總督府殖產局。

1923 《臺灣農業年報（大正十一年）》。臺北：臺灣總督府殖產局。

1926 《各州小作慣行調查》。臺北：臺灣總督府殖產局。

1926 《臺灣米概要》。臺北：臺灣總督府殖產局。

1927 《主要農作物經濟調查其ノ一（水稻）》，收於農業基本調查書第十一。臺北：臺灣總督府殖產局。

1927 《主要農作物經濟調查其ノ三（水稻）》，收於農業基本調查書第十三。臺北：臺灣總督府殖產局。

1928 《主要農作物經濟調查其ノ六（水稻）》，收於農業基本調查書第十六。臺北：臺灣總督府殖產局。

1928 《主要農作物經濟調查其ノ九（水稻）》，收於農業基本調查書第十九。臺北：臺灣總督府殖產局。

1928 《主要農作物經濟調查其ノ五（茶）》，收於農業基本調查書第十五。臺北：臺灣總督府殖產局。

1929 《臺灣農業年報（昭和三年版）》。臺北：臺灣總督府殖產局。

1929 《主要農作物經濟調查其ノ十二（甘蔗）》，收於農業基本調查書第二十二。臺北：臺灣總督府殖產局。

1929 《主要農作物經濟調查其ノ十三（甘蔗）》，收於農業基本調查書第二十三。臺北：臺灣總督府殖產局。

1929 《主要農作物經濟調查其ノ十（茶）》，收於農業基本調查書第二十。臺北：臺灣總督府殖產局。

1929 《臺灣糖業統計（昭和四年版）》。臺北：臺灣總督府殖產局。

1930 《臺灣ニ於ケル小作問題ニ關スル資料》。臺北：臺灣總督府殖產局。

1930 《臺灣に於ける小作事情と其の改善施設》。臺北：臺灣總督府殖產局。

1930 《耕地賃貸經濟調查其ノ一》，收於農業基本調查書第二十五。臺北：臺灣總督府殖產局。

1930 《耕地賃貸經濟調查其ノ二》，收於農業基本調查書第二十六。臺北：臺灣總督府殖產局。

1930 《臺灣の農業》。臺北：臺灣總督府殖產局。

1931 《臺灣に於ける小作慣行，其の一臺北州管內》。臺北：臺灣總督府殖產局。

1931 《米生產費調查其ノ一（昭和五年第二期作）》，收於農業基

本調查書第二十七。臺北：臺灣總督府殖產局。

1932《本島小作改善事業成績概要》。臺北：臺灣總督府殖產局。

1932《米生產費調查其ノ二（昭和六年第一期作）》，收於農業基本調查書第二十八。臺北：臺灣總督府殖產局。

1933《臺灣に於ける小作慣行，其の二新竹州管內》。臺北：臺灣總督府殖產局。

1933《臺灣糖業統計（昭和八年版）》。臺北：臺灣總督府殖產局。

1934《本島小作改善事業成績概要》。臺北：臺灣總督府殖產局。

1934《農家經濟調查其ノ一》，收於農業基本調查書第三十。臺北：臺灣總督府殖產局。

1934《農家經濟調查其ノ二》，收於農業基本調查書第三十二。臺北：臺灣總督府殖產局。

1934《耕地分配竝ニ經營調查》，收於農業基本調查書第三十一。臺北：臺灣總督府殖產局。

1935《臺灣に於ける小作慣行，其の三臺中州管內》。臺北：臺灣總督府殖產局。

1935《農業金融調查》，收於農業基本調查書第三十三。臺北：臺灣總督府殖產局。

1935《主要農作物收支經濟調》。臺北：臺灣總督府殖產局。

1936《臺灣に於ける小作事情と其の改善施設》。臺北：臺灣總督府殖產局。

1936《本島小作改善事業成績概要》。臺北：臺灣總督府殖產局。

1936 《農家經濟調查其ノ三》,收於農業基本調查書第三十四。
臺北:臺灣總督府殖產局。

1936 《產米の改良增殖》。臺北:臺灣總督府。

1938 《米作農家生計費調查》,收於農業基本調查書第三十八。
臺北:臺灣總督府殖產局。

1938 《甘蔗收支經濟調查》,收於農業基本調查書第三十六。臺
北:臺灣總督府殖產局。

1938 《臺灣灣の米》。臺北:臺灣總督府。

1938 《臺灣農業年報》。臺北:臺灣總督府殖產局。

1938 《農家經濟調查》,收於農業基本調查書第三十七。臺北:
臺灣總督府殖產局。

1939 《耕地賃貸經濟調查》,收於農業基本調查書第三十九。臺
北:臺灣總督府殖產局。

1941 《臺灣に於ける小作慣行,其の四高雄州管內》。臺北:臺
灣總督府殖產局。

1941 《臺灣に於ける小作慣行,其の五臺東廳、花蓮港廳管內》。
臺北:臺灣總督府殖產局。

1941 《農業金融調查》,收於農業基本調查書第四十三。臺北:
臺灣總督府殖產局。

1941 《本島小作改善事業成績概要》。臺北:臺灣總督府殖產
局。

1941 《耕地所有竝經營狀況調查》,收於農業基本調查書第四十
一。臺北:臺灣總督府殖產局。

1943 《米作農家生計費調查》,收於農業基本調查書第四十四。
臺北:臺灣總督府殖產局。

1943 《臺灣糖業統計(昭和十八年版)》。臺北:臺灣總督府殖產

局。

臺灣總督府農事試驗場

　　1906《臺灣重要農作物調查　第一篇普通作物》。臺北：臺灣總
　　　　督府農事試驗場。

　　1906《臺灣重要農作物調查　第二篇特用作物》。臺北：臺灣總
　　　　督府農事試驗場。

　　1906《臺灣重要農作物調查　第三篇果物類、蔬菜作物》。臺北：
　　　　臺灣總督府農事試驗場。

　　1916《臺灣農家便覽》。臺北：臺灣農友會。

臨時臺灣土地調查局

　　1905《田收穫及小租調查書》。臺北：臨時臺灣土地調查局。

　　1905《畑收穫及小租調查書》。臺北：臨時臺灣土地調查局。

臨時臺灣舊慣調查會

　　1911《臺灣私法（第一卷上）》。臺北：臨時臺灣舊慣調查會。

　　1916《契字及書簡文類集》。臺北：臨時臺灣舊慣調查會。

JCRR（Chinese-American Joint Commission of Rural Reconstruction）

　　1966 *Taiwan Agricutural Statistics*. Taipei：Chinese-American JCRR.

論著：專書

川野重任著，林英彥譯

　　1969《日據時代臺灣米穀經濟論》。臺北：臺灣銀行。

井出季和太

　　1937《臺灣治績志》。臺北：臺灣日日新報社。

毛育剛

　　1969《臺灣農村地主佃農經濟調查研究》。臺北：內政部農復
　　　　會。

王益滔
　　1991《王益滔教授論文集（第一冊）》。臺北：國立臺灣大學農學
　　　　院農業經濟學系。
江丙坤
　　1972《臺灣田賦事業改革之研究》。臺北：臺灣銀行。
西田龍八
　　1934《臺灣の米》。東京：東京米穀商品取引所檢查課。
伊藤重郎
　　1939《臺灣製糖會社史》。東京：臺灣製糖會社。
佐佐英彥
　　1925《臺灣產業評論》。臺北：臺南新報社。
李登輝
　　1972《臺灣農工部門間之資本流通》。臺北：臺灣銀行。
吳若予
　　1992《戰後臺灣公營事業之政經分析》。臺北：業強出版社。
吳昆財
　　2006《一九五〇年代的臺灣》。臺北：博揚文化事業有限公司。
林滿紅
　　1978《茶、糖、樟腦與晚清臺灣》。臺北：臺灣銀行研究室。
吳聰敏、葉淑貞、古慧雯（編）
　　2004《日本時代台灣經濟統計文獻目錄》。臺北市：吳聰敏出
　　　　版。
茂野信一、林朝卿
　　1933《臺灣の小作問題》。臺北：吉村商會。
涂照彥
　　1991《日本帝國主義下的臺灣》。臺北：人間。

宮川次郎

　　1999《臺灣の農民運動》。臺北：成文出版社。

黃宗煌

　　1979《臺灣現階段農地租佃制度之經濟分析》。臺北：國立臺灣
　　　　大學農業經濟研究所碩士論文。

陳誠

　　1953《如何實現耕者有其田》。臺北：正中書局。

　　1961《台灣土地改革紀要》。臺北：中華書局股份有限公司。

陳榮富

　　1955《六十年來臺灣之金融與貿易》。臺北：臺灣銀行。

張怡敏

　　2001《日治時代臺灣地主資本累積之研究──以霧峰林澄堂系爲
　　　　個案》。臺北：國立政治大學地政學系博士論文。

張清溪、許嘉棟、劉鶯釧、吳聰敏

　　2004《經濟學：理論與實際》。臺北：張清溪。

張德粹

　　1979《臺灣地區農村新竹的法外租佃制度對本省農業發展所生影
　　　　響之研究》。臺北：國立臺灣大學農業經濟研究所。

趙岡、陳鍾毅

　　1983《中國土地制度史》。臺北：聯經。

樊家忠

　　1995《戰後土地改革對農業生產效率的影響》。臺北：國立臺灣
　　　　大學經濟學研究所碩士論文。

Becker, Gary S.

　　1993 *A Treatise on the Family*. Cambridge: Harvard University Press.

Brandt, Loren

1989 *Commercialization and Agricultural Development: Central and Eastern China*, 1870-1937. Cambridge: Cambridge University Press.

Cheung, Steven N.S.

1969 *The Theory of Share Tenancy*. Chicago and London: the University of Chicago Press.

Ho, Samuel P.S.

1978 *Economic Development of Taiwan, 1860-1970*. New Haven and London: Yale University Press.

Ho, Yhi-min

1966 *Agricultural development of Taiwan, 1903-1960*. Vanderbilt: Vanderbilt University Press.

Hsieh, S.C. and T.H. Lee

1966 *Agricultural Development and its Contributions to Economic Growth in Taiwan*. Taipei: Chinese-American JCRR.

Myers, Ramon H.

1970 *The Chinese Peasant Economy: Agricultural Development in Hopei and Shantung, 1890-1949*. Cambridge: Harvard University Press.

North, Douglass C.

1991 *Institutions, Institutitional Change and Economic Performance*. Cambridge: the Press Syndicate of the University of Cambridge.

Yeh, Shu-Jen

1991 *Economic Growth and the Farm Economy in Colonial Taiwan, 1895-1945*. Pittsburgh: Ph.D. Dissertation of the University of Pittsburgh.

論著：論文

山根幸夫著，吳密察譯

　　1982〈臨時臺灣舊慣調查會的成果〉，《臺灣風物》（31）：23-58。

今川淵

　　1923〈臺灣に於ける小作慣行の改善と業佃會〉，《臺灣時報》54：15-29。

可行子

　　1923〈臺灣の小作問題は單純な農政問題〉，《臺灣時報》54：12-15。

王益滔

　　1952〈臺灣之租佃問題及其對策〉，《財政經濟月刊》2（5）：33-42。

　　1952〈論臺灣之佃權與三七五減租條例〉，《財政經濟月刊》2（7）：27-33。

　　1952〈臺灣之佃租〉，《財政經濟月刊》2（5）：18-22。

　　1966〈光復前臺灣之土地制度與土地政策〉，收於臺灣銀行經濟研究編，《臺灣經濟史十集》，頁52-86。臺北：臺灣銀行。

孔健中

　　2005〈合法性的衝突與國民黨的階級統治──宜蘭陳派與宜蘭陳家之間的歷史社會關係〉，《宜蘭文獻雜誌》73：82-115。

田中秀雄

　　1916〈地主會を組織せよ〉，《臺灣農事報》120：852。

古慧雯

　　2010〈財產權、土地價格、投資：臺灣土地登記制度之研究〉。

　　　　臺北：臺大經濟研究所經濟史專題討論。

宋世孝

　　1946 〈臺灣之農場經營〉,《臺灣銀行季刊》8（1）：155-178。

村社新

　　1921 〈小作人問題〉,《臺灣農事報》181：661-665。

　　1922 〈小作問題的歸結（一）〉,《臺灣農事報》185：290-294。

　　1922 〈小作問題的歸結（二）〉,《臺灣農事報》186：376-382。

　　1922 〈小作問題的歸結（三）〉,《臺灣農事報》187：473-480。

　　1922 〈關於相當小作料〉,《臺灣農事報》183：120-125。

　　1923 〈本島小作の現情と業佃會の使命〉,《臺灣農事報》196：
　　　　　180-192。

李登輝

　　1985 〈土地改革對農家經濟結構之變化〉,收於李登輝編著,《臺
　　　　　灣農地改革對鄉村社會之貢獻──三民主義在臺灣的見
　　　　　證》,頁22-31。臺北市：李登輝。

林玉茹

　　2007 〈軍需產業與邊區移民政策的轉向：戰時臺灣拓殖株式會社
　　　　　在東臺灣的移民事業〉,臺大經濟系專題討論。

松田吉郎

　　1992 〈臺灣水利事業と一田兩主制〉,收於陳秋坤、許雪姬主編
　　　　　之《臺灣歷史上的土地問題》,頁105-138。臺北：中央研
　　　　　究院臺灣史田野研究室。

吳幅員

　　1956 〈臺灣經濟年表（605-1945）〉,收於臺灣銀行經濟研究室
　　　　　編,《臺灣經濟史四集》,頁89-188。臺北：臺灣銀行。

林朝卿

　　1929　〈改善を要すべき小作慣行の要點〉,《臺灣農事報》267：
　　　　　234-237。

　　1929　〈本島小作慣行改善事業促進に關する私見〉,《臺灣農事
　　　　　報》274：703-711。

尚瑞國、林森田

　　1997　〈臺灣三七五減租政策實施前後農場經營效率之比較研
　　　　　究〉,《國家科學委員會研究彙刊：人文及社會科學》7（4）：
　　　　　514-530。

周憲文（譯）、東嘉生（著）

　　1985　〈清代臺灣之地租關係〉,收於東嘉生著、周憲文譯,《臺
　　　　　灣經濟史概說》,頁141-170。臺北：帕米爾書店。

吳聰敏

　　1991　〈1910年至1950年之間臺灣地區國內生產毛額之估計〉,
　　　　　《經濟論文叢刊》19（2）：127-175。

吳聰敏、高櫻芬

　　1991　〈臺灣貨幣與物價長期關係之研究：1907年至1986年〉,
　　　　　《經濟論文叢刊》19（1）：23-27。

茂野信一

　　1929　〈業佃事業團體の機構とその運用に就て〉,《臺灣農事報》
　　　　　265：5-19。

　　1929　〈業佃事業團體の機構とその運用に就て（5）〉,《臺灣農
　　　　　事報》271：429-439。

施添福

　　1991　〈臺灣竹塹地區傳統稻作農村的民宅：一個人文生態學的詮
　　　　　釋〉,《師大地理研究報告》17：39-62。

徐世榮

2006 〈悲慘的共有出租耕地業主〉。「黨國體制與冷戰初期的兩岸社會經濟」會後修正文稿。

2009 〈悲慘的共有出租耕地業主——耕者有其田政策再審視〉。臺北：行政院國家科學委員會專題研究計畫，編號 NSC 96-2415-H-004-012-MY2。

2010 〈悲慘的共有出租耕地業主——臺灣的土地改革〉，收在中央研究院近代史研究所編之《改革與改造：冷戰初期兩岸的糧食、土地與工商業變革》，頁 47-96。

徐世榮與蕭新煌

2003 〈戰後初期臺灣業佃關係之探討——兼論耕者有其田政策〉。《臺灣史研究》10（2）：35-66。

張炎憲（譯）、淺田喬二（著）

1981 〈在臺日本人大地主階級的存在結構〉，《臺灣風物》31（4）：51-94。

梶原通好

1926 〈本島小作と地力問題〉，《臺灣農事報》229：10-19。

1928 〈臺灣農業問題二十四講（四）〉，《臺北州時報》7（3）：10-17。

陳昭南、江新煥、周建富

1978 〈耕者有其田的經濟理論基礎〉，《中央研究院三民主義研究所專題選刊》12：1-12。

陳秋坤

1988 〈明清以來土地所有權的研究〉，《六十年來的中國近代史》，中央研究院近代史研究所特刊（1）。

陳逢源

1942 〈臺灣に於ける小作問題〉收於臺灣經濟年報刊行會編，

《臺灣經濟年報（昭和十七年版）》，頁461-544。東京：國際日本協會。

張素梅、葉淑貞

1996 〈日治時代台灣農家儲蓄行為之分析〉，《經濟論文叢刊》24（4）：509-535。

2003 〈日治時代臺灣農家所得之分析〉，《臺灣史研究》10（2）：1-34。

張漢裕

1984 〈日據時代臺灣米穀農業的開發〉，收在張漢裕著，《經濟發展與農村經濟》，頁363-394。臺北市：張漢裕。

森山軏次郎

1937 《臺灣に於ける稻及米關係文獻摘錄》。臺北：臺北帝國大學理農學部作物學教室。

傅祖壇、詹滿色、劉錦添

1992 〈生產邊界估計方法、函數型式與個別農場技術效率──台灣稻作與果樹農場之實證〉，《經濟論文叢刊》20（2）：129-153。

鈴木進一郎

1924 〈隔靴搔癢の感ある本島農政上の二問題〉，《臺灣農事報》212：510-528。

1924 〈本島の不良小作慣行に就て〉，《臺灣農事報》213：692-712。

葉淑貞

1994 〈台灣日據時代農場經濟效率之分析──租佃制度與其他因素交互作用之分析〉，國科會計畫，編號NSC 81-0301-H002-514。

1995 〈日治時代台灣之租佃制度與農場經營〉，發表於國立臺灣
　　　大學主辦之「臺灣百年經濟變遷」研討會。

1995 〈臺灣日治時代租佃制度的運行〉，發表於中央研究院臺灣
　　　史研究所籌備處與國立臺灣大學歷史學系主辦之「臺灣史
　　　研究百年回顧與專題研討會」。

1995 〈臺灣日治時代租佃制度的運行〉，《臺灣史研究》2（2）：
　　　87-137。

1996 〈日治時代台灣租佃契約的選擇行為〉，《經濟論文叢刊》
　　　24（4）：435-477。

1997 〈日治時代臺灣的租佃制度與農場的經營效率：戰後初期土
　　　地改革的省思之一〉，《國家科學委員會研究彙刊：人文及
　　　社會科學》7（4）：475-496。

2001 〈日治時代臺灣的地租水準〉，《臺灣史研究》8（2）：97-
　　　143。

2007 〈日治時代臺灣佃耕地租期長短的決定因素〉，《臺灣史研
　　　究》14（1）：130-190。

2011 〈日治時代地租的決定因素〉，《台灣銀行季刊》62（2）：
　　　215-254。

2012 〈三七五減租對農場經營效率的影響〉，《經濟論文叢刊》，
　　　40（2）：189-233。

2012 〈1918-1951 年間臺灣農家商業化程度的變遷：以米作為
　　　主〉，收在林玉茹主編，《比較視野下的臺灣商業傳統》。
　　　臺北：中央研究院臺灣史研究所，頁 169-224。

葉淑貞與張棋安

2004 〈台灣蓬萊種稻作普及之因素〉，《經濟論文叢刊》32（1）：
　　　97-141。

葉榮鐘

2000〈杖履追隨四十年〉，收於葉榮鐘著，《臺灣人物群像》，頁 37-60。臺中市：星辰出版社。

德岡松雄

1943〈臺灣に於ける肥料問題〉，收於臺灣經濟年報刊行會編，《臺灣經濟年報（昭和十八年版）》，頁 259-303。東京：國際日本協會。

劉英漢

1932〈業佃事業振興方策〉，《臺灣農事報》302：16-36。

1939〈臺灣小作問題に對する一考察（上）〉，《臺灣農會報》1（8）：44-60。

1939〈臺灣小作問題に對する一考察（下）〉，《臺灣農會報》1（9）：18-30。

劉偉志、柯志明

2002〈戰後糧政體制的建立與土地制度轉型過程中的國家、地主與農民（1945-1953）〉，《臺灣史研究》9（1）：107-180。

劉鶯釧

1995〈日治時期臺灣勞動力試析〉，《經濟論文叢刊》23（3），頁 317-355。

臺灣農事報

1924〈本島現下の農政上最も緊急施設を要する事項如何〉，《臺灣農事報》206：56-66。

盧守耕

1949〈臺灣之糖業及其研究〉，收在臺灣銀行金融研究室編，《臺灣之糖》，頁 1-23。臺北：臺灣銀行。

豐田藤一郎

　　1924〈地代及小作料に關する一見解〉,《臺灣農事報》210：
　　　　322-327。

　　1925〈小作料の決定に就て〉,《臺灣農事報》219：130-138。

羅明哲

　　1977〈臺灣土地所有權變遷之研究〉,《臺灣銀行季刊》28（1）：
　　　　245-276。

邊裕淵、石義行

　　1977〈平均地權的經濟理論基礎〉,《臺北市銀行月刊》8（12）：
　　　　68-76。

　　1978〈耕者有其田的經濟理論基礎〉,《農業與經濟》2：149-
　　　　157。

Chen, Fu-mei Chang and Ramon H. Myers

　　1978 "Customary Law and the Economic Growth of China During the
　　　　Ch'ing Period," *Ch'ing-shih-wen-t'i* 3: 4-27.

Hsiao, J.C.

　　1975 "The Theory of Share Tenancy Revisited," *Journal of Political
　　　　Economy* 83（5）: 1023-1032.

Jondrow, J., Lovell, C.A.K., Materov, I.S. and Schmidt, P

　　1982 "On the estimation of technical inefficiency in the stochastic
　　　　frontier production function model," *Journal of Econometrics*
　　　　19: 233-238.

Lee, L.F.andTyler, W.G.

　　1978 "The stochastic frontier production function and average
　　　　efficiency: an empirical analysis," *Journal of Econometrics* 7:
　　　　385-389.

Sharif, Najma R. and Atul A. Dar

1996 "An Empirical Study of the Patterns and Sources of Technical Inefficiency in Traditional and HYV Rice Cultivation in Bangladesh," *The Journal of Development Studies* 32（4）: 612-629.

國家圖書館出版品預行編目 (CIP) 資料

臺灣日治時代的租佃制度／葉淑貞著． -- 一版．
-- 臺北市：遠流， 曹永和文教基金會， 2013. 01
面； 公分 . --（臺灣史與海洋史系列；12）

ISBN 978-957-32-7133-8（精裝）

1. 租佃制度 2. 日據時期 3. 臺灣

554.24   101026086

臺灣史與海洋史 12

臺灣日治時代的租佃制度

作　　　者　／葉淑貞
策　　　劃　／財團法人曹永和文教基金會
執 行 編 輯　／高竹馨
主　　　編　／張詩薇
總 編 輯　／黃靜宜
封 面 設 計　／翁翁

合 作 出 版　／財團法人曹永和文教基金會
　　　　　　　臺北市 106 羅斯福路三段 283 巷 19 弄 6 號 1 樓（02）2363-9720
　　　　　　　遠流出版事業股份有限公司
　　　　　　　臺北市 100 南昌路二段 81 號 6 樓

發 行 人　／王榮文
發 行 單 位　／遠流出版事業股份有限公司
地　　　址　／臺北市 100 南昌路 2 段 81 號 6 樓
電　　　話　／(02)2392-6899　傳真：(02)2392-6658　劃撥帳號：0189456-1
著作權顧問　／蕭雄淋律師
法 律 顧 問　／董安丹律師

排 版 印 刷　／中原造像股份有限公司
一 版 一 刷　／2013 年 1 月 1 日
行政院新聞局局版臺業字第 1295 號

訂價：新台幣 450 元

YLib 遠流博識網
http://www.ylib.com　E-mail：ylib@ylib.com